普通高等教育“十三五”规划教材

现代教育技术及应用任务驱动教程

主　编　张　凯　刘益和

副主编　胡晓容　张艳琼　陈艳华　唐年庆　李　尧

中国水利水电出版社
www.waterpub.com.cn
·北京·

内 容 提 要

现代教育技术是现代教师必备的专业技能，也是师范类专业开设的一门公共课程。本书的主要内容有：现代教育技术概述、信息化教学资源的获取与处理、PPT美化大师与Focusky展示型课件制作、微课设计与制作基础、Camtasia Studio制作录屏式微课、万彩动画大师制作动画式微课、Storyline 2制作交互式微课等内容。

本书依据科学的学习规律，合理编排章节内容，优化知识结构，以培养现代教育技术能力为主线，按照典型任务组织知识，并将知识融入任务情境之中。每个任务都按"任务描述—任务实施—拓展知识与训练"的结构组织内容。本书内容丰富，案例经典，知识讲解系统化，突出现代教育技术能力的培养，易于学习。

本书可以作为师范院校"现代教育技术"公共课程教材、中小学教师教育技术技能培训教材、教育技术学专业技能培训教材，也可以作为师范类院校学生、中小学教师、教育技术研究者等的参考书。

图书在版编目（CIP）数据

现代教育技术及应用任务驱动教程 / 张凯，刘益和主编. -- 北京：中国水利水电出版社，2017.7（2020.12重印）
普通高等教育"十三五"规划教材
ISBN 978-7-5170-5340-8

Ⅰ. ①现… Ⅱ. ①张… ②刘… Ⅲ. ①教育技术学－高等学校－教材 Ⅳ. ①G40-057

中国版本图书馆CIP数据核字(2017)第079760号

策划编辑：寇文杰　　责任编辑：夏雪丽　封　裕　　封面设计：李　佳

书　　名	普通高等教育"十三五"规划教材 现代教育技术及应用任务驱动教程 XIANDAI JIAOYU JISHU JI YINGYONG RENWU QUDONG JIAOCHENG
作　　者	主　编　张　凯　刘益和 副主编　胡晓容　张艳琼　陈艳华　唐年庆　李　尧
出版发行	中国水利水电出版社 （北京市海淀区玉渊潭南路1号D座　100038） 网址：www.waterpub.com.cn E-mail：mchannel@263.net（万水） sales@waterpub.com.cn 电话：（010）68367658（营销中心）、82562819（万水）
经　　售	全国各地新华书店和相关出版物销售网点
排　　版	北京万水电子信息有限公司
印　　刷	三河市铭浩彩色印装有限公司
规　　格	184mm×260mm　16开本　14.5印张　357千字
版　　次	2017年7月第1版　2020年12月第6次印刷
印　　数	18001—21000册
定　　价	34.00元

凡购买我社图书，如有缺页、倒页、脱页的，本社营销中心负责调换

前　言

教育部《关于推进教师教育信息化建设的意见》（教师〔2002〕2号）文件中明确指出：“师范院校要开设信息技术和现代教育技术公共必修课，加强信息技术相关公共课程教育教学改革和教材建设。”目前，“现代教育技术”已经成为我国师范类专业专科及本科学生、教育学硕士研究生的公共必修课以及在职教师继续教育（教师教育）的必修课程之一。

全书共 7 章，主要内容包括现代教育技术概述、信息化教学资源的获取与处理、PPT 美化大师与 Focusky 展示型课件制作、微课设计与制作基础、Camtasia Studio 制作录屏式微课、万彩动画大师制作动画式微课、Storyline 2 制作交互式微课。本书适应了当前我国教育改革发展的需要，图文并茂、通俗易懂，并且具有以下特点：

（1）注重基础理论知识教育，突出现代教育技术能力的培养。

（2）从内容到实例都遵循由浅入深、循序渐进的原则。

（3）任务驱动，图文并茂，步骤清晰，易于教学及自主学习。

（4）精选习题，题型包括填空题、选择题以及实践操作题等。

（5）资源丰富，配有习题答案。

本书由张凯教授、刘益和教授担任主编，胡晓容、张艳琼、陈艳华、唐年庆、李尧老师担任副主编。各章的编写分工情况如下：刘益和编写第 1 章，张凯编写第 2 章、第 5 章，胡晓容编写第 3 章，李尧、唐年庆编写第 4 章，陈艳华编写第 6 章，张艳琼编写第 7 章，张凯、刘益和教授负责审定全书。在编写过程中，我们参阅和引用了大量专著和文献资料，在此对各位作者深表谢意。同时，本书的出版得到了内江师范学院领导的大力支持以及中国水利水电出版社的指导与帮助，在此一并表示感谢。

本书提供数字课程的学习资源，包括电子教案、任务安排、操作视频等，读者可以发邮件至作者邮箱（1409843994@qq.com）获取。

由于本书的知识面广，需要将众多知识很好地贯穿起来，难度较大，加之编写时间仓促，不足之处在所难免，为便于以后教材的修订，恳请专家、教师及读者多提宝贵意见。

编　者

2017 年 4 月

目　　录

第 1 章　现代教育技术概述

【教学导航】

教学目标	（1）了解国内外教育技术的发展 （2）理解并能清楚阐述现代教育技术的概念 （3）掌握信息社会教师应具备的现代教育技术
本章重点	（1）现代教育技术的概念 （2）现代教育技术的内涵
本章难点	（1）现代教育技术的概念 （2）现代教育技术的内涵
教学方法	任务驱动法、分组讨论法
课时建议	2 课时

【知识结构】

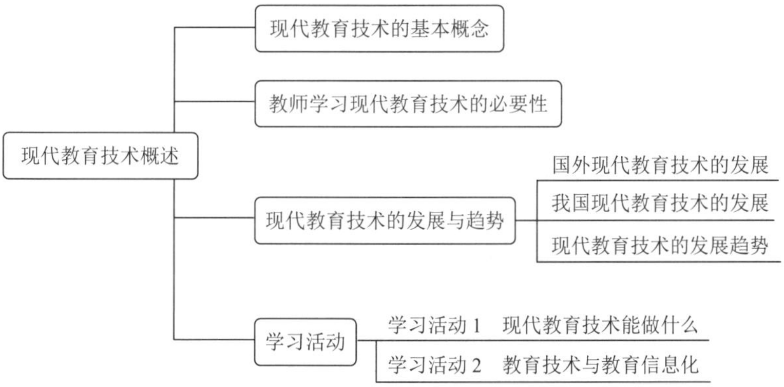

学习任务 1　现代教育技术的基本概念

现代教育技术是随着教育的产生而产生，随着教育理论、教育实践和信息技术的发展而发展的。现代教育技术在教育教学中的应用，优化了教学过程及教学效果。因此，教师学习和掌握现代教育技术是新时代的要求，是教师必须具备的基本素质，学习和掌握现代教育技术亦是教师自身发展的需要。

【任务描述】理解和记忆现代教育技术的概念。

【任务实施】美国教育传播与技术协会（AECT）是国际教育技术学领域最具影响力的学术团体之一，该协会长期致力于教育技术学的基本理论研究，先后五次对教育技术进行了界定。

（1）AECT1970 年定义

教学技术是一种根据特定目标来设计、实施与评价整个教与学的过程的系统方法。它以对人的学习和传播的研究为基础，综合运用人力、物力资源，以达到更有效的教学目的。

- 教学技术有明确的目的。
- 教学技术以对人的学习和传播的研究为基础。
- 教学技术以整个教与学的过程为研究对象。
- 教学技术以对教与学的过程的设计、实施和评价为研究内容。
- 教学技术是为达到更有效的教学目的。

（2）AECT1972 年定义

教育技术是这样一个领域，它通过对所有学习资源的系统化鉴别、开发、组织和利用以及通过对这些过程的管理，来促进人类的学习。

- 教育技术以学习资源为研究对象。
- 教育技术以对学习资源的鉴别、开发、组织和利用、管理为主要研究内容。
- 教育技术以促进学习为目的

（3）AECT1977 年定义

教育技术是一个分析问题，并对解决问题的方法设计、实施、评价和管理的综合的、有机的过程，它涉及人员、程序、思想、设备和组织等各方面，与人类学习的所有方面都有关系。

- 教育技术以人类学习为研究对象。
- 教育技术以对问题的分析及对解决问题的方法的设计、实施、评价和管理为研究内容。

（4）AECT1994 年定义

教育技术是为了促进学习，对有关的过程和资源进行设计、开发、利用、管理和评价的理论与实践。

- 一个目标：目标是为了促进学习，强调学习的结果，阐明学习是目的，而教是促进学的一种手段。
- 两大对象：过程和资源是两个对象，过程是未达到特定结果的一系列操作或活动，资源是指支持学习的资源。
- 五个范畴：设计、开发、利用、管理和评价是教育技术的五个基本领域，每个领域都有其独特的功能和范围。这五大范畴基本上可以涵盖教育技术的主要实践领域。从另一方面说，这五大范畴也可以被视为教育技术学工作者的主要方法。
- 两种性质：教育技术既属于实践领域，又属于理论领域。实践领域的教育技术就是通常所说的“电教”，是从事的事业；理论领域的教育技术就是“教育技术学”，是教育技术学的理论体系。

（5）AECT2005 年定义

教育技术是通过创设、使用、管理合适的技术性的过程和资源，以促进学习和改善绩效的研究与符合道德规范的实践。

- 定义的概念名称是“教育技术”（educational technology），而不是“教学技术”（instructional technology）。
- 教育技术有两大领域：“研究”（study）和“符合道德规范的实践”（ethical practice）。
- 教育技术有双重目的：“促进学习”（facilitating learning）和“改善绩效”（improving

performance)。由此看出，随着事业的发展，教育技术的目的已从“为了学习”(for learning)扩展到进一步“促进学习”而不是“控制或强迫学习”(facilitating rather than controlling or causing learning)，且扩展到学习之外的“绩效”的改善方面，扩展到对学校教育与企事业人员培训的双重考虑，扩展到教学效果、企业效益与教育投入(成本)等多因素的整体评价。

- 教育技术有三大范畴：“创设”(creating)、“使用”(using)、“管理”(managing)。
- 教育技术有两大对象：“过程”和“资源”。新定义中“过程”和“资源”之前有一个限定词“appropriate technological”，其是指“合适的技术性的过程和资源”，这与 1994 定义中的学习“过程”与学习“资源”有一定区别。
- 教育技术的主要特征在于其技术性，表现为教育技术研究的重点是适当的技术性过程与技术性资源，即技术实践的“符合道德规范”性，技术工具与方法运用的先进性，技术使用效果的高绩效性。

【拓展知识与训练】教育技术与电化教育①

教育技术就是“教育中的技术”，是人类在教育活动中所采用的一切技术手段和方法的总和。狭义地说，教育技术是指在解决教育教学问题中所运用的媒体技术和系统技术。根据南国农先生的看法，电化教育就是指在现代教育思想、理论的指导下，主要运用现代教育技术进行教育活动，以实现教育过程的最优化。电化教育是我国教育技术史上的一个重要的历史阶段，对我国整个教育技术的发展产生了积极的作用和广泛的影响，但电化教育和教育技术在概念的内涵方面有原则上的不同。现在，作为事业仍然采用电化教育的提法；作为学科则用“教育技术”的名称。

教育技术名称来源于国外，现已在我国正式使用。电化教育是我国特有的名词，至今仍被广泛使用。从概念的本质上说，教育技术与电化教育是相同的，两者都具有应用科学属性，目的都是要取得最好的教育效果，实现教育最优化。两者的特点、功能以及分析、处理问题的方式也是相同或相近的，都是利用新的科技成果去开发新的学习资源，并采用新的教与学的理论、方法去控制教学过程，但是从概念的涵盖面来看，教育技术的范围要比电化教育广泛得多。教育技术指的是所有的学习资源，包括与教育有关的一切可操作的要素；而电化教育所涉及的则主要是利用科技新成果发展起来的声、像教学媒体。由此，在处理问题的方法方面，教育技术主要采用了系统的方法，它所考虑的是整个教育的大系统，即“教与学总体过程的系统方法”。在具体实施过程中，它能运用于教育系统的不同层次，可以是教育规划方面的宏观问题，也可以是课程开发层次的问题，还可以是具体的课堂教学过程中的问题。而电化教育虽然也用系统的方法来考虑、处理问题，但它的重点放在电子传播媒体的选择、组合和应用的小系统。当然，电化教育有时也涉及较大范围的问题，不过更多的情况是大中系统的其他因素作为不变条件，而主要研究小系统的控制和变化效果。如此看来，电化教育是教育技术的一个部分，是教育技术发展到一定阶段的产物，是注重现代媒体开发和利用的阶段性的教育技术，是狭义的教育技术。那么，就现在的特定阶段来说，电化教育与教育技术这两个名称哪个好一些呢？

先从形式上看，相对电化教育的非电化教育，不可能是别的什么东西，就是以传统媒体进行的教育。而教育中各种媒体是分不开的，于是，什么电教课、电教过程、电教教法等两级

---

① http://edutech.snnu.edu.cn/display.asp?NoteOrder=001003003

术语就显得很苍白，没有生命力了。

教育技术就不存在这个问题。与它相对应的方面是教育思想、教育理论、教育目的、教育内容、教育形式、教育方法等，教育技术与这些范畴之间保持相对独立性就无可非议。再从实质上看，抽去这两个概念的同类项“教育”，剩下的是“电化”和“技术”。什么是“电化”？它无非就是电气化和电子化的现代媒体及其应用，由此带来的上述局限性就无法回避。什么是“技术”？技术是“科学和其他有组织的知识在实际任务中的系统运用”，它包括物化技术和智能技术。前者指解决实际任务中使用的工具和设备，如教学媒体；后者指解决实际任务中使用的策略和技巧，如教学设计。这些工具、设备、策略、技巧的使用不是盲目的，也不是只凭经验的，而是服从于一定科学理论的指导的。因此，尽管“电化教育”名称在我国已有较长的历史和很广泛的群众基础，但是从全局和长远的观点看，用“教育技术”名称取代它，则是必然的事情。

学习任务 2　教师学习现代教育技术的必要性

1.2.1　现代教育技术给教学过程带来的影响

【任务描述】了解现代教育技术的发展给教学过程带来的影响。

【任务实施】信息时代对人才的培养提出了新的要求，新理念和新方法推动着教育迈入一个新的变革时代。我国在 20 世纪末适时地提出了素质教育工程，旨在运用现代教育思想和技术方法，培养适合于 21 世纪发展需要的、具有优良综合素质的合格人才。教育改革对教师提出了新的挑战，今天的教育已不再是传统的教与学的单向输入，而是提倡以学生为主体的学习活动的开发与实施。现代教育活动更强调自主性、个性化、多元化，教师的角色也转变为学习资源的组织者、过程的设计者、行为的引导者。教育技术的发展是这场教育变革的重要特征之一，同时又对教育改革的发展起着重要作用。对于师范院校的学生，作为未来的教师，掌握现代教育技术的基本理论和方法就必然成为其职业素质的重要要求之一。

教学过程由教师、学生、教学内容、教学媒体四个基本要素构成，教师通过教学媒体传输信息（教学内容），学生通过教学媒体接受信息（学习内容），四个要素之间有着相互影响和相互制约的关系。现代教育技术在教育教学中的运用，对教学过程中的教师、学生、教学内容、教学媒体四个要素都产生了深刻的影响。

（1）转变了教师的角色，使教师成为学生学习的指导者

传统教学中强调教师的“主导作用”，“师者，所以传道授业解惑也”。教师扮演的是家长式的讲解者，相对于学生是知识的拥有者和传道者，是权威的象征。以教师为中心，易忽视学生学习主体作用的发挥，使学生成为消极的被动的接受知识者。现代教育技术进入课堂教学后，教师的角色从其特征、职能等方面发生了变化，教师不再是学生获得知识的唯一信息源，教师的权威逐渐丧失。教师的角色从单纯的讲授知识转变教学的设计者、学生活动的导演者、学生获得知识的引导者。学生在一定的社会文化背景下，一定的情景里，在教师的指导下，利用必要的学习资源，通过意义建构的方式获得知识、学会学习，主动地探索知识。当然，教师作为知识的传授者、教学过程的组织者和管理者，以及学生榜样的作用得到了更好地发挥。同时，教师作为学生学习的指导者，应加强对学生学习方法的指导，使学生由消极的知识接受者逐渐

转变为积极的知识探索者和能力的进取者。教师应根据课程计划和学生的需求设计制作供学生学习用的教学软件（课件）。此外，教师必须研究在现代教育技术影响下学生学习的特点和规律，构建新型的教学模式。

（2）转变了学生的地位，促进了学生主体性的发挥

在传统教学中，学生依靠教师组织、安排和要求进行学习，学生消极被动地听取教师的知识传授，始终处于接受灌输的被动地位，学生只有依靠教师的讲解才能掌握知识，依靠教师的考核才能知道自己的进步。现代教育技术进入课堂教学后，改变了学生对教师的依附，录音带、录像带、计算机软件、光盘、多媒体技术（如虚拟现实、超媒体技术）、网络等现代教学媒体以各自特有的优势，为学生提供了多样化的外部刺激和丰富的学习资源，也为学生提供了多种参与机会，充分发挥了学生的主体作用，使学生有机会主动地参与、发现、探究知识。知识来源渠道多了，学习的时间、内容、进度可以自行掌握，使学生从被动的学习转变为自主的学习，提高了学生的注意力和学习兴趣，培养了学生的多方面能力，提高了学习的效果。当然，学生的自我学习和自我教育，必须在教师的指导下进行。现代教育技术进入课堂教学，教学系统由传统教学的“人—人”系统变为“人—机”或“人—机—人”系统，这种系统是师生双向参与、双向沟通、平等互助、共同受益的教学相长关系，但教师对学生在人格精神方面的影响减少了，对学生的个性、情感、合作等品质的发展不利，因此在教育教学实践中必须加强心理健康教育和人文素质的教育。

（3）转变了教学媒体的作用，使教学媒体成为学生认知的工具

在传统教学中，教学媒体是教师完成教学任务、传授知识的工具。现代教育技术进入课堂教学后，以计算机为核心的信息技术、通信技术、网络技术给课堂教学提供了新的手段，注入了新的活力，改变了传统的教学方法和教学模式。多媒体课件、电子作业系统、虚拟现实、电子出版物、超媒体技术、远距离教学、网上学校等现代教学媒体，能根据教学内容、教学目标和学生认知水平情况的需要，直接介入教学活动过程，以丰富多彩的表现手段，具体形象地再现各种事物、现象、情景、过程，不受时间、空间、运动状态的限制，帮助学生充分感知知识，理解知识。同时，学生可以利用现代教育技术的高度交互性进行自主学习，挑选著名教师和专家的指导。但必须指出，任何一种教学媒体都有其优势和局限性，在不同的场合下它们各有自己存在的价值，在教学中各种媒体应该是相辅相成、互为补充的。

（4）转变了教学内容的结构，重视培养学生学习方法和学习能力

教学内容的更新和发展总是随着社会进步和科技的发展而进行的，当前计算机网络技术和多媒体技术发展很快，以惊人的速度改变着人们的学习方式、工作方式和生活方式，信息技术已成为现代人必备的第四个工具性学科（前三个为语文、数学、外语），它是培养学生获取和加工信息能力、保证学生主动学习和促进学生终生发展的工具性课程。阅读、书写、计算一直是基础教育的重要教学内容，现代信息技术在这些领域发生了质的变化。阅读从线型文本式走向多媒体电子读物，由抽象的文字扩展为图文并茂、声形并茂的阅读形式；书写从一笔一画地练习走向键盘输入、鼠标输入、扫描输入、语言输入等；高速计算是计算机的最原始功能，计算机技术将能取代传统计算的技巧与方法。因此，现代教育技术进入课堂教学，将带来教学内容的变革，必须用现代科学技术的新知识充实和更新教学内容，注重培养学生应用计算机和通信的基本能力、信息搜索分析和筛选能力、网络环境下合作共事的能力、解决半结构化问题能力等。教师不仅要传授课本知识，还要重视学生能力的训练和情操的培养，尤其重视学习方法和学习能力的培养。

1.2.2 信息社会教师需要具备的现代教育技术能力

【任务描述】掌握在目前课程改革中教师应具备的现代教育技术能力的构成。

【任务实施】现代教育技术在教育中十分重要，要求教师必须掌握一定的教育技术技能。师范生只有在校学好这门课，才能适应未来教育发展的需要，胜任教师工作。从教师主要从事学校教育的角度来看，师范生应把以下几方面内容作为学习教育技术的重点内容。

（1）现代教学设计理论与方法

教师要在教育学、心理学、系统理论等知识的基础上，深入了解和研究现代教学设计的思想，并学会用相关的设计方法来规划某一学科的教学活动。这其中包括目标分析、学习者分析、媒体选择、过程设计以及评价方法等各项环节。只有掌握了教学设计，才能使教育技术真正体现出价值，才能避免盲目追求先进手段的形式化做法。

（2）以信息技术为核心的媒体使用技术

作为21世纪的教师，不仅应掌握基本的信息技术，同时还应掌握在教学中所能运用到的相关媒体技术，如常规设备的使用，图片、声音及其他素材的处理，影像动画的基本制作技能及以多媒体计算机为主的教学资源的开发和使用技术等，这方面也可以称作是硬件设备的操作技术。只有掌握了扎实的硬件技术，教育技术的应用才能真正实现，否则只能纸上谈兵。

（3）教学软件的开发制作技术

教师的教育技术素质，不仅包括在教学过程中熟练使用各类媒体设备和对教学活动的设计能力，还应具备基本的教学软件的开发能力。这里的教学软件是指各类承载教学信息的电子类材料，包括多媒体课件、电视教学片、录音教材、幻灯片、投影片等。教师只有掌握了这些教学资源的开发技术，才能更科学地组织教学内容，设计教学模式，使教学活动更有效，而且教师参与或独立开发教学软件的过程，也是教学系统设计工程的重要组成部分。所以教学软件尤其是多媒体课件的开发能力，是学习现代教育技术的重要内容。

【拓展知识与训练】中小学教学人员教育技术能力标准①

为提高中小学教师教育技术能力水平，促进教师专业能力发展，根据《中华人民共和国教师法》和《中小学教师继续教育规定》有关精神，特制定《中小学教师教育技术能力标准（试行）》。其中的教学人员教育技术能力标准部分包括以下内容：

第一部分：意识与态度

（1）重要性的认识

- 能够认识到教育技术的有效应用对于推进教育信息化、促进教育改革和实施国家课程标准的重要作用。
- 能够认识到教育技术能力是教师专业素质的必要组成部分。
- 能够认识到教育技术的有效应用对于优化教学过程、培养创新型人才的重要作用。

（2）应用意识

- 具有在教学中应用教育技术的意识。
- 具有在教学中开展信息技术与课程整合、进行教学改革研究的意识。

---

① 教育部关于印发《中小学教师教育技术能力标准（试行）》的通知. http://www.moe.edu.cn/publicfiles/business/htmlfiles/moe/moe_496/201212/xxgk_145623.html

- 具有运用教育技术不断丰富学习资源的意识。
- 具有关注新技术发展并尝试将新技术应用于教学的意识。

（3）评价与反思

- 具有对教学资源的利用进行评价与反思的意识。
- 具有对教学过程进行评价与反思的意识。
- 具有对教学效果与效率进行评价与反思的意识。

（4）终身学习

- 具有不断学习新知识和新技术以完善自身素质结构的意识与态度。
- 具有利用教育技术进行终身学习以实现专业发展与个人发展的意识与态度。

第二部分：知识与技能

（1）基本知识

- 了解教育技术基本概念。
- 理解教育技术的主要理论基础。
- 掌握教育技术理论的基本内容。
- 了解基本的教育技术研究方法。

（2）基本技能

- 掌握信息检索、加工与利用的方法。
- 掌握常见教学媒体选择与开发的方法。
- 掌握教学系统设计的一般方法。
- 掌握教学资源管理、教学过程管理和项目管理的方法。
- 掌握教学媒体、教学资源、教学过程与教学效果的评价方法。

第三部分：应用与创新

（1）教学设计与实施

- 能够正确地描述教学目标、分析教学内容，并能根据学生特点和教学条件设计有效的教学活动。
- 积极开展信息技术与课程的整合，探索信息技术与课程整合的有效途径。
- 能为学生提供各种运用技术进行实践的机会，并进行有针对性的指导。
- 能应用技术开展对学生的评价和对教学过程的评价。

（2）教学支持与管理

- 能够收集、甄别、整合、应用与学科相关的教学资源以优化教学环境。
- 能在教学中对教学资源进行有效管理。
- 能在教学中对学习活动进行有效管理。
- 能在教学中对教学过程进行有效管理。

（3）科研与发展

- 能结合学科教学进行教育技术应用的研究。
- 能针对学科教学中教育技术应用的效果进行研究。
- 能充分利用信息技术学习业务知识，发展自身的业务能力。

（4）合作与交流

- 能利用技术与学生就学习进行交流。

- 能利用技术与家长就学生情况进行交流。
- 能利用技术与同事在教学和科研方面广泛开展合作与交流。
- 能利用技术与教育管理人员就教育管理工作进行沟通。
- 能利用技术与技术人员在教学资源的设计、选择与开发等方面进行合作与交流。
- 能利用技术与学科专家、教育技术专家就教育技术的应用进行交流与合作。

第四部分：社会责任

（1）公平利用

努力使不同性别、不同经济状况的学生在学习资源的利用上享有均等的机会。

（2）有效应用

努力使不同背景、不同性格和能力的学生均能利用学习资源得到良好发展。

（3）健康使用

促进学生正确地使用学习资源，以营造良好的学习环境。

（4）规范行为

能向学生示范并传授与技术利用有关的法律法规知识和伦理道德观念。

学习任务 3　现代教育技术的发展与趋势

1.3.1　国外现代教育技术的发展

【任务描述】

了解国外现代教育技术的发展情况。

【任务实施】

基于各个时期所使用的教育技术，可以把教育技术的发展历程总结为三条主线，分别是视听教学、个别化教学和教学系统设计。下面按照这三条主线分别阐述它们的发展特点、形成的指导思想和实践模式，以及最终融合为一个整体——教育技术的发展过程。

（1）视听教学的发展

19 世纪末至 20 世纪初，也就是在第二次产业革命期间，美国已从依靠密集劳动力的农业国家演变为以机械化农业和城市工业为基础的资本主义国家。为了工业化生产的大发展，资产阶级急需大批有知识、有技能的劳动者，以语言文字、书籍为主要手段的教学越来越不适应社会的需求。与此同时，由于工业革命的推动和科学技术的迅猛发展，一些新的科技成果，如照相机、幻灯机、无声电影等引入教学领域，给教学送来了新的技术手段。为了扩大教育规模，提高教学质量，满足社会对人才素质和数量上的需求，美国的一些学校开始提倡和使用这些现代媒体作为直观教具，于是便产生了“视听教学”或“视听教育”。

综观媒体教育技术的发展，一方面可以看到社会进步对教学改革的要求，另一方面也可以看到教育的发展与科学技术的进步、传播手段的改进密切相关。所以，即使对媒体技术在教学中应用的效果仍有不同看法，但是从传播理论的角度认识教学，媒体已经成为教学过程中的一个基本要素，并促进了一种崭新的教学模式，即利用媒体促进有效教学的模式的形成。

（2）个别化教学的发展

在夸美纽斯提出班级授课制以前，个别化教学一直是教育的基本形式。资本主义产业革命出现以后，急需大批技术劳动力，因而提出扩大教育规模的需要，个别化教学就逐渐被班级授课制取代。随着社会的发展和教育研究与实践工作的不断深入，教育工作者逐渐认识到班级授课制存在着种种不足。于是，开发适合学习者个别需要和特点的教学系统被提上了日程。

到了 20 世纪 50 年代，美国著名心理学家斯金纳又掀起了一场程序教学运动，使一度衰落的个别化教学重新兴起。程序教学就是将教学内容按一定的逻辑顺序分解成若干小的学习单元，编制成教学程序，由学习者自主学习。其特点是：小的学习步骤；自定学习进度；积极反应；即时反馈等。它有两个关键因素：一是制造程序教学机，二是编写程序课本。在微型计算机被广泛应用于教育教学领域之后，个别化教学得到了实质性的发展。最近几年，由于多媒体技术、网络通信技术、虚拟现实技术和人工智能技术的进一步发展，以及学习理论的进一步成熟，计算机不再只作为一种辅助教学的工具，而可作为认知工具、情感激励工具以及协作和交流工具，并可作为学生的导师、伙伴。

综上所述，教育技术已经形成了一整套关于个别化教学的模式、方法和以学习者为中心的指导思想，特别是程序教学和计算机辅助教学的出现使个别化教学技术成为教育技术的一个重要的研究和实践领域。这一时期，教育技术不仅关注教学媒体和教学资源的设计与开发，而且还关注对学习者特征和学习过程的理论研究和实践探索。

（3）教学系统设计的发展

教学系统设计的前身是一种设计和改进教学实验的方法。20 世纪 20 年代，美国芝加哥大学的博比特和查特斯等人倡导用实验方法解决教育教学问题。1924 年，博比特在《怎样编制课程建设》一书中提出了系统设计课程的理论及具体步骤。1945 年，查特斯在一篇文章中讨论了“教育工程”领域的方法问题，文章中写道：首先，教育工程师接受一个要开发的计划、一个要解决的问题……下一步，它对问题做出逻辑的解释，问题明确后，教育工程师分析问题，以揭示应考虑的因素，他着手用已确定的方式执行计划、设计项目……教育工程方法的最后阶段是评价。

第二次世界大战期间，美国从关于学习过程、学习理论和人类行为理论方面的研究成果中总结出了一系列教学原则，并用于指导军训研究和教材开发。其结果不仅提高了军训的效率和效果，也使教学设计的一些重要原理，如任务分析、行为目标、标准参照测试、形成性评价和总结性评价等得到了进一步完善和发展。19 世纪 60 年代末至 70 年代初，教学系统方法日益受到重视。人们在实践中建立了许多教学系统设计的理论模型，使系统方法成为利用教育技术解决教育教学问题的根本性方法。

由此看来，教育技术是由视听教学、个别化教学和教学系统设计三个领域发展整合而成的。这三个领域虽然起源不同，发展时期和过程也不尽相同，但在发展的过程中它们并没有互相孤立、毫无联系，也没有互相排斥或互相取代，而是逐渐交叉、融合，最终于 19 世纪 70 年代形成一个独特的整体——教育技术。作为一个完整的理论研究和实践领域，教育技术在世界各国的教育改革和培训当中发挥着越来越大的作用。

1.3.2　我国现代教育技术的发展

【任务描述】了解我国现代教育技术的发展情况。

【任务实施】在我国，电化教育目前最有代表性的定义是：“电化教育是根据教育理论，运用现代教育媒体，并与传统教育媒体恰当结合，有目的地传递教育信息，充分发挥多种感官的功能，以实现最优化的教育活动。”

与前面教育技术的定义相比，教育技术与电化教育都是具有相同属性的新兴学科，在教育学科领域中具有相同或相近的地位与作用，但是两者概念的涵盖范围以及研究的层次、深度与广度等都有所区别。因此，我们既不能把电化教育看成游离于教育技术以外的一个学科，也不能简单地认为电化教育就是教育技术。准确地说，我国过去所谓的电化教育只是教育技术之中相当于视听教学的那一部分内容。今天，随着我国在这一领域的理论研究和实践范围的扩展，名称还是应该以“教育技术”为好，一方面它可以反映我国电化教育的发展变化，另一方面也便于进行国际交流。

教育技术在我国的发展，主要分为两个大阶段，即电化教育的形成和发展，以及改革开放以后电化教育向教育技术的全面发展。

（1）电化教育的形成与发展

早在 20 世纪 20 年代，受美国视听教育运动的影响，以及伴随电影、幻灯机等先进媒体相继传入，在我国一些大城市的学校或教育机构开始自发利用无声电影、幻灯机等媒体进行教育教学活动，这标志着我国电化教育开始萌芽。

20 世纪 30 年代至 40 年代，上述活动受到当时政府教育部门和学者的注意，使得视听教育媒体得到了初步的推广和应用，“电化教育”的名称得以确立，一些理论文章和专著也相继发表。但总的来讲，当时的电化教育还未能大面积推行。

1949 年 10 月新中国建立后，我国的电化教育事业才进入初步发展的新时期，主要表现在利用无线电广播大面积开展外语、文化补习、函授等社会教育。20 世纪 60 年代，一些省市创办了广播函授学校、电视大学等。与此同时学校电化教育也在不同层次上开展起来。但是随着 1966 年“文化大革命”的爆发，我国方兴未艾的电化教育事业遭受严重破坏，被迫停滞下来。

20 世纪 70 年代后期，特别是进入 80 年代，我国的电化教育事业得到了迅速发展，主要表现在：恢复并新建了各级电教机构，引进了大批先进的电教设备，逐步形成了一支具有一定专业知识和实践技能的电教队伍，编制了一批广播电视教育教材和学校电化教育教材，卫星电视教育网络逐步形成等。这一时期，我国的教育技术主要是以电化教育的形成和发展为主要线索，理论研究与实践活动也一直围绕电化教育进行。

（2）电化教育向教育技术的全面发展

改革开放后，随着国际学术交流的增多，国外教育技术发展的新经验、理论研究的新成果不断地被介绍进来，以系统方法为核心的教育技术学，在理论概念、指导思想、研究方法等方面对我国教育界产生了极大的影响。我国电化教育工作者在研究学习国外先进经验和理论成果，继续努力发展电化教育的同时，开始用新的观点来审视这个领域。研究中发现，长期以来电化教育所强调的是现代教育媒体的研究与应用，通过开展现代教育媒体的应用来提高教学质量，扩大教育规模。

从本质上讲，电化教育的这种情况实际上只相当于国外的视听教学和视听传播教学的范畴。而要想全面发展我国的电教事业，促进我国教育教学改革的深入发展，有必要全面学习和借鉴国外教育技术的一套理论概念、指导思想和研究方法来指导和拓展我们的实践，在这种思想的指导下，我国电化教育领域出现了一系列新的变化。例如，电化教育的研究重心开始从电化教学与传统教学、现代媒体与传统媒体的优劣比较，转向了对多媒体教学、系统方法、教学设计、整体教育技术等原理的研究。与此同时，实践上也从视听设备在学校课堂中的应用，拓展到了计算机辅助教学和远距离教学等新领域。自 20 世纪 80 年代中期，在学科建设方面，一些高校陆续建立了教育技术专业，并开始招收本科生，后期又相继建立了教育技术学硕士点和博士点。为了搞好学科教学，在教育部的领导下，还成立了“全国高校教育技术学教学指导委员会”等。

电化教育工作重心的转移及其理论研究和实践范围的扩展，标志着我国电化教育的理论和实践已经向教育技术全面过渡，并逐步与国际接轨。

1.3.3　现代教育技术的发展趋势

【任务描述】了解现代教育技术的发展趋势。

【任务实施】现代教育技术的未来发展方向，一方面取决于理论与技术的发展状况，另一方面取决于教育的实际需求。从目前的情况来看，现代教育技术的发展方向将呈现以下几个特征。

（1）现代教育技术的综合化和交叉性

现代教育技术融合了多种思想和理论，它的理论基础包括教育理论、学习理论、传播学理论、系统理论等。现代教育技术是多学科交叉研究的领域，教育学、心理学、教学设计、计算机技术、媒体理论等不同背景的专家和学者的共同参与，使现代教育技术发展更具潜力、更有实效。

从技术上来看，现代教育技术不再限于媒体技术的应用，也十分关注教学设计和教学策略方面的技术，而且在技术应用过程中尽管逐渐以信息技术作为主要的支持工具，但并不排斥其他技术，更不会就此抛弃其他技术，如摄影、投影、电视等依然会在教育技术中占有重要地位。因为人们已经意识到在现代教育技术应用过程中的关键不是技术是否最先进，而是技术是否最合适。这就使教育技术的运用成为一项综合化、交叉性的活动，而且这种趋势将会越来越明显。

（2）现代教育技术手段的多媒体化、网络化、智能化、虚拟化

随着信息技术的发展，尽管现代教育技术仍然会关注常规媒体的应用，但多媒体化、网络化、智能化、虚拟化的信息技术，对教学手段、教学方法和教学模式的变革将产生更为深远的影响。

多媒体技术的应用使得计算机能够很好地替代电视、录音机、录像机等进行信息呈现、传播，而且教学与学习资源的存储、检索与利用都发生了根本的变化。网络已成为人们获取知识和信息交流的强有力工具，它将改变人们的学习、工作和生活方式，而基于网络的远程教育也正发挥着越来越重要的作用。与一般的信息处理技术相比，人工智能技术不仅可以使教育技术的应用更为灵活，而且还可以降低教师的劳动强度，使得很多教育教学工作变得自动化。虚拟技术则可以通过视、听、触等方式达到虚拟环境下的真实体验和交互，能有效地改变现有的教学、演示、设计等方面工作，大大拓展人们的学习经验。这些技术虽然还在不断地发展，但必将会进一步改变现代教育技术的应用方式。

（3）现代教育技术将深入对学习与教学理论的研究

随着教育技术的发展，粗放型的应用模式已经不能适应教育的需要，需要对教育技术使用者和应用对象进行更为细致的研究，才有可能突破现有的应用模式。而且，任何技术的有效应用都是通过学习者最终体现出来的，各种技术环境对学习者行为特征、内部信息加工过程和态度、动机因素的影响，将成为决定技术最终应用成效的关键。

此外，传统的教育技术更关注教学的应用，而信息技术的深入发展已经使它成为学生学习的基本环境和重要工具，使学生能够在开放、共享、协作的网络环境中进行新的学习和探索，

因此如何创建适合于学生学习和交流的环境与工具已经成了人们关注的重点，这也是以学为中心的各种教学理论（如建构主义）得到广泛重视的主要原因。

（4）现代教育技术是将教与学动态结合的有效手段

信息技术条件下的教学活动与教学设计需要充分考虑到学习者与学习环境的交互作用，因此不仅应重视学习资源和学习过程的设计，而且更应重视学习活动的设计和支持。因为在这个条件下，学习者学习过程和学习活动会更加灵活，教师在学习过程中的指导者角色将更为突出，学习过程的支持将会变得更为重要。

正是由于以上原因，现代教育技术领域出现了一个重要的趋势，就是重视教学或学习支持软件系统的设计与开发，安装有教学或学习支持系统的中小学校越来越多。其实在硬件设备基本到位以后，必然会出现对软件系统的高要求，这可以使学习过程和教学过程的管理实现信息化和网络化。事实上，目前国际上已经出现了关于学习设计的标准，目的就是希望能够实现对学习活动的设计与动态支持。

【拓展知识与训练】现代教育技术的发展阶段如表 1-1 所示。

表 1-1　现代教育技术发展阶段

阶段	时间	新媒体的介入	新理论的引入
萌芽阶段	19 世纪末	幻灯片	夸美纽斯的《大教学论》
起步阶段	20 世纪 20 年代	无声电影、播音	A. V. Dorris 的《公立学校中的视觉教学》
初期发展阶段	20 世纪 30—40 年代	有声电影、录音	戴尔的“经验之塔”理论
迅速发展阶段	20 世纪 50—60 年代	电视、程序教学机、电子计算机	斯金纳的操作性条件反射说
系统发展阶段	20 世纪 70—80 年代	闭路电视系统、CAI 系统、卫星电视教学系统	系统论、信息论、控制论
网络发展阶段	20 世纪 90 年代后	多媒体计算机系统、计算机网络	认知理论、建构主义学习理论

现代教育技术的发展，大致经历了以下六个阶段：

（1）萌芽阶段（19 世纪末），以幻灯教育的出现为标志。

（2）起步阶段（20 世纪 20 年代），以无声电影、播音的出现为标志。

（3）初期发展阶段（20 世纪 30—40 年代），以有声电影、录音教学的出现为标志。

（4）迅速发展阶段（20 世纪 50—60 年代），以电视、程序教学机及 CAI 的出现为标志。

（5）系统发展阶段（20 世纪 70—80 年代），以各种系统媒体的出现为标志。

（6）网络发展阶段（20 世纪 90 年代以来），以计算机网络的出现为标志。

学习活动

学习活动 1　现代教育技术能做什么①

阅读下列材料，体会现代教育技术能做什么，并思考文末问题。

① 涂涛，瞿堃，刘革平. 现代教育技术应用[M]. 成都：四川教育出版社，2010.

马老师是西部小城中一名普通的小学语文老师。今天，马老师要给她任教的小学一年级的孩子们讲《清澈的湖水》这一课。拿起课本，马老师不禁回想起以前讲这节课的情景：从没有见过湖水的学生们，很难理解课文中所描述的湖光山色，对课文中要掌握的十几个生字只能机械记忆，课堂显得冗长沉闷，而且学生对课文中“……像……”的句法难点很难掌握……。是今天不同了，在上课前，马老师认真观看了 DVD 光盘中远在千里之外的东部某名牌小学一名特级教师所讲授的《清澈的湖水》一课，感觉从中学到了很多东西。“今天这节课学生们一定喜欢!”马老师胸有成竹地想。上课时间到了，马老师自信地站在讲台前，声音洪亮地说：“春天到了，大家都很想出去春游吧!让我们一起来看一段风光片吧!”说着，马老师按下了 DVD 机遥控器上的“播放”按钮。

一段风景秀丽、湖光山色的美丽画面出现在电视屏幕上：蓝天、白云、清澈的湖水、倒映的青山和在湖水中游来游去的小鱼。这时有一家三口，父母领着孩子乘着一条小船在湖水中荡漾，全家人都陶醉在这美丽景色中。不远处，一位也坐在小船上的小朋友刚想把吃剩的面包纸扔到湖里去，但她看到了清澈的湖水，不忍心打破美丽的湖面，就一直把废纸带回了岸上，放到了该放的地方。

马老师按下了“暂停”按钮，问道：“同学们，大家刚才都看到了什么？哪位同学能告诉我？”同学们争先恐后地举起了小手：“美丽的湖水”“漂亮的大山”……。大家纷纷道出自己所观看到的景色。马老师问道：“大家想不想听听电视机里的小朋友们怎么说的？”随着同学们急切的回答，马老师又按下了“播放”按钮。电视机里的小朋友们也是争先恐后地说：“我看到了蓝天白云映衬下的宁静的湖水”“我看到了两岸的青山和它们在湖水中迷人的倒影”……。“大家想不想再说说，刚才看到了什么？”马老师启发学生。于是受到启发的孩子们给出了很多美妙的描述：“碧绿的湖水中一条银色的小鱼游来游去，像是在给大家表演”“两岸的山峰有的像展翅的雄鹰，有的像可爱的小兔”……。“大家想不想听听电视机里的老师怎么评价那里的小朋友的发言？”马老师再次开始了放映……

DVD 光盘中的特级教师简单点评之后，就开始朗读课文。这以前可是马老师最头疼的环节。说惯了地方方言的她，有些字发音始终有困难，因此一提到朗读课文就发憷。现在，听着电视机里老师标准而优美的发音，马老师让学生们一起跟读。读完课文，马老师把画面停到生字上，向同学们说道：“这些啊都是我们今天要认识的字。其中有些大家可能认识，能不能说说你们是怎么认识的？”同学们给出了自己的答案。“大家想不想知道电视里的小朋友是怎么记住这些字的？”马老师又开始了播放……

仿佛一扇窗户隔开的两个班级，电视机里和电视机外远隔千山万水的两地小朋友们在一起学习，仿佛他们真地在一起上课了。电视机里的老师读得标准，写得规范，教得高明；电视机外的老师播得恰当，停得巧妙，教得实在。马老师不但用了 DVD 光盘中的美丽风光片作资源，用 DVD 光盘资源中特级教师规范的教学弥补自己的不足，她还特意让学生注意学习 DVD 光盘资源中学生们的学习方法。在这节课中，马老师还让 DVD 光盘资源中的小朋友们和自己班上的小朋友们展开竞争，让他们比发音、认字、造句，好像一个班里的两个大组一样。不知不觉下课的时间到了，马老师看到了学生们眼中那清澈、幸福的光芒，开心地笑了。

阅读反思：

使用 DVD 光盘后，课堂教学中发生了哪些变化？

DVD 光盘资源在课前有什么作用？

DVD 光盘资源在课上有什么作用？

DVD 光盘资源在课后有什么作用？

DVD 光盘资源是在现代教育技术的思想与技术指导下完成的一种教育技术应用制品，你能总结一下还有哪些现代教育技术应用制品吗？

你对现代教育技术能做什么有何感想？

学习活动 2　教育技术与教育信息化

自主研究下列资料，讨论如何利用信息技术来支持教育改革，促进教育的发展。

计算机的普及和网络的迅速发展大大改变了人们的工作方式、学习方式和生活方式。为了适应迅猛发展的现代社会，人类终身学习成为必要，教育信息化的概念也被提出来了，远程教育成为人们学习的一种重要方式。显然，在机遇与挑战面前，传统的教育教学模式已不能满足社会快速发展的需要，教育必须与时俱进，改革势在必行。

（1）教育信息化：教育技术应用于校园教育

教育信息化的概念是在 20 世纪 90 年代伴随着信息高速公路的兴建而提出来的。1993 年 9 月美国政府正式提出“国家信息基础设施”（National Information Infrastructure，简称 NII），俗称“信息高速公路”（Information Highway）的建设计划，核心是发展以 Internet 为核心的综合化信息服务体系并推进信息技术（Information Technology，简称 IT）在社会各领域的广泛应用，特别是把 IT 在教育中的应用作为实施面向 21 世纪的教育改革的重要途径。

为推进中国基础教育，尤其是农村基础教育，以信息化带动教育的现代化，缩小数字鸿沟，中国教育部于 2002 年启动“农村中小学现代远程教育工程”，简称“农远工程”。《农村中小学现代远程教育工程试点工作方案》规定，计划用 5 年左右的时间，构建遍及全国农村的远程教育网络，使农村所有初中都具备计算机教室，所有小学都具备卫星教学收视点，所有教学点都具备教学光盘播放设备和成套教学光盘。实施农村中小学现代远程教育工程将有力推进中西部地区“两基”攻坚和巩固提高工作，对促进优质教育资源共享、缩小城乡教育差距有着十分重要的意义。

在实施农村中小学现代远程教育的实践中，我国逐渐形成了教学光盘播放点、卫星教学收视点和计算机教室三种模式。

教学光盘播放点模式

配备对象：农村小学教学点。全国大约有 11 万个农村小学教学点，其中中西部有 9.9 万个。

主要优势：设备操作简单，教学方式易掌握，一次性投入少。

应用方式：以教师讲授为主，播放光盘为辅，可帮助教师备课，还可开展面向农民的教育活动。

硬件设备：4～6 套电视机、DVD 机。

卫星教学收视点模式

配备对象：农村小学。全国农村小学约有 38.4 万所，其中中西部有 31.5 万所。

主要优势：获取多种媒体资源，更新快速，大量存储，覆盖面广，成本低，提供最基本的数字化环境。

应用方式：收看空中课堂节目，进行同步教学、计算机辅助教学、教师备课、教研活动和教师培训等。

硬件设备：4 套卫星接收设备（每套都包括电视机、数字卫星接收机、计算机各一台）。

计算机教室模式

配备对象：农村初中。全国农村初中有 3.74 万所，其中中西部有 2.98 万所。

主要优势：提供网络环境，资源丰富，交互性强，提供师生学习计算机和网络技术的条件，提供个别化学习、合作学习的条件。

应用方式：开设信息技术必修课，开展网络环境下的教学，利用网络环境备课，开展教研活动和教师培训，为农村党员干部和农民提供培训服务，为农民获取和发布信息提供服务。

硬件设备：计算机网络教室（含 PC、NC、光盘三种，每组学生机不少于 4 台）。

（2）远程教育：教育技术的又一典型应用

远程教育是一种区别于传统面授教育的教育方式。在这种教育方式中，教师和学生在时空上处于相对分离的状态，教与学的行为主要是通过各种教育技术和媒体资源实现联系、交互和整合。国际著名远程教育专家德斯蒙德 · 基更（Desmond Keegan）将远程教育的特征归纳为以下几个方面：

特征 1：教师和学生在教与学的全过程中处于准永久性分离状态；

特征 2：教育组织通过规划和准备学习材料以及提供学生支持服务对学生学习产生影响；

特征 3：应用各类技术媒体——印刷媒体、视听媒体和计算机媒体，将教师和学生联系起来并以此作为课程内容的载体；

特征 4：提供双向通信并鼓励学生交流对话和从对话中受益；

特征 5：学生在整个学习过程中与学习集体处于准永久性分离状态，学生通常是接受个别化教学而不是集体教学，但并不排除为了教学和社会的目的组织必要的、集体的面授交流。

学习考核

<table>
<tr><td rowspan="6">考核要点</td><td colspan="2">考核内容</td><td>标准分</td><td>计分</td></tr>
<tr><td colspan="2">（1）现代教育技术的概念</td><td>5</td><td></td></tr>
<tr><td colspan="2">（2）教师学习现代教育技术的必要性</td><td>3</td><td></td></tr>
<tr><td colspan="2">（3）现代教育技术的发展趋势</td><td>2</td><td></td></tr>
<tr><td colspan="2"></td><td></td><td></td></tr>
<tr><td colspan="2">小计</td><td>10</td><td></td></tr>
<tr><td>评价方式</td><td>自我评价</td><td>小组评价</td><td colspan="2">教师评价</td></tr>
<tr><td>考核得分</td><td></td><td></td><td colspan="2"></td></tr>
<tr><td>存在问题</td><td colspan="4"></td></tr>
</table>

练习与思考

一、填空题

1．教育技术是指通过________、________和________适当的技术过程和资源来促进学习和提升绩效的研究和符合职业道德规范的实践。

2．教育技术是由________、________和________三个领域的发展整合而成的。

3．信息技术条件下的教学活动与教学设计需要充分考虑到学习者与学习环境的交互作用，因此不仅应重视学习资源和学习过程的设计，而且更应重视________。

4．教育技术三大范畴是________、________、________。

5．教育技术的双重目的是________和________。

6．电化教育是根据教育理论，运用________，并与________恰当结合，有目的地传递教育信息，充分发挥多种感官的功能，以实现最优化的教育活动。

7．教育技术在我国的发展，主要分为两个大阶段，即电化教育的________和________，以及改革开放以后电化教育向教育技术的全面发展。

8．教育技术的未来发展方向，一方面取决于理论与技术的发展状况，另一方面取决于________。

9．教师的教育技术素质，不仅包括在教学过程中熟练使用各类媒体设备和对教学活动的设计能力，还应具备基本的________。

10．美国教育传播与技术协会的简写是________。

二、选择题

1．教育技术是学习过程和学习资源的（　　）五个领域的理论与实践。

A．设计、开发、应用、组织、管理

B．开发、设计、建构、管理、评价

C．应用、实践、设计、管理、评价

D．设计、开发、应用、管理、评价

2．关于教育技术与电化教育之间的关系，下列说法中正确的是（　　）。

A．教育技术的理论和实践与电化教育完全相同

B．教育技术的理论和实践与电化教育完全不同

C．教育技术的理论和实践只是电化教育中的一部分内容

D．电化教育的理论和实践只是教育技术中的一部分内容

3．历史上有三种教育实践既相互融合，又各自发展，为形成教育技术这样一个独特领域奠定了基础，这三种教育实践是（　　）。

A．视听教学、程序教学、个别化教学

B．程序教学、电化教育、系统方法

C．教学系统设计、视听教学、个别化教学

D．教学系统方法、程序教学、个别化教学

4．你认为教育技术解决教育教学问题的基本指导思想是（　　）。
A．媒体开发，技术支持，资金支持
B．以学习者为中心，依靠资源，应用系统方法
C．以教师为中心，依靠技术，应用现代手段
D．利用视听媒体，掌握信息技术，综合教学理论

5．教育技术具有教育和技术双重特性。一方面教育技术的核心内容是教育，服务的实践领域是教育；另一方面教育技术又是教育范畴中的一个特定领域，是（　　）。
A．在教育中引入科学技术的研究、开发与应用，在教育活动中所采取的一切技术手段和方法的总和
B．在教育中使用计算机人工智能，开展计算机辅助教学
C．采用视听教学的方法进行教学活动
D．采用系统科学方法进行教学活动

6．教育技术涉及的问题层次、研究内容和方向是（　　）。
A．关于教与学现象的内在关系和规律
B．关于学习资源和学习过程的设计、开发、应用、评价、管理的理论与实践
C．关于教育的一般规律、理论和实践的关系等
D．关于媒体技术在教育中的应用、开发和管理

7．关于电化教育下列说法正确的是（　　）。
A．电化教育是运用现代教育媒体，并与传统教育媒体恰当结合，有目的地传递教育信息，充分发挥多种感官的功能，以实现最优化的教育活动
B．电化教育是根据教育理论，有目的地传递教育信息，充分发挥多种感官的功能，以实现最优化的教育活动
C．电化教育是根据教育理论，运用现代教育媒体，并与传统教育媒体恰当结合，有目的地传递教育信息，充分发挥多种感官的功能，以实现最优化的教育活动

8．师范生需要学习现代教育技术的（　　）内容。
A．现代教学设计理论与方法
B．以信息技术为核心的媒体使用技术
C．关于教育的一般规律、理论和实践的关系等
D．教学软件的开发制作技术

三、简答题

1．阐述教育技术的概念及五个范畴。
2．论述教育技术的发展趋势。
3．结合自己及周边学校教师的情况说说运用教育技术手段的优势。
4．简述 AECT2005 年定义及内涵。

第 2 章　信息化教学资源的获取与处理

【教学导航】

教学目标	（1）掌握各种教学资源的常用获取方式 （2）能够对各种教学资源进行简单处理
本章重点	（1）图形图像教学资源的处理 （2）动画教学资源的获取方式 （3）音频教学资源的处理
本章难点	（1）视频教学资源的获取方式 （2）音频教学资源的处理
教学方法	任务驱动法、分组讨论法、四步训练法
课时建议	8 课时

【知识结构】

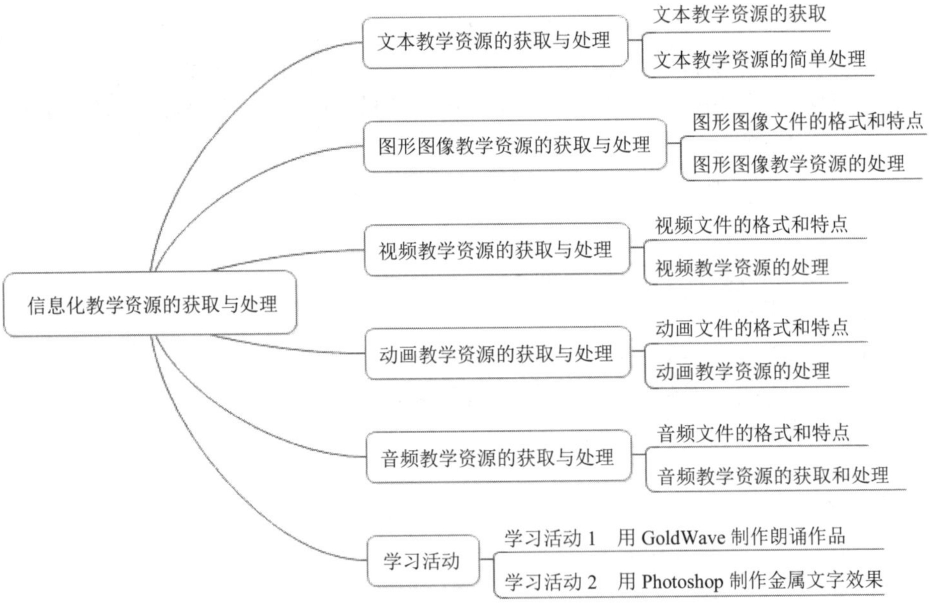

学习任务 1　文本教学资源的获取与处理

2.1.1　文本教学资源的获取

【任务描述】文本信息是指在计算机屏幕上呈现的文字内容，它是准确、有效地传播教学信息的重要媒体，常用的文本格式主要有 DOC、TXT、PDF、RTF。教师应学会各种形式的文本教学资源的获取方法。

【任务实施】文本教学资源的获取有直接获取与间接获取两种方式，直接获取是指通过文字编辑处理软件用键盘直接输入，间接获取是指用扫描仪或其他输入设备输入文本素材，常用于大量文本的获取。

（1）键盘输入方法

键盘输入是文本输入的主要方法，使用计算机输入汉字，需要根据汉字的某种规律将汉字用数字或英文字符编码，然后由计算机键盘输入。汉字有音、形、义三个要素，根据汉字读音做的编码称作音码，根据汉字字形做的编码称作形码，兼顾汉字读音和字形的编码称作音形码。在常用的多媒体教学制作软件中，都带有文字工具，在文本内容不多的情况下，可以直接输入文字，对输入的文字可进行直接编辑处理。常用输入法有搜狗、全拼等输入法。

（2）手写输入方法

使用"输入笔"设备，可在写字板上书写文字，来完成文本输入，利用手写输入法获取文本的方式，类似于平时我们在纸上写字，但对在写字板上书写的文字要进行选择。手写输入方法使用的输入笔有两种：一种是与写字板相连的有线笔，另一种是无线笔。无线笔携带和使用均很方便，是手写输入笔的发展方向。写字板也有两种，一种是电阻式，另一种是感应式。

（3）语音输入方法

将要输入的文字内容用规范的语音朗读出来，通过麦克风等输入设备送到计算机中，计算机的语音识别系统对语音进行识别，可将语音转换为相应的文字，完成文字的输入。

讯飞输入法是由中文语音产业领导者科大讯飞推出的一款输入软件，集语音、手写、拼音、笔画、双拼等多种输入方式于一体，又可以在同一界面实现多种输入方式平滑切换，符合用户使用习惯，大大提升了输入速度，支持粤语、四川话、河南话、东北话、天津话、湖南（长沙）话、山东话、湖北（武汉）话、合肥话、江西（南昌）话、闽南语、陕西（西安）话、江苏（南京）话方言识别。讯飞输入法有 Android、iPhone、PC 版本。下面以 PC 版本为例。

Step 1　到官方网站下载讯飞输入法电脑版并安装。

Step 2　启用与切换。Ctrl+Shift 键可切换输入法，将鼠标移到要输入的程序，使系统进入到输入状态，就可以使用 Ctrl+Shift 键切换输入法，待讯飞输入法切换出来即可使用，如图 2-1 所示；Ctrl 键+引号键可快速切换到讯飞输入法；Ctrl 键+空格键可切换到默认输入法。

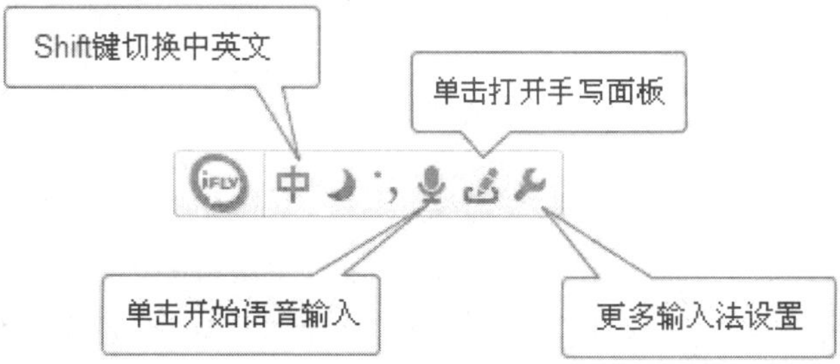

图 2-1　讯飞输入法说明

Step 3　语音输入。单击语音麦克风开启语音栏（按快捷键 F6 可开启语言栏，按快捷键

Esc 可关闭语音栏），首次启用语音功能时，需要根据向导提示调整音量，可以将录音设备调整至最佳状态。讯飞输入法默认开启了安静模式，每说完一句话后，待成功返回刚说完的文字后，可以继续说下一句，建议使用外接麦克风进行语音输入，这能够达到最佳的录音效果。

（4）扫描仪输入法

将印刷品中的文字以图像的方式扫描到计算机中，再用光学识别器（OCR）软件将图像中的文字识别出来，并转换为文本格式的文件。目前常使用手机做 OCR 文字识别。下面以“云脉文档识别”手机软件为例。

Step 1 到官方网站下载“云脉文档识别”安卓版软件并进行安装。

Step 2 【拍照识别】，打开云脉文档识别软件，进入拍照状态，单击拍照，再单击“下一步”，软件进入识别状态，2 至 3 秒之后就会出现识别结果，当然大的文件耗时会长一点。此软件支持单张或多张拍摄。将手机摄像头与文档保持水平进行拍摄后，“云脉文档识别”软件利用卓越的光学识别技术，对所得图像进行快速识别，自动捕捉文档信息并分类至正确字段。

Step 3 【导入识别】，单击首界面左下角“导入”按钮，选择手机目录中需要识别的文档图像，单击“下一步”即可识别。

Step 4 【编辑文档】，在识别结果页面单击某一字段编辑时，界面顶端即显现该字段所对应的图像，方便核对信息，该软件也支持单击垃圾桶图标删除字段。

Step 5 【分享文档】，在识别结果页面编辑，可直接将文档图片或者 OCR 识别结果分享给好友、微博、蓝牙等。

（5）从互联网上获取文本

从互联网上可以搜索到许多有用的文本素材，在不侵犯版权的情况下，可以从互联网上获取有用的文字。从互联网的 HTML 页面上获取部分文本的方法是：首先拖动鼠标选取有用的文本，或单击鼠标右键，在弹出的快捷菜单中，选择“全选”命令，将整个页面上文字全部选中，然后选择“复制”命令，打开文字处理软件（如 Word），选择“编辑”/“粘贴”命令，就可以将复制的文字在文字处理软件中进行编辑处理了。如果将互联网上其他格式的文本文件进行保存，然后使用部分有用文本，常用的方法是：选择“文件”菜单中的“另存为”命令，将文本文件进行保存，然后在打开的阅读器中，选择工具栏上的“文字选择工具”，选取文字后，选择“复制”命令，然后在文字处理软件中选择“粘贴”命令。

2.1.2 文本教学资源的简单处理

【任务描述】文本教学资源获取后，需对字形、样式、排版等进行适当的处理。

【任务实施】常见的文字处理有文字标题化、文字艺术字化等。

（1）文字的 2.5 表达规则

文字的 2.5 表达规则是，在一张幻灯片的文字最多不超过两段半，每段文字不超过两行半，文字每页最多增加一两个亮点，例如，用颜色或加粗突显出来，如图 2-2 所示。

（2）艺术字生成

在文字的处理中，有时候需要对文字进行美化，比如将课件的标题制作成艺术字。可以在百度里搜索“艺术字在线生成”，会发现很多艺术字生成的网站，打开一个网站在对应的位置输入文字，然后选择艺术字体，设置相应的样式直到满意，最后生成图片，如图 2-3 所示。

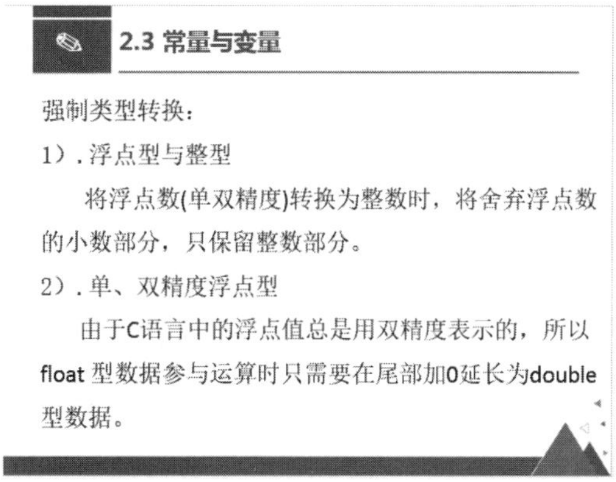

图 2-2　文字的 2.5 表达规则

图 2-3　艺术字生成

（3）文字精简成标题段

在教学的课件中，不需要大量的文本，需要将文本精简、挑出主干，每段的文字数量应尽可能一致，如图 2-4 所示。

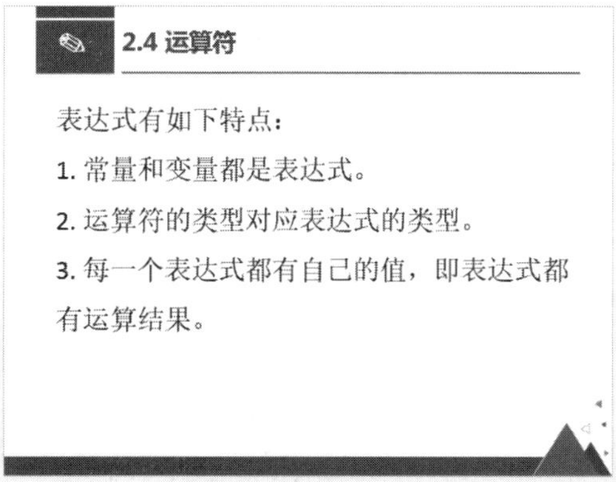

图 2-4　文字变成标题段

（4）标题式字段转换成 SmartArt 图形动画表达

美观从修饰外貌开始，Microsoft PowerPoint 自带有 SmartArt 图形转换选项，在“开始”选项卡的“段落”组的右下角处，可根据文本逻辑性选择 SmartArt 图形样式，将文字快速变成图形。还有“格式”及“设计”选项卡，可进行相应的设计选择和格式匹配，如图 2-5 所示。

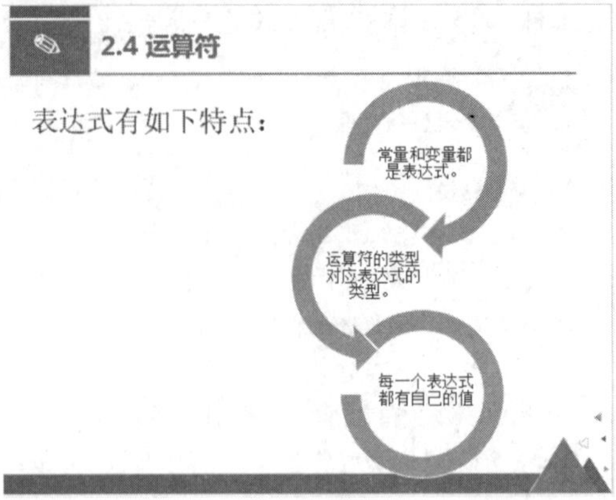

图 2-5 转换成 SmartArt 图形

学习任务 2 图形图像教学资源的获取与处理

2.2.1 图形图像文件的获取

【任务描述】通过学习，熟悉图形图像文件的常见格式，掌握不同图形图像文件的获取方式。

【任务实施】由于不同软件公司制定的标准不同，以及图像处理功能的发展，形成的图形了图像格式种类很多。

（1）图形图像文件的格式与特点

根据图像记录的方法，图形图像文件可分为位图格式和矢量图格式两大类，相应地也形成了两大类图形图像处理软件。

①位图格式：位图以记录图像平面的每一个像素来反映图像，适用于具有复杂色彩、层次丰富的图像，如照片、绘画等。位图像素的多少决定了文件大小和图像细节的丰富程度。Adobe Photoshop 是典型的位图处理软件之一。

位图主要有以下几种文件格式：

BMP 格式：这是使用极为普遍的位图格式，也是 Windows 操作系统中“画图”程序的标准文件格式。

JPG（JPEG）格式：它使用有损压缩方案，是所有压缩格式中最卓越的。当选择最高画质压缩时肉眼基本看不出压缩前后的图像差别。此格式是课件制作和网页图像最常用的格式。

GIF 格式：只能最多使用 265 色，不适合表现色彩丰富的细节，可以做成透明的，也可以做成动画，是以前做网页动画时的首选格式。

PSD 格式：是 Photoshop 本身专用的文件格式。PSD 格式不仅支持所有模式，还可以将文件的图层、参考线、Alpha 通道等属性信息一起存储。

PNG 格式：Macromedia 公司图像处理软件 Fireworks 的格式，可以有图层。

②矢量图格式：矢量图中物体的位置、形状、大小、颜色等是以数学方式记录的，而不是记录像素的属性。矢量图编辑时可以无级缩放而不影响分辨率，适合于工艺美术设计、插图

和计算机辅助设计等。典型矢量图处理软件有 CorelDRAW、Adobe Illustrator、AutoCAD。

矢量图主要有以下几种文件格式：

AI 格式：是 Adobe 公司推出的专业绘图软件 Adobe Illustrator 的文件格式。

DWG 格式：是使用广泛的工程制图软件 AutoCAD 的文件格式。

CDR 格式：是功能强大的平面绘图软件 Color Drawing 的文件格式。

EPS 格式：是专门为存储矢量图而设计的，能描述 32 位图形，分为 Photoshop EPS 格式和标准 EPS 格式。在平面设计领域，几乎所有的图像、排版软件都支持 EPS 格式。

（2）图片选择的原则

彩色三要素：色调（色相）、饱和度、亮度。色调（色相）：色彩的固有属性，是用红色、绿色、蓝色等区别的固有特性，色调取决于该种颜色的主要波长。饱和度：指色彩所具有的纯度，它取决于彩色光中白光的含量。亮度：指颜色的亮暗程度，黑色时亮度为 0，纯白时亮度最大，掺入的白光越多，色彩越淡。

图片选择的原则：高清的原则、与内容相关的原则、充满时代感的原则、与正文协调一致的原则。

（3）图形图像的获取

①从现有的素材中获取：图形图像教学资源的获取途径很多，可以从图库光盘或网上下载图片，这都是获得图像素材的基本方法，既快捷，又方便。

②通过对印刷品或照片的扫描获取：通过对印刷品或照片的扫描，可将图像数字化来获取素材。

③用截图工具获取：首先按 Print Screen SysRq 键一下，对当前屏幕进行抓图，就截取了整个显示屏的内容（先按住 Alt 键，再按 Print Screen SysRq 键，则是对当前窗口进行抓图。如打开了“计算机”窗口后，用此法就能抓取“计算机”窗口的内容），然后打开“程序”|“附件”|“画图”，选择“编辑”菜单下的“粘贴”，就把抓取的图片贴出来了，还可以进行简单的编辑，最后选择要保存的类型和路径，输入图片名称，单击“保存”按钮即可，默认保存为 BMP 格式。

④截图软件截取屏幕中的图像。

抓取特定窗口中的图像：捕获特定窗口中的图像是最常用的抓图方式之一，HyperSnap-DX 软件提供的这一功能，可以自动识别独立的使用窗口。具体操作方法如下：

Step 1 启动 HyperSnap-DX 软件。

Step 2 在 HyperSnap-DX 主界面菜单栏内，选择“捕获”|“窗口”或“控件”命令，也可以采用快捷键方式 Ctrl+Shift+W。

Step 3 此时，HyperSnap-DX 主界面最小化，屏幕切换到要捕获图像的界面。拖动鼠标，可以看到有一个不断闪动的黑色粗边框，表示选定的窗口。

Step 4 单击鼠标，窗口就被捕获到了。同时，屏幕自动切换到 HyperSnap-DX 主界面，捕获到的图像会显示在内容显示区。

抓取选定区域（矩形）内的图像：捕获矩形区域内的图像也是常用的抓图方式之一。与抓取特定窗口中的图像不同，此种方式可以是对任何特定的矩形区域抓图。具体操作方法如下：

Step 1 启动 HyperSnap-DX 软件。

Step 2 在 HyperSnap-DX 主界面菜单栏内，选择“捕获”|“区域”|“选定区域”命令。

Step 3 此时，HyperSnap-DX 主界面最小化，屏幕切换到要捕获图像的界面。移动十字光标到起始位置，单击鼠标确定起始位置，然后移动光标到终点位置，单击鼠标，确定终点位置并捕获该区域图像。

抓取任意区域内的图像：捕获任意区域内的图像是 HyperSnap-DX 软件提供的特色功能之一，它可实现在捕获窗口中按照手动方式画出的任意闭合图形来抓取图像，具体操作方法如下：

Step 1 启动 HyperSnap-DX 软件。

Step 2 在 HyperSnap-DX 主界面菜单栏内，选择 Capture（捕获）|IFreeHand（自由捕获）命令，也可以采用快捷键方式 Ctrl+Shift+H。

Step 3 此时，HyperSnap-DX 主界面最小化，屏幕切换到要捕获图像的界面。移动十字形光标到起始位置，按住鼠标左键并拖动，画出任意图形。根据需要画出闭合图形，松开鼠标左键。

Step 4 单击鼠标，捕获此区域的图像。同时，屏幕自动切换到 HyperSnap-DX 主界面，捕获到的图像会显示在内容显示区。

同时抓取多个窗口的图像：同时捕获多个窗口内的图像也是 HyperSnap-DX 软件提供的特色功能之一，具体操作方法如下：

Step 1 启动 HyperSnap-DX 软件。

Step 2 在 HyperSnap-DX 主界面菜单栏内，选择 Capture（捕获）|IMulti-RegionCapture（多区域捕获）命令，也可以采用快捷键方式 Ctrl+Shift+M。

Step 3 此时，HyperSnap-DX 主界面最小化，屏幕切换到要捕获图像的界面。移动鼠标到需要捕获的窗口 1，单击鼠标左键确认，此时该窗口反白显示，移动鼠标到需要捕获的窗口 2，按鼠标左键确认，窗口 2 也反白显示，如此确定若干窗口。

Step 4 最后按回车键捕获所选窗口。同时，屏幕自动切换到 HyperSnap-DX 主界面，捕获到的图像会显示在内容显示区。

抓取按钮：抓取按钮是 HyperSnap-DX 软件提供的特色功能之一，具体操作方法如下：

Step 1 启动 HyperSnap-DX。

Step 2 在 HyperSnap-DX 主界面菜单栏内，选择 Capture（捕获）|IButton（按钮）命令，也可以采用快捷键方式 Ctrl+Shift+B。

Step 3 此时，HyperSnap-DX 主界面最小化，屏幕切换到要捕获图像的界面。这时，光标呈十字形状，移动光标到需要捕获的按钮处，单击鼠标确认。

Step 4 屏幕自动切换到 HyperSnap-DX 主界面，一个完整的按钮就被捕获下来。

⑤通过数码相机或数码摄像机拍摄获得：将数码相机或数码摄像机拍摄的数字图像输入计算机来获取素材。

⑥利用绘图软件制作获得：可以利用 Photoshop、CorelDRAW 等绘图软件直接绘制素材。

2.2.2 图形图像教学资源的处理

【任务描述】获取图片后，有些图片不能满足教学需要，需要对图片进行处理，如去污、裁剪、调色、合成等美化工作。

【任务实施】在教学活动中，对图片资源常见的处理有去污、裁剪、调色、合成等美化工作。

（1）图像去污处理

Teorex Inpaint 是一款去除图片背景中瑕疵的图片处理绿色软件，也就是常说的图片去水印，如果图片中有一些不满意的瑕疵，不必动用庞大的 PS 软件来处理，只需要使用 Teorex Inpaint 就可以轻松搞定。

Step 1　到官网下载相关软件并安装到计算机上。

Step 2　运行 Teorex Inpaint 软件，选择“文件”|“打开”命令，打开一张图片，继续单击工具栏中的“笔刷”，选中需要去除的部分，如图 2-6 所示。

图 2-6　Teorex Inpaint 去除水印

Step 3　单击“处理图像”按钮，如图 2-7 所示，然后单击“保存”按钮即可。

（2）图像裁剪处理

通常印刷品或照片在扫描仪内不可能放置得十分端正，因此扫描获得的图像通常是歪的而且带有黑边。可以用 Photoshop 的裁剪工具把图像剪切、调正。

Step 1　选择工具箱中的“裁剪工具”，在图像上拖动鼠标，画一个裁剪区域指示框，在框的四周出现 8 个控制点，拖动控制点，调整边框的大小至合适，如图 2-8 所示。

用鼠标单击窗口上方“裁剪属性”工具栏右侧的“确认”按钮，或在裁剪选择区域内双击鼠标，完成图像的裁剪，图像中不需要的部分被裁除。

图 2-7　Teorex Inpaint 去除水印后效果

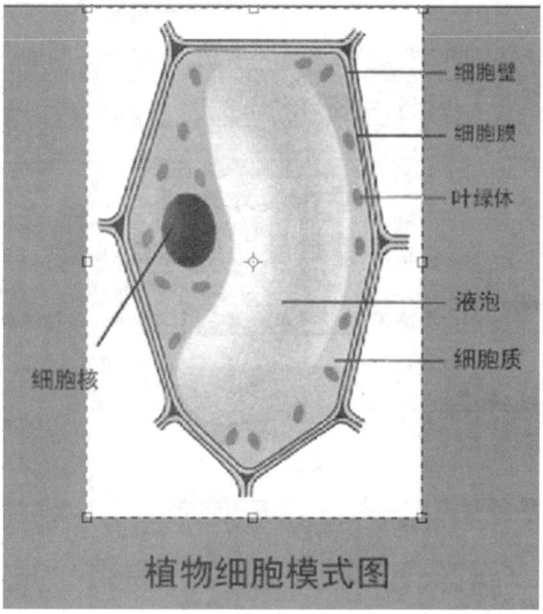

图 2-8　裁剪图片

Step 2　消除图像背景中的阴影。

对上面处理后的图像分析可以发现，扫描的图像背景中有扫描透射过来的文字和图案形成的阴影，应将其去除。

选择工具箱上的“魔棒工具”，在图像窗口的上方显示“魔棒属性”工具栏，如图 2-9 所示（注：容差值的大小影响魔棒选择范围的大小，容差值小，选择范围小，容差值大，选择范围大，但容差值不能过大，应根据实际需要适当选择容差值）。

图 2-9　“魔棒属性”工具栏

将鼠标指针移至要去除扫描透射阴影的背景之中，单击鼠标，选中要删除的部分。

选择“编辑”|“清除”命令或按 Delete 键，将选中的背景图像删除。如果一次不能完全删除，可反复执行上面的操作，或将视图放大后，用“橡皮擦工具”擦除剩下的阴影，直到所有阴影部分全部被删除为止，如图 2-10 所示（注：如果在图像的倾斜校正后，没有将图层 0 转换为背景图层，则背景将清除为透明）。

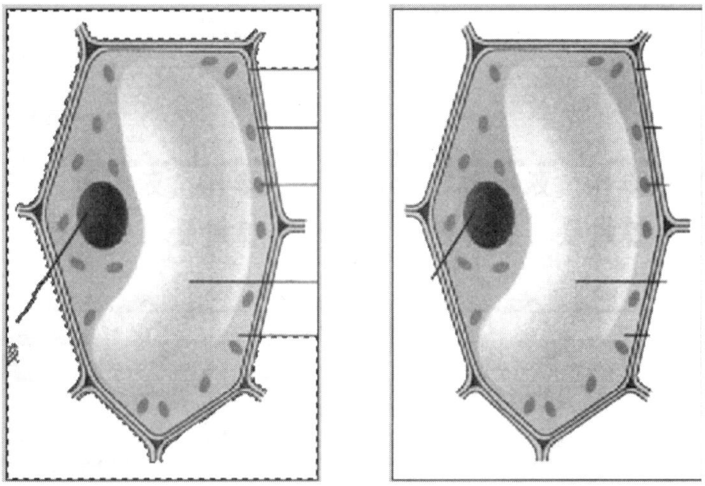

图 2-10　删除阴影前后对比

Step 3　修复图像。

原图上有一些黑色标注线条和文字需要去掉。在图像中相邻位置的像素总是相似的，我们可以选择要修复的部位附近区域的图像，并对其进行复制，然后把要修复的部位粘贴盖住，从而达到去除黑色线条的目的。

打开要修复的图像，选择工具箱中的“放大镜工具”，单击要修复的图像位置，将图像放大，以便于操作（注：放大倍数越大，制作后的效果就越好）。

选择“矩形选框工具”，并在图像中拖动鼠标，选择出要修复的部分，如图 2-11（a）所示，然后按键盘的向上箭头键，使选区向上移动，如图 2-11（b）所示。

选择“编辑”|“拷贝”命令，将选区中的图像进行复制，再按键盘的向下箭头键，将选区移回要修复的位置，然后选择“编辑”|“粘贴”命令，将刚才复制的内容粘贴到图像上（粘贴的图像被放在选区所在位置）。

选择工具箱上的“移动工具”，然后按键盘上的方向箭头键，将复制的图像移动到线条上盖住，并将图像边缘对齐，完成第 1 条线的修改，如图 2-11（c）所示。

参照上面的操作，修复图像的其他部分。对于图像中倾斜标注线的选取，可以使用“多边形套索工具”来选择选区。每单击一次鼠标左键确定一个多边形转折点，当要结束“多边形套索工具”时双击鼠标左键。选择倾斜标注线的效果如图 2-12 所示。

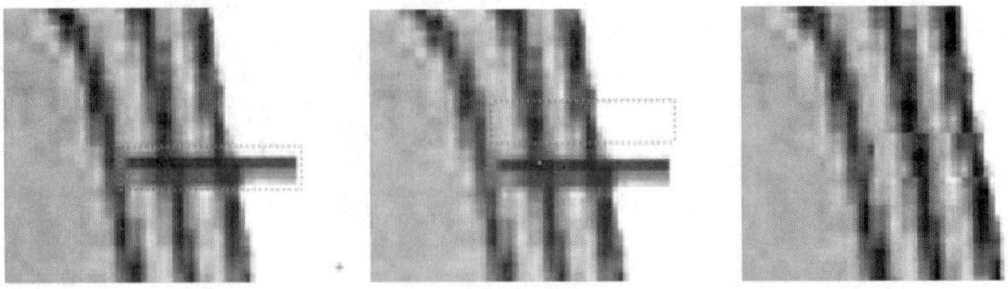

（a）　　（b）　　（c）

图 2-11　修复图像一

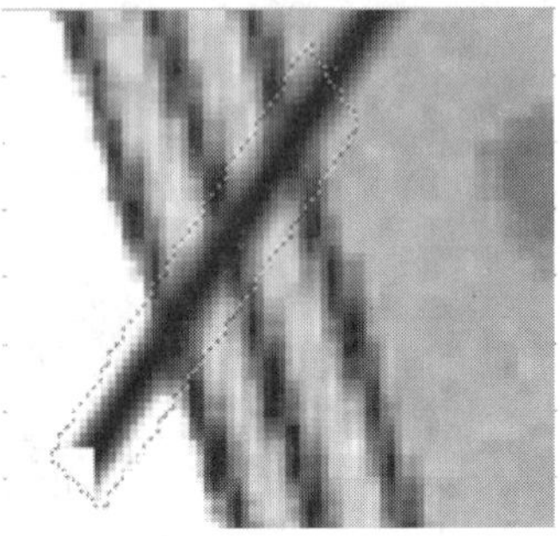

图 2-12　修复图像二

选择工具箱的“橡皮擦工具”，擦除图像上剩余的标注线和文字，完成全部修复工作。修复前后图片效果如图 2-13 所示。

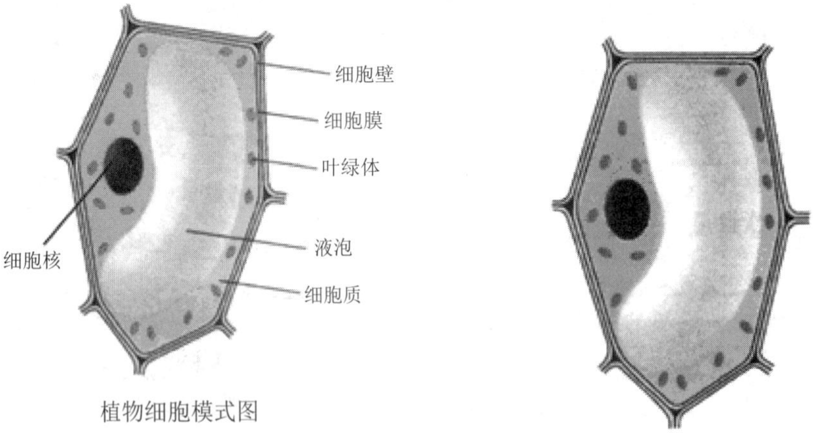

图 2-13　修复前后图片效果

（3）图像大小处理

Step 1 执行“开始”|Adobe Photoshop CS 命令，启动 Adobe Photoshop CS 软件。认识 PS 窗口组成，PS 窗口组成主要包括标题栏、菜单栏、工具栏、属性栏、工作区、区域面板等，如图 2-14 所示。

Step 2 打开要修改的图像。如果“图层”面板没有打开，可选择“窗口”|“图层”命令，打开“图层”面板，如图 2-15 所示。双击“背景”层，打开“新图层”对话框，单击“好”按钮，如图 2-16 所示，将背景层转换成普通图层，以便对其

进行编辑操作。

图 2-14　PS 窗口组成

图 2-15　“图层”面板

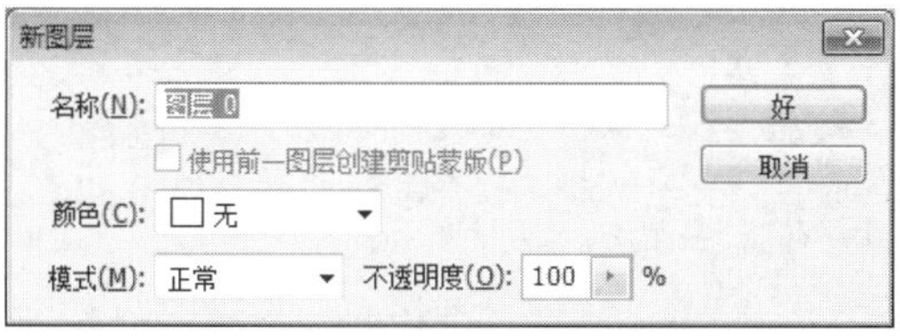

图 2-16　“新图层”对话框

Step 3　选择“图像”|“图像大小”命令，打开“图像大小”对话框。从该对话框中我们可以看到图像的宽度像素、高度像素，如图 2-17 所示。

Step 4　确保已经取消了“约束比例”复选框，在“像素大小”区域中的“宽度”单位处选择“像素”，宽度值文本框中输入 320，高度值文本框中输入 240。

Step 5　单击“好”按钮，完成图像大小的修改。

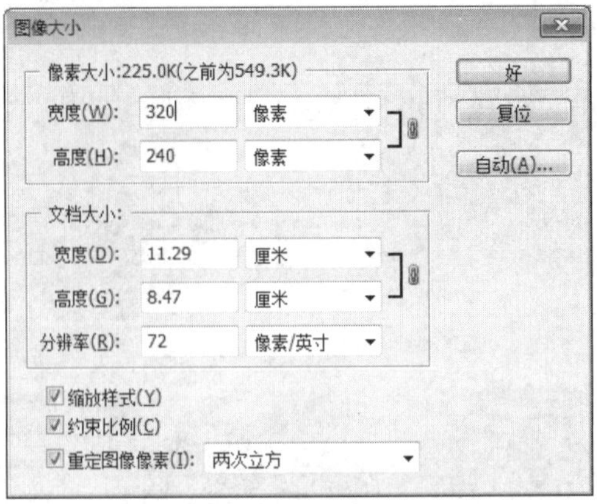

图 2-17 “图像大小”对话框

Step 6 选择“文件”|“存储为”命令，打开“存储为”对话框。从该对话框中选择文件的存储格式为 JPEG，图片命名为“图片大小处理”，如图 2-18 所示。

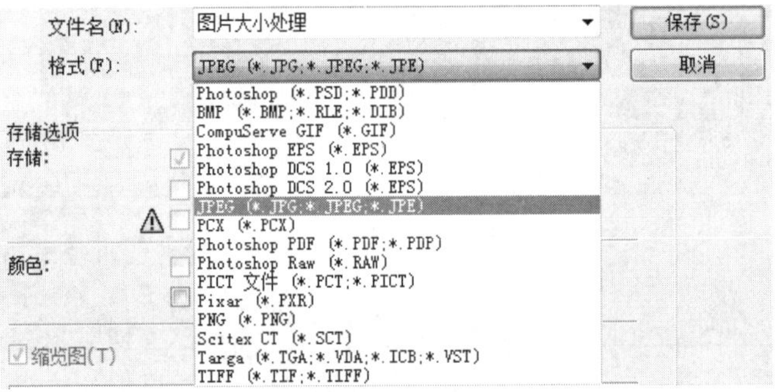

图 2-18 “存储为”对话框

Step 7 单击“保存”按钮，弹出“JPEG 选项”对话框，如图 2-19 所示。选择“图像选项”区域中的“品质”为高，单击“好”按钮，完成文件的保存。

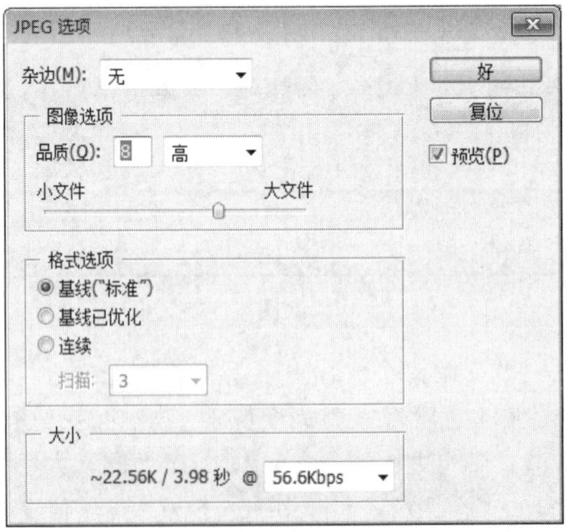

图 2-19 “JPEG 选项”对话框

（4）图像颜色处理

在 Photoshop 中使用“亮度/对比度”“自动色阶”“自动对比度”“自动颜色”“变化”和“色调均化”等命令，可以在总体上对图像的颜色和色调进行快速而又简单的总体调整。由于其中的某些调整功能是自动进行的，如果不喜欢结果，可以取消某个命令。

Step 1　增强图像的清晰度。

扫描的图像有些暗淡，灰蒙蒙的。我们可通过调整亮度与对比度来使图像变得清晰。选择“图像”|“调整”|“亮度/对比度”命令，打开“亮度/对比度”对话框，如图 2-20 所示。

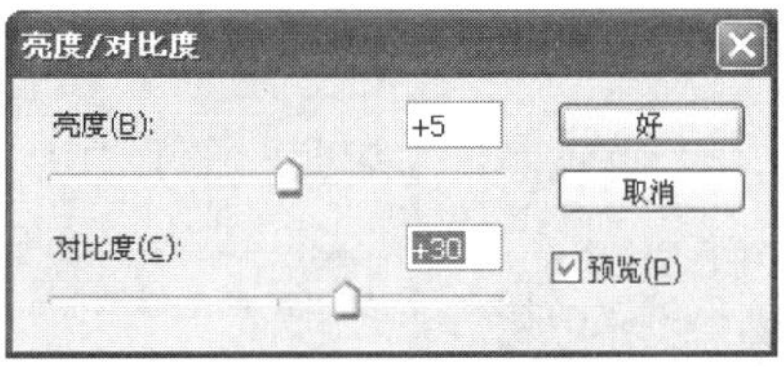

图 2-20　修复图像一

拖动三角形滑块，可调整亮度与对比度，调整参数：亮度为+5，对比度为+30（仅供参考）。图 2-20 中选择了“预览”选项，可边调整边看效果，直到满意为止，单击“好”按钮。

以上操作也可以通过“图像”|“调整”|“自动对比度”命令来完成。

Step 2　图像色彩校正。

扫描的素材图像颜色略有偏色失真，下面通过色相/饱和度的调整使其颜色变得真实。

选择菜单“图像”—“调整”—“色相/饱和度”命令，弹出“色相/饱和度”对话框，如图 2-21 所示。

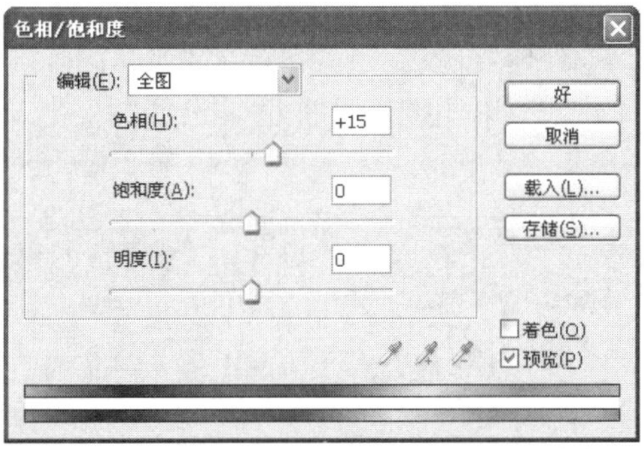

图 2-21　修复图像二

参数设置：调整色相滑块到+15 左右。如果觉得图像色彩不够浓，可适当增加饱和度；如果觉得颜色不够明亮，可适当增加明度，单击“好”按钮完成图像的色彩校正。

（5）图像自然融合技术

在生活中，很多在设计工作中需要表现的特效镜头，靠拍摄是不能实现的，比如世界末日、山洪暴发、外星太空、多媒体课件封面以及邀请函背景等，这就要用到照片的特效合成技术了。

Step 1　下载两幅图片。一幅为纹理图片，另一幅为学校主教学楼图片，如图 2-22 所示。

图 2-22　两幅素材图片

Step 2 裁剪纹理图片。用“裁剪工具”裁剪出画面右上方部分，如图 2-23 所示。

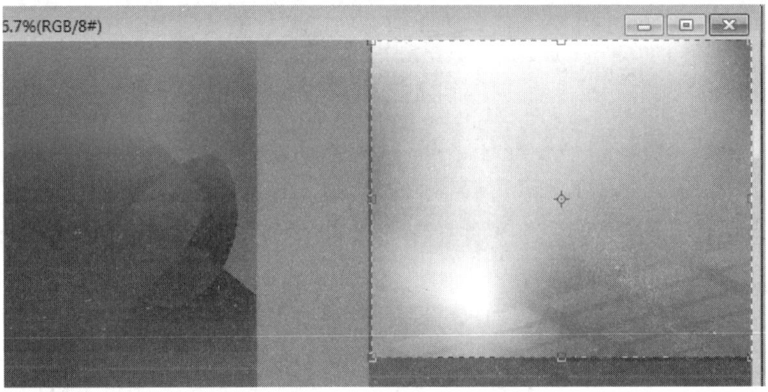

图 2-23　裁剪画面

Step 3 修改图片大小。选择“图像”|“图像大小”命令，打开“图像大小”对话框。确保已经取消了“约束比例”复选框，设置图像的尺寸为 640*480 像素，如图 2-24 所示。

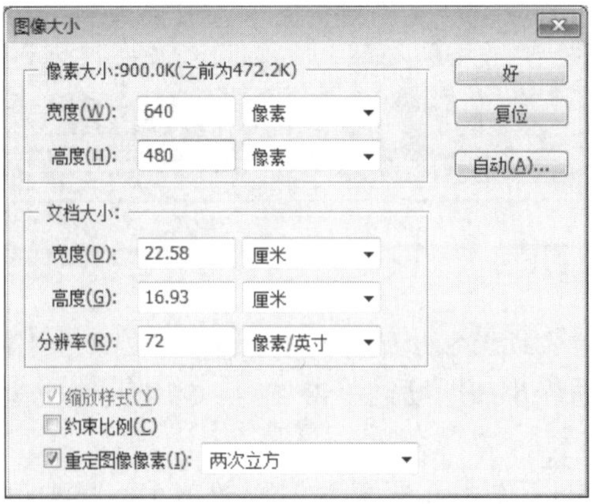

图 2-24　“图像大小”对话框

Step 4 单击“好”按钮，完成图像大小的修改，如图 2-25 所示。

Step 5 羽化处理学校主教学楼图片，如图 2-26 所示。

图 2-25　课件背景纹理

图 2-26　主教学楼画面羽化处理

Step 6　合并两幅图片。选择“移动”工具，将主教学楼图片拖放到纹理图片中，如图 2-27 所示。

图 2-27　合并后的图片

Step 7 添加标题文字。设置文本字体、字号、颜色，如图 2-28 所示。

图 2-28　添加标题文字

Step 8 右击文字图层，选择“混合选项”，如图 2-29 所示。

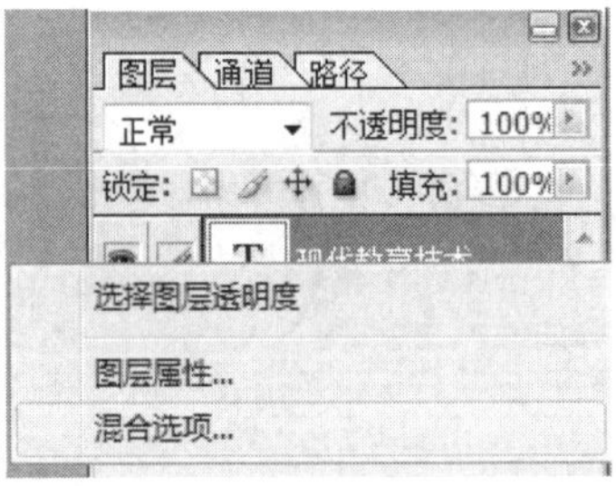

图 2-29　图层混合选项

Step 9 打开“图层样式”对话框，勾选“投影”“斜面和浮雕”效果，如图 2-30 所示。

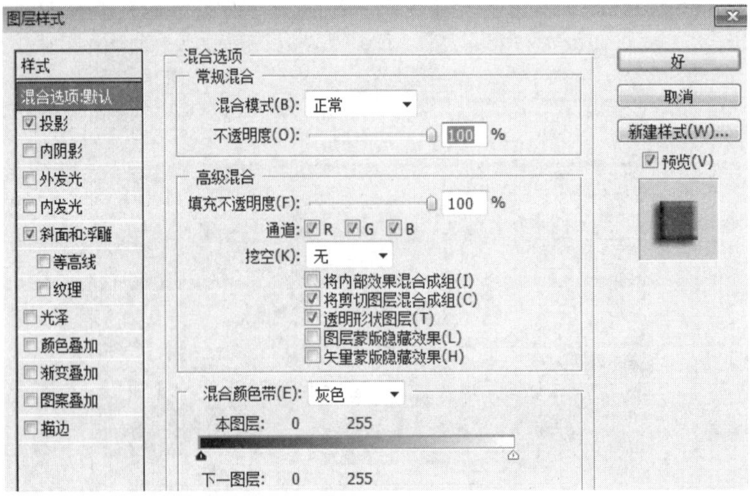

图 2-30　“图层样式”对话框

Step 10　添加辅助信息文字，简单设置文本格式。修改后的图片如图 2-31 所示。

图 2-31　课件主页面效果图片

Step 11　使用类似的方法，制作内容页面，效果如图 2-32 所示。

图 2-32　课件内容页面背景效果图

学习任务 3　视频教学资源的获取与处理

2.3.1　视频文件的格式和特点

【任务描述】通过学习，掌握 MOV、AVI 和 MPG 等视频文件格式及特点。

【任务实施】视频教学资源常见格式和特点如下所示。

MOV 格式：指 QuickTime for Windows 文件格式，是 Macintosh 平台下常见的数字视频格

式，使用有损压缩方法，为 QuickTime for Windows 提供广阔的应用范围和优越的压缩画质。

AVI 格式：指 Video for Windows 文件格式，是 Windows 平台下的数字视频格式，可将视频和音频信号混合交错地储存在一起。这种交错存放的好处是避免不必要的文件信息搜寻，压缩率比较高。

MPG（MPEG）：是基于 MPEG 方式压缩的数字视频格式。VCD 使用 MPEG-1 压缩方式，DVD 使用 MPEG-2 压缩方式。

FLV 格式：FLV 是 Flash Video 的简称，FLV 格式是随着 Flash 的发展而推出的视频格式。它形成的文件极小，加载速度极快，使得在网络上观看视频文件成为可能。它的出现有效地解决了视频文件导入 Flash 后，导出的SWF 文件体积庞大，不能在网络上很好地使用等缺点。

MP4 格式：MP4 全称是MPEG-4 Part 14，是一种使用 MPEG-4 的多媒体文件格式，以存储数码音频及数码视频为主，其扩展名为.mp4。

DAT 格式：普遍存在于 VCD 光盘中，是 VCD 光盘中的视频文件格式。

VOB 格式：VOB 是 Video Object 的缩写，是 DVD 上的关键文件格式，内含的是 DVD 视频的实际数据。VOB 文件是一种基本的 MPEG-2 数据流，就是说它包含了多路复合的 MPEG-2 视频数据流、音频数据流以及字幕数据流。

ASF 格式：是微软为了和现在的 RealPlayer 竞争而推出的一种视频格式，用户可以直接使用 Windows 自带的 Windows Media Player 对 ASF 文件进行播放。它使用 MPEG-4 的压缩算法，所以压缩率和图像的质量都很不错，是目前主流网络视频格式之一。

2.3.2 视频教学资源的处理

【任务描述】通过学习，掌握视频教学资源的处理方法。

【任务实施】视频文件是视频信号经过数字化处理的文件，它往往带有伴音，也有用计算机动画技术生成的影像文件。常见的影像文件有*.avi 文件、*.mov 文件、*.dat 文件、*.mpg 文件、*.mpeg 文件等。影像文件也是十分庞大的，其中后面两种文件是采用了压缩技术处理的文件。在多媒体课件的制作过程中，大量的视频教学资源可以使课件更加生动和形象。

（1）从媒体提取教学素材

Step 1 提取 DVD 中的视频文件。在计算机中双击 DVD 驱动器，打开 DVD 光盘里面的 VIDEO 或 VIDEO_TS 文件夹，里面 VOB 格式的文件就是 DVD 视频文件。直接复制 VOB 视频文件就可以提取 DVD 中的视频文件使用了，如图 2-33 所示。

Step 2 提取 VCD 中的视频文件。在电脑中双击光驱，打开 VCD 光盘里面的 MPEG 或者 MPEGAV 文件夹，里面 DAT 格式的文件就是 VCD 视频文件，如图 2-34 所示。直接复制 DAT 文件就可以提取 VCD 中的视频文件使用了。

Step 3 通过数据线采集数码相机、数字摄像机、iPad 等数码设备拍摄的视频。用数据线连接数码相机、数码摄像机等设备（如需驱动，则要事先安装驱动），设置数码设备的模式为“播放”。访问该数码设备，找到里面的视频文件。以 SONY 数码摄像机 HDR-PJ610 为例，MP_ROOT 文件夹中的 MP4 文件以及 STREAM 文件夹中的 MTS 文件都是视频文件，如图 2-35、图 2-36 所示。

图 2-33 光盘中的 VOB 文件

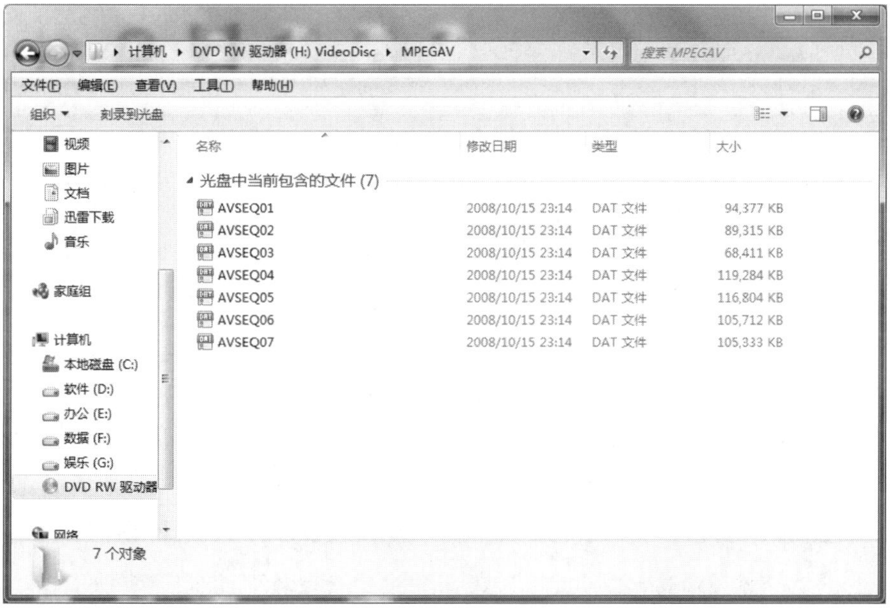

图 2-34 光盘中的 DAT 文件

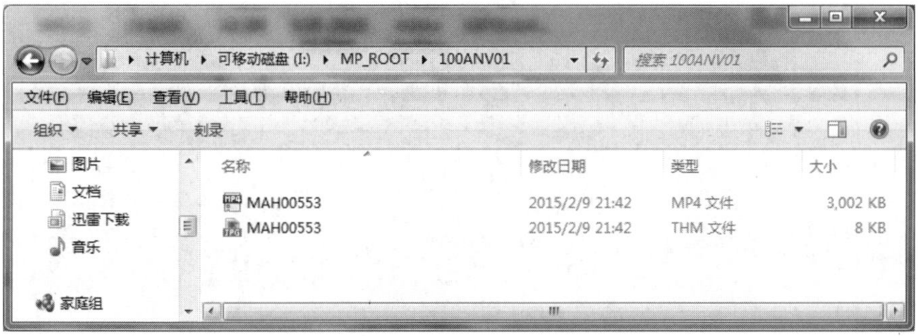

图 2-35 数码摄像机中的 MP4 视频文件

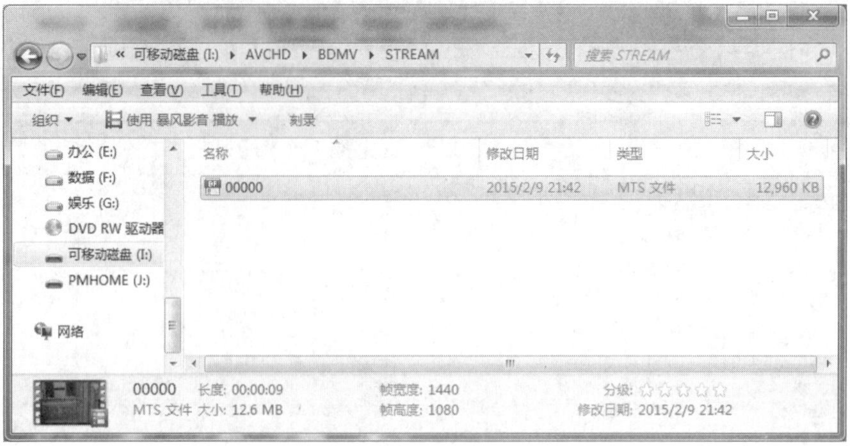

图 2-36 数码摄像机中的 MTS 视频文件

Step 4 用下载工具从网上下载视频。可以用硕鼠视频下载网站（flvcd.com）下载网络视频。硕鼠视频下载中心目前已支持 80 个以上的视频网站，覆盖大多数国内视频站点及少量国外视频站点，采用智能解析算法，支持一些未知站点，是国内支持较多站点的解析网站。

在浏览器地址栏输入 flvcd.com，打开硕鼠视频下载网站，输入视频页面地址，单击“开始Go!”按钮，在获取结果中使用“另存为”保存视频或者在“更多”|“下载”中下载视频。

（2）用“狸窝全能视频转换器”进行视频剪裁、编辑和格式转换

狸窝全能视频格式转换器是一款功能强大、界面友好的全能型音视频转换及编辑工具。有了它，可以在几乎所有流行的视频格式之间任意相互转换。

Step 1 运行狸窝全能视频转换器，单击左上角“添加视频”按钮添加文件。

Step 2 单击左上角“视频编辑”按钮，对视频进行编辑。

视频截取：在“视频编辑”中选择“截取”选项，在“截取”选项卡里设置开始时间和结束时间后，单击“确定”按钮，就可以截取所添加的视频片段，如图 2-37 所示。

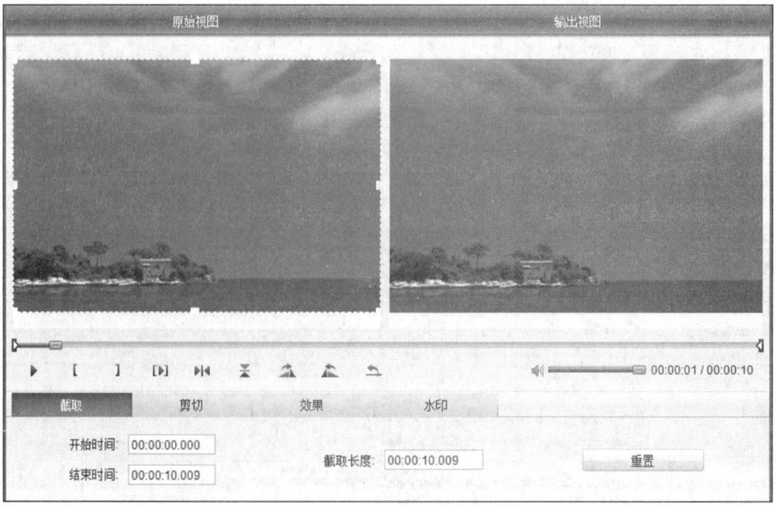

图 2-37 截取视频

视频剪切：在“视频编辑”中选择“剪切”选项，在“剪切”选项卡里，可以设置缩放方式和剪切大小，如图 2-38 所示。

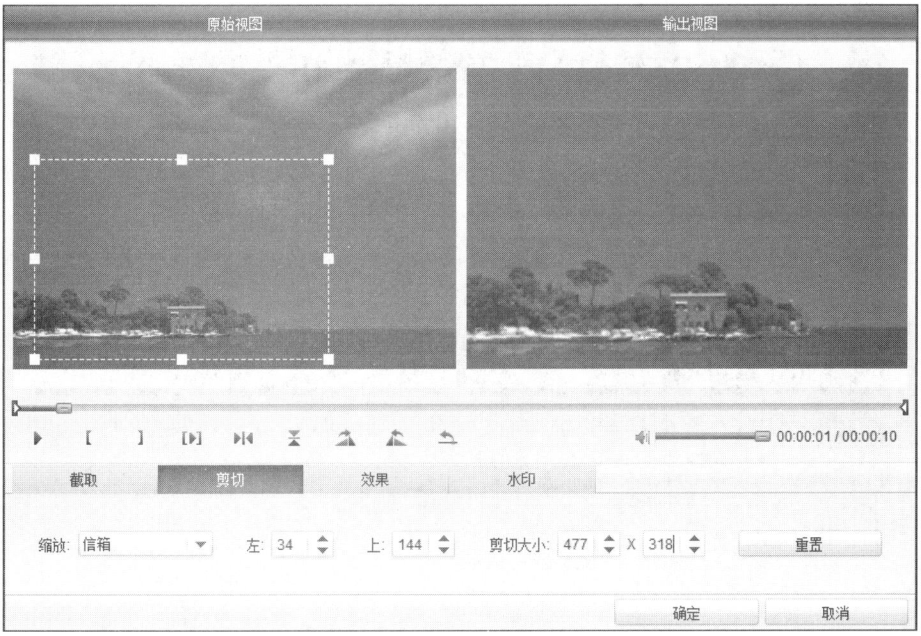

图 2-38　剪切视频

效果设置：在“效果”选项卡里，可以设置视频的亮度、对比度、饱和度和音量缩放，如图 2-39 所示。

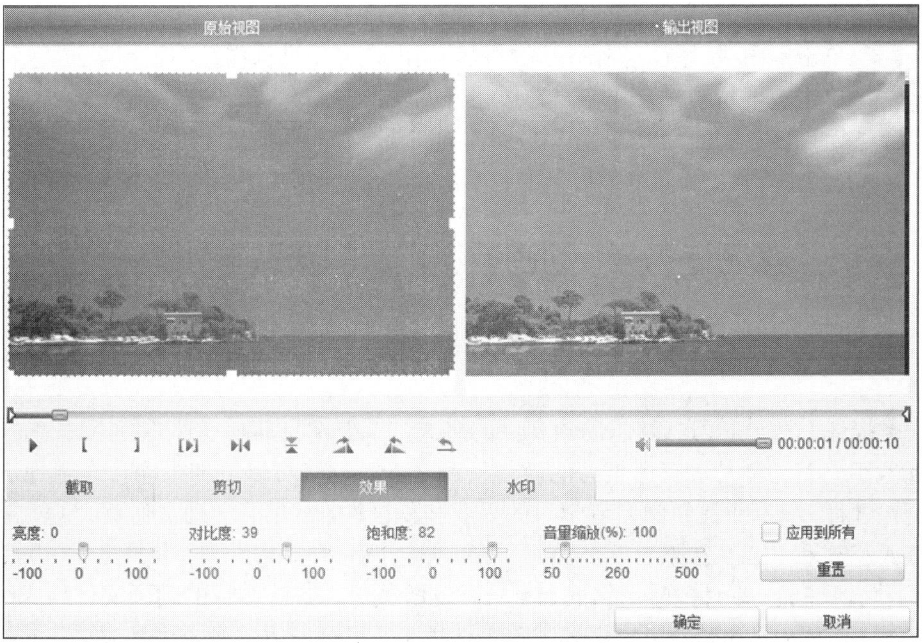

图 2-39　效果设置

水印设置：在“水印”选项卡里，可以给视频添加水印。添加的水印可以是图片，也可以是文字。如可以给视频添加“校内专用”文字水印，在“水印”选项卡中还可以设置所添加水印的透明度、水印的大小和位置，如图 2-40 所示。

图 2-40 水印设置

3D 设置：在软件的上方选择“3D 设置”，可以对视频设置 3D 效果。目前狸窝全能视频转换器支持的 3D 效果有：红/青、红/绿、红/蓝、蓝/黄、交错和并排等效果，勾选“应用到所有”复选框，所设置的 3D 效果将应用到整个视频。

Step 3 单击“高级设置”按钮，选择视频输出方案，进行详细的输出设置。

Step 4 单击右下角的“合成输出”按钮开始转换输出。

视频合并：单击左上角“添加视频”按钮添加需要合并的视频文件，勾选右边的“合并成一个文件”复选框，进行输出设置，最后单击右下角的“合成输出”按钮就可完成视频的合并。

学习任务 4 动画教学资源的获取与处理

2.4.1 动画文件的格式和特点

【任务描述】通过学习，熟悉动画文件的格式，掌握常见动画文件的特点。

【任务实施】动画是最有感染力的教学资源之一，动画可以更加生动、有趣地展示事物的发展变化过程，有利于激发学习者学习的兴趣和积极性。常见的动画文件有 SWF 格式、GIF 格式、FLA 格式和 FLIC 格式。

SWF 格式：Flash 软件的专用格式，是一种支持矢量和点阵图形的动画文件格式，具有缩放不失真、文件体积小等特点。它采用了流媒体技术，可以一边下载一边播放，目前被广泛应用于网页设计、动画制作、课件制作等领域。

GIF 格式：常见的二维动画格式，将多幅图像保存为一个图像文件，从而形成动画。

FLA 格式：Flash 源文件存放格式。所有的原始素材都保存在 FLA 文件中，可以在 Flash 中打开、编辑和保存 FLA 文件。

2.4.2 动画教学资源的处理

【任务描述】通过学习，掌握动画教学资源的获取方式，掌握动画教学资源的制作与处理方法。

【任务实施】网络动画资源非常丰富，可以利用多种方法获取并预处理。

（1）动画教学资源获取方式

用动画制作软件制作动画：常见的动画制作软件是 Flash，可以制作二维动画。

从网上下载 GIF 动画：GIF 既是图像文件格式，也是动画文件格式。打开有 GIF 动画的网页，在 GIF 动画上右击，在右键菜单中选择“图片另存为”命令，就可以将 GIF 动画保存在计算机中。

通过下载链接下载动画：网上有的动画提供了下载链接，可以通过下载链接对动画进行下载。

查看源文件来下载没有提供下载链接的动画：打开需要下载动画的网页，在右键菜单中选择“查看源文件”命令，在打开的记事本查找动画文件的地址并复制到浏览器的地址栏，再通过下载工具如迅雷、FlashGet 等软件粘贴 URL 进行下载。

用下载软件下载动画：现在很多网络下载软件都提供了专门下载网上流媒体的能力，比如迅雷软件。将鼠标放在动画上或在动画上单击一下，会出现一个蓝色的迅雷下载按钮，这时只需要单击这个“下载”按钮，就会出现“下载任务”了，里面会自动添加动画的网址和大小，只需单击“确定”按钮，动画文件就下载下来了。

（2）SWF 格式转换

SWF 动画是矢量动画，不能用一般的视频格式转换软件进行文件格式的转换。用 SWF 格式转换器可以把网上下载的动画（SWF 格式）转换成其他视频格式。

下载软件“万能 swf 转 avi/mp4/3gp/fv 格式转换器”，可以把 SWF 文件转换成 AVI、MP4、3GP 和 FLV 格式的文件。

Step 1 在万能转换器窗口的左侧添加动画文件，如图 2-41 所示。

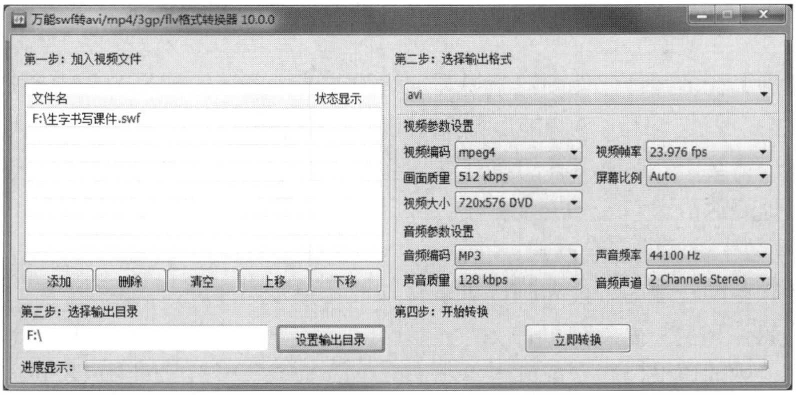

图 2-41 万能 swf 转 avi/mp4/3gp/fv 格式转换器

Step 2 选择输出格式。可以选择输出为 AVI 文件、3GP 文件、FLV 文件和 MP4 文件，还可以设置文件的视频编码方式、视频的大小频率和声音质量、声音频率等参数。

Step 3 选择输出路径。

Step 4 单击“立即转换”按钮，完成格式转换。

【拓展知识与训练】反编译 Flash 影片

硕思闪客精灵软件是一款 Shockwave Flash 影片反编译的工具，它不但能捕捉、反编译、查看和提取 Shockwave Flash 影片（.swf 和.exe 格式文件），而且可以将 SWF 格式文件转化为 FLA 格式文件。它能反编译一个动画文件的所有元素，并且支持动作脚本 AS3.0。使用硕思闪客精灵软件，用户可以在任意一个 Flash 影片上找到其想找的东西。硕思闪客精灵还提供了一个辅助工具——闪客名捕，它是一个 SWF 捕捉工具。当用户在 IE 浏览器或 Firefox 浏览器中浏览网页，可以使用它来捕捉动画并保存到计算机中。

学习任务 5 音频教学资源的获取与处理

2.5.1 音频文件的格式和特点

【任务描述】通过学习，掌握音频教学资源的格式及特点。

【任务实施】常见的音频文件有如下格式。

WAV 格式：WAV 声音波形文件是直接由音频输入转换成的文件。WAV 文件的数据比较庞大，如果不经过压缩处理的话，一分钟的录音所形成的文件就有 8MB 多。

MP3 格式：MP3 是 MPEG（Moving Picture Experts Group）Audio Layer-3 的简称，是 MPEG1 的衍生编码方案，1993 年由德国 Fraunhofer IISB 研究院和汤姆生公司合作发展成功。MP3 可以做到 12:1 的惊人压缩比并保持基本可听的音质。随着网络的普及，MP3 被广大用户所接受。

MID 格式：又称为 MIDI（乐器数字化接口）格式，是一种电子乐器（如电子琴、电子合成器）通用的音乐数据文件格式。MIDI 只能模拟乐器的发声，只能用来播放音乐，不能用来播放语音或带人声的歌曲。MIDI 文件非常小，常用作多媒体课件的背景音乐。

2.5.2 音频教学资源的获取和处理

【任务描述】通过学习，掌握音频教学资源的获取方式，掌握音频教学资源的简单制作与处理方法。

【任务实施】在多媒体课件中清晰悦耳的解说、流畅舒缓的背景音乐烘托是不可或缺的。在多媒体课件中，适当地运用声音能起到文字、图像、动画等媒体形式无法替代的作用，如调节课件使用者的情绪，引起使用者的注意等。当然，声音作为一种信息载体，其更主要的作用是直接、清晰地表达语意。

（1）音频教学资源的获取方式

常见的音频教学资源的采集和制作可以有以下几种方式：

利用一些软件光盘中提供的声音文件。

通过计算机中的声卡，从麦克风中采集语音生成 WAV 文件，如制作课件中的解说语音就可采用这种方法。

通过计算机中声卡的 MIDI，从带 MIDI 输出的乐器中采集音乐，形成 MID 文件，或用连接在计算机上的 MIDI 键盘创作音乐，形成 MID 文件。

使用专门的软件抓取 CD 或 VCD 光盘中的音乐，生成声源素材。

声音文件除 WAV 和 MID 格式外，还有如 MP3、WMA 等其他高压缩比的格式，可以采用软件对各种声音文件进行格式的转换。

（2）音频教学资源的采集

可以用 GoldWave 软件采集声音，步骤如下：

Step 1 访问 http://www.goldwave.ca/官方网站下载软件并安装。

Step 2 单击桌面上的 GoldWave 图标，或者在安装文件夹中双击 GoldWave 图标，就可以运行 GoldWave。

Step 3 单击“文件”|“新建”命令，打开“新建声音”对话框，设置采样频率等参数，如图 2-42 所示。

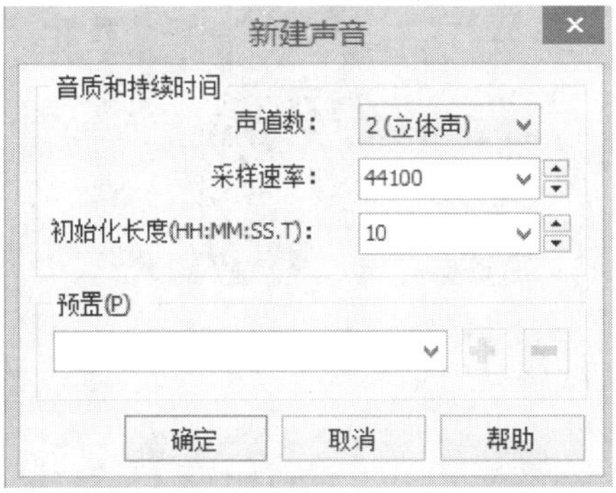

图 2-42　“新建声音”对话框

Step 4 声音录制属性设置。单击“选项”|“控制属性”，选择“设备”选项卡，选择合适的录音设备，如图 2-43 所示。

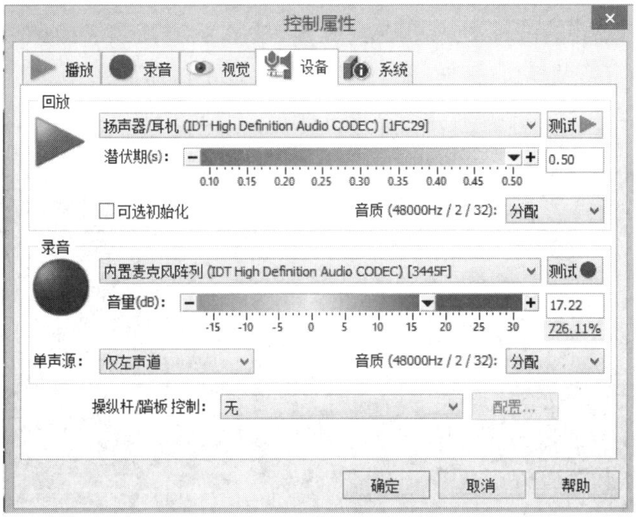

图 2-43　控制属性设置

Step 5 录音，单击“控制器”上的“在当前选区内录音”按钮，开始录制声音，如图 2-44 所示。录制完成后单击“停止”按钮结束录音，并保存文件。

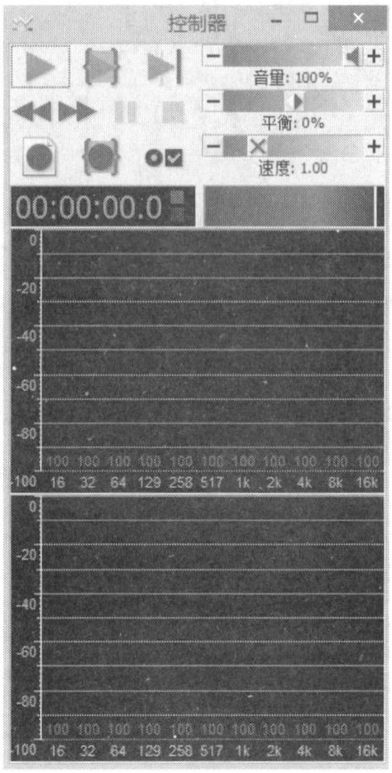

图 2-44　控制器

（3）教学音频的剪裁

在实际教学工作中，经常需要对获取的教学音频素材进行剪裁。下面介绍用 GoldWave 软件来完成 MP3 素材的剪裁。

Step 1 单击桌面上的 GoldWave 图标，或者在安装文件夹中双击 GoldWave 图标，就可以运行 GoldWave 软件。

Step 2 单击“文件”|“打开”命令，打开需要剪裁的声音文件。

Step 3 在需要裁剪的波形处，单击左键开始标记，在结束的地方右击波形选择“设置结束标记”命令，其他部分是灰色的，如图 2-45 所示。

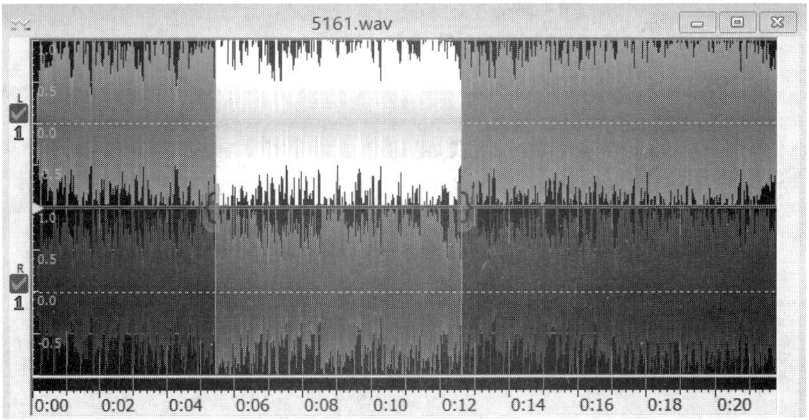

图 2-45　始末标记

（4）教学音频音量大小的处理

在网络中下载的音乐音量大小不一或者音量太小，就需要把每首 MP3 音乐调成相同音量。

Step 1　单击桌面上的 GoldWave 图标，或者在安装文件夹中双击 GoldWave 图标，就可以运行 GoldWave 软件。

Step 2　单击“文件”|“打开”命令，打开需要提升音量的声音文件。

Step 3　单击“效果”|“音量”|“更改音量”命令，单击“+”或“-”按钮提升或降低音量，如图 2-46 所示。

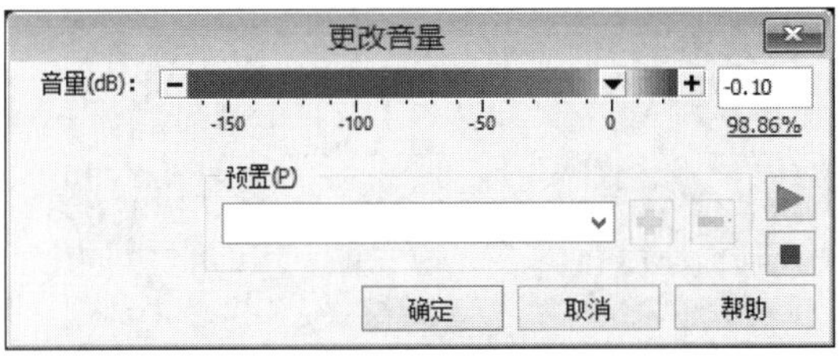

图 2-46　更改音量

Step 4　单击“播放”按钮试听，合适后单击“保存”按钮即可。

（5）降调

合唱比赛时发现有的歌曲调子有点高，部分人唱不上去，短时间的训练可能解决不了问题，可以使用 GoldWave 降调处理。

Step 1　单击桌面上的 GoldWave 图标，或者在安装文件夹中双击 GoldWave 图标，就可以运行 GoldWave 软件。

Step 2　单击“文件”|“打开”命令，打开声音文件。

Step 3　单击“效果”|“音高”命令，在弹出的对话框中选择“预置”中的相关参数降调，如图 2-47 所示。

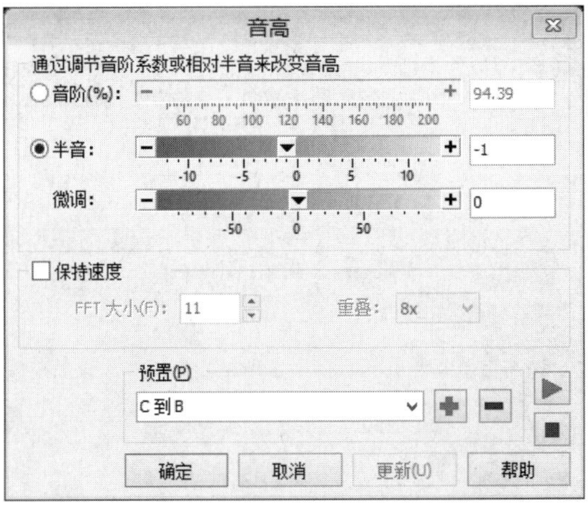

图 2-47　降调

Step 4　单击“播放”按钮试听，合适后单击“保存”按钮即可。

（6）降噪

在平时录音的时候，由于设备和环境的干扰，想要录音没有噪声是不可能的，只能通过软件处理来消除噪声，GoldWave 主要处理过程如下：

Step 1 打开 GoldWave，新建文件以前，先录取一段声音，我们以说话声音为例，录音的时候单击左边的红色按钮，前五秒不要说话，录取噪声，然后开始说话，两句话就够用了，单击右侧的红色按钮停止录音。

Step 2 先来认识一下什么是噪声的声波，什么是说话的声音，右边矩形标注出来的就是噪声，波幅很低，左边矩形标注出来的就是说话的波形，与噪声有明显的区别，明白这个才能够进行下面的操作，如图 2-48 所示。

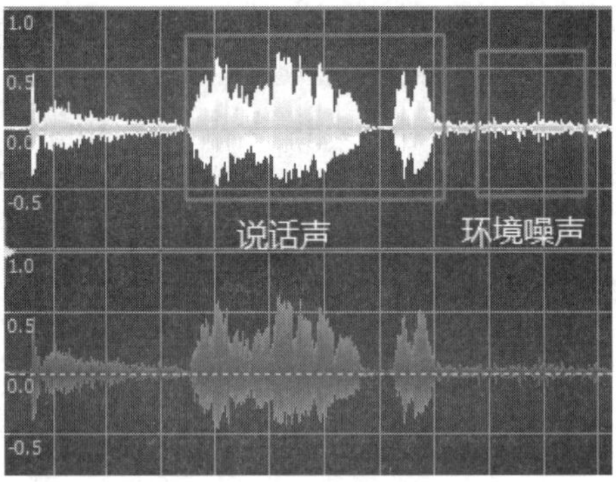

图 2-48 噪声波形

Step 3 右键单击，打开右键菜单，然后选择“选择全部”，将全部声音选中。

Step 4 单击“效果”|“滤波器”|“降噪”命令，打开“降噪”窗口，如图 2-49 所示。

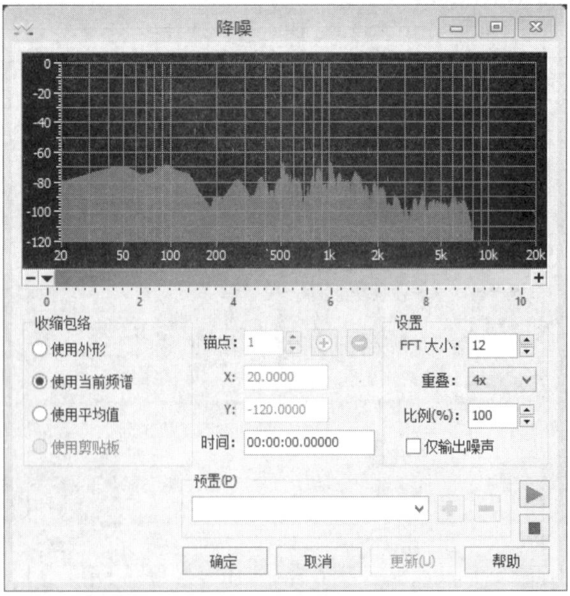

图 2-49 降噪

Step 5 选择“预置”中的“初始噪音”即可，因为开始录音的时候录了一段噪声，所以可以直接使用这个模式，单击“确定”按钮，即可完成降噪处理。

Step 6 单击“播放”按钮试听，合适后单击“保存”按钮即可。

（7）合成音乐

在教学中，有时候需要把两段音乐合到一起，用 GoldWave 就可以轻松实现音乐合成。主要步骤如下：

Step 1 单击桌面上的 GoldWave 图标，或者在安装文件夹中双击 GoldWave 图标，就可以运行 GoldWave 软件。

Step 2 单击“文件”|“打开”命令，依次导入待合成的音乐。

Step 3 单击“文件”|“新建”命令，新建一个空白的音频文件，注意设置的时间要比两段音乐的和大一些，这里的格式是“HH:MM:SS.T”，设置为 6 分钟（时间依据需要设定），如图 2-50 所示。

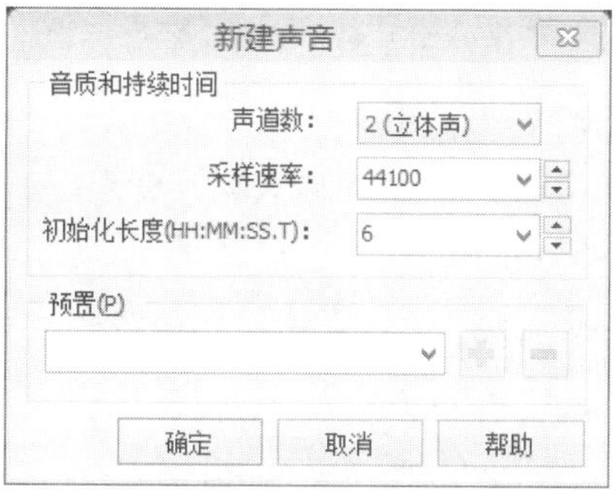

图 2-50　设置时间

Step 3 找到第一部分音乐要开始的位置并右击，选择“设置起始标记”。找到第一部分音乐要结束的位置，右键单击，选择“设置完结标记”，如图 2-51 所示。

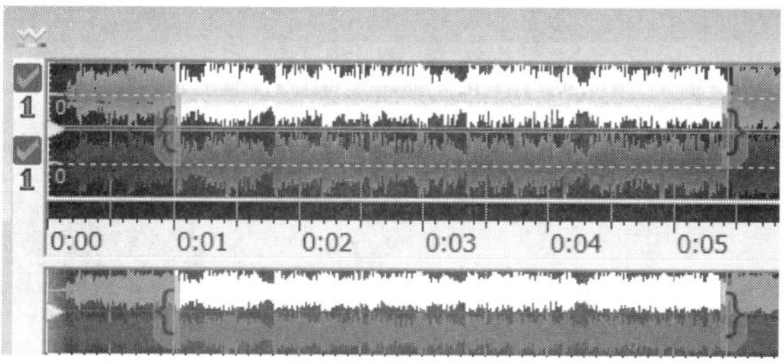

图 2-51　第一部分音乐选择

Step 4 右键单击要选择的部分，选择“复制”，单击新建的空白音频文档，单击工具栏上的“粘贴”，如图 2-52 所示。

Step 5 重复第 3、4 步，复制需要的第二段音频，在新建的文档中粘贴第二段音频，在第一段音频的末端右键单击设置起始位置，否则，想做的第二段就变成第一段了。

【拓展知识与训练】GoldWave 消除人声

在教学中都会用到没有人声的音乐，但是有时候很难找到某个伴奏音乐，这样就只能自己来制作伴奏带了，利用 GoldWave 软件就可以很容易地消除人声，虽然音乐的品质有一些损失，不过经过加工，音乐效果可以弥补，下面是具体的操作过程：

Step 1 单击桌面上的 GoldWave 图标，或者在安装文件夹中双击 GoldWave 图标，就可以运行 GoldWave 软件。

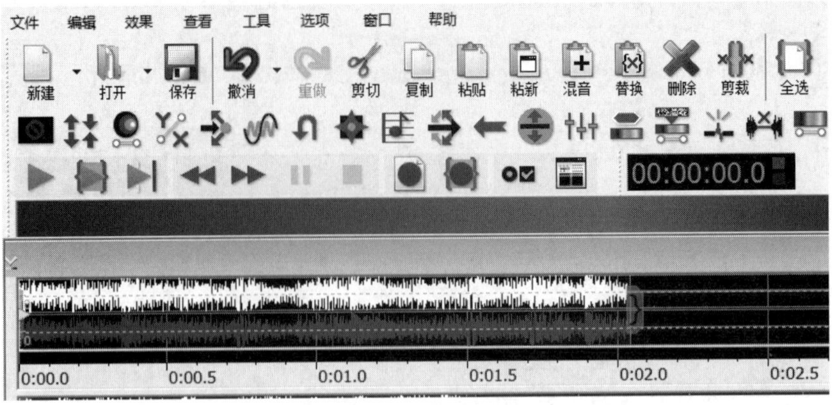

图 2-52 粘贴音乐

Step 2 单击“文件”|“打开”命令，打开声音文件。

Step 3 单击“效果”|“立体声”|“消减人声”命令，调整相关参数，消除人声做成伴奏音乐，如图 2-53 所示。

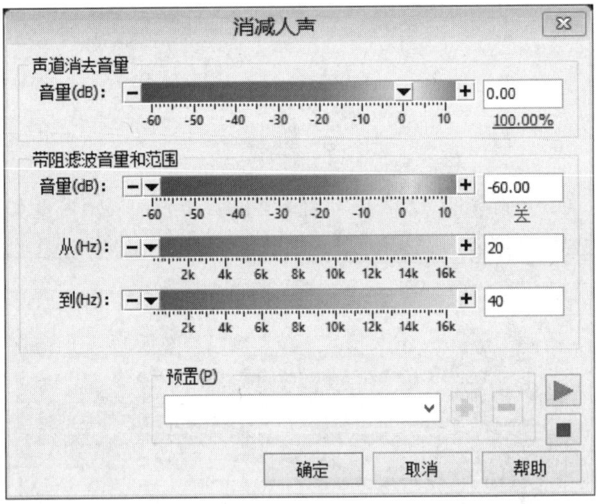

图 2-53 消减人声

Step 4 单击“播放”按钮试听，合适后单击“保存”按钮即可。

学习活动

学习活动 1 用 GoldWave 制作朗诵作品

在制作背景音乐时，经常需要使用循环播放的音频。下面介绍朗诵作品的具体制作方法。

Step 1 在 GoldWave 中打开“背景音乐.wav”，试听音乐，选取其中长度为 40 秒的片断作为编辑区域，在波形区域拖放鼠标即可完成选中操作，即亮蓝色区域，如图 2-54 所示。

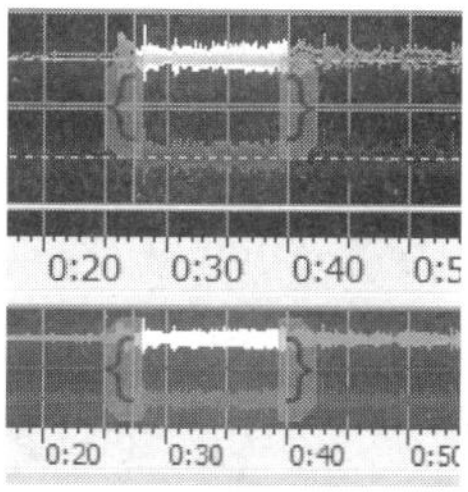

图 2-54　选取音乐

Step 2　选择完成后，单击“复制”按钮，单击“新建”按钮，按照默认的属性，单击“确定”按钮，再单击“粘贴”按钮，把刚才复制的那部分音乐粘到新的文件中，如图 2-55 所示。

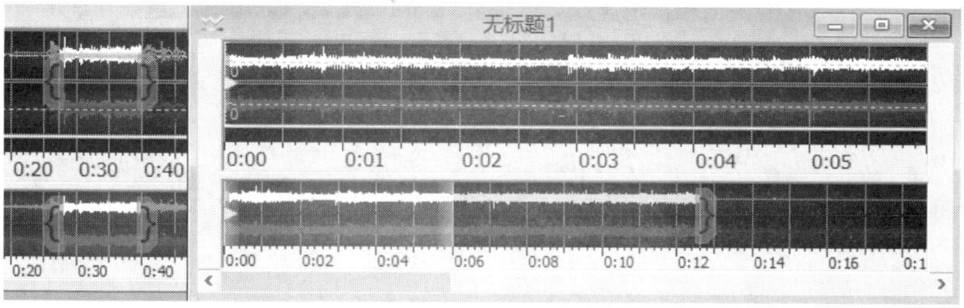

图 2-55　新建音乐

Step 3　保存新建的文件到桌面，命名为“背景音乐 1.wav”。

Step 4　从完整的曲子中截取出来的音乐片段往往在开头和结尾处听起来十分突兀，淡入淡出效果的使用会使音乐更加和谐舒适，在开始播放及结束时产生渐进渐远的效果。选取要制作淡入效果的部分，即“背景音乐 1.wav”开头约 3 秒部分，单击“效果”|“音量”|“淡入”命令，适当调整淡入的幅度，单击“确定”按钮，如图 2-56 所示。

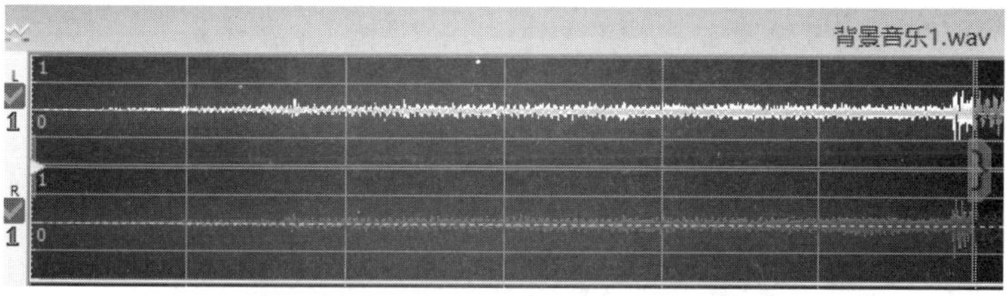

图 2-56　淡入效果

Step 5　淡出效果的设置与淡入效果的设置十分相似，需单击“效果”|“音量”|“淡出”。

Step 6　选择“背景音乐 1.wav”中需要调整音量的部分为编辑区域，单击“效果”|“音量”|“外形音量”命令，在出现的音量控制画面中调整音量线，如图 2-57 所示，设置好自己需要的音量线之后，单击“确定”按钮即可。

Step 7　声音的合成是指将两个或两个以上的声音合在同一个文件中，例如给“美丽的校园”解说配上背景音乐。打开解说文件（解说.wav），选取解说文件的整段声音，进行复制，在背景音乐准备合成的起始位置单击“编辑”|“混音”，在“混

音”对话框中设置相应参数，单击“确定”按钮，试听在“背景音乐 1.wav”上合成好的配乐解说。

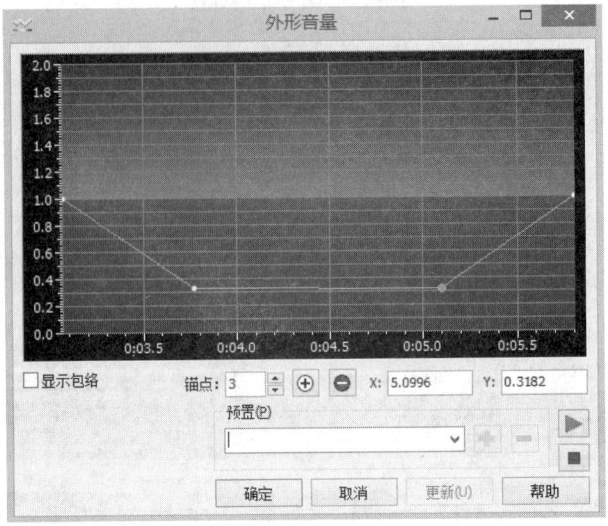

图 2-57 外形音量

Step 8 单击“文件”|“保存”命令，对制作好的声音文件进行保存。

学习活动 2 用 Photoshop 制作金属文字效果

金属文字能够给人一种凝重、华贵的质感效果，具有视觉鲜明的视觉特点。在其制作过程中主要运用了文字描边及纹理化、浮雕效果、高斯模糊和光照效果等滤镜，从而使文字富有立体感与金属感。

下面以制作“教育技术”四字的金属文字效果为例说明其制作步骤。

Step 1 在工具箱中设置前景色为黄色，背景色为绿色。

Step 2 新建 400*200 像素、内容为背景的 RGB 文件。

Step 3 选择“滤镜”|“纹理”|“纹理化”命令。在打开的“纹理化”对话框中设置纹理为“砂岩”，缩放比例为 100%，然后单击“好”，效果如图 2-58 所示。

图 2-58 “纹理化”效果

Step 4 选择“横排文字”工具，在工具选项栏中设置适当的字体、字号和颜色，然后在图像窗口中输入文字“教育技术”，如图 2-59 所示。

图 2-59　在图像窗口中输入文字

Step 5　选择“图层”|“栅格化”|“图层”菜单，将文字转换为普通图层。

Step 6　选择“滤镜”|“风格化”|“浮雕效果”命令，对文字应用“浮雕效果”滤镜，如图 2-60 所示。

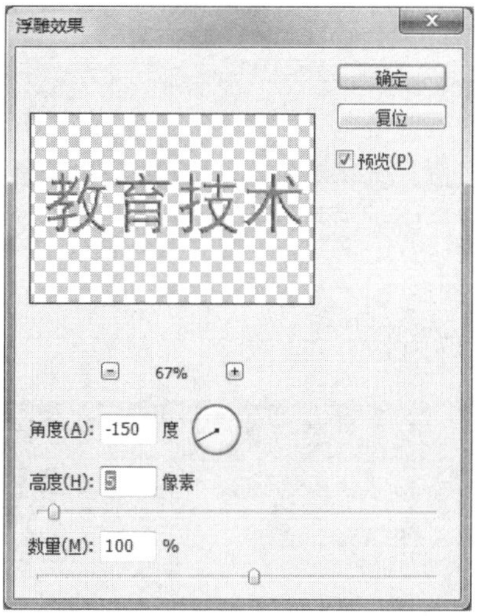

图 2-60　“浮雕效果”对话框

Step 7　选中文本层的有效区域，设置前景色为黑色，然后选择“编辑”下的“描边”菜单，在打开的“描边”对话框中设置描边宽度为 2px，位置为“居外”，模式为“正常”，不透明度为 100%，如图 2-61 所示。

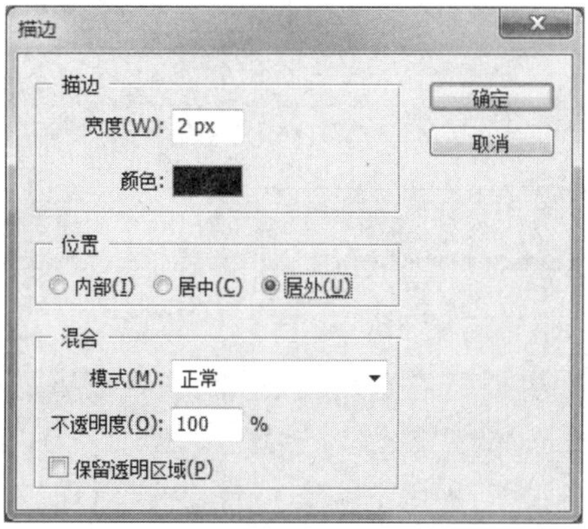

图 2-61　“描边”对话框

Step 8 设置前景色为黄色，按照步骤 7 对文字进行第二次描边，此时设置描边宽度为 1px，按 Ctrl+D 组合键取消选区。

Step 9 选择“滤镜”|“模糊”|“高斯模糊”命令，对文字应用高斯模糊滤镜，如图 2-62 所示。

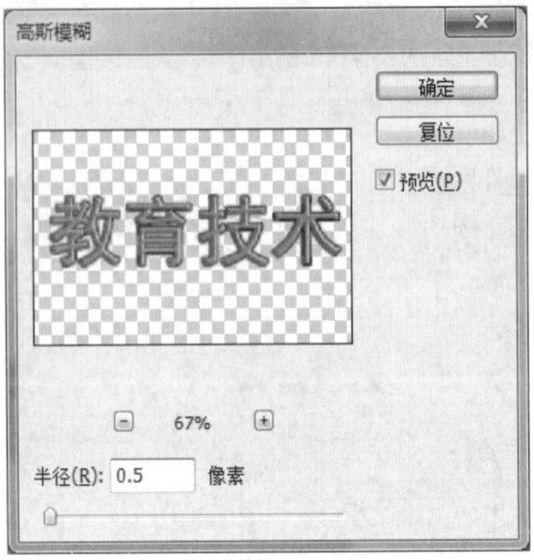

图 2-62 “高斯模糊”对话框

Step 10 选择“图像”|“调整”|“曲线”命令，在打开的对话框中调整曲线以对文字进行调整，如图 2-63 所示。

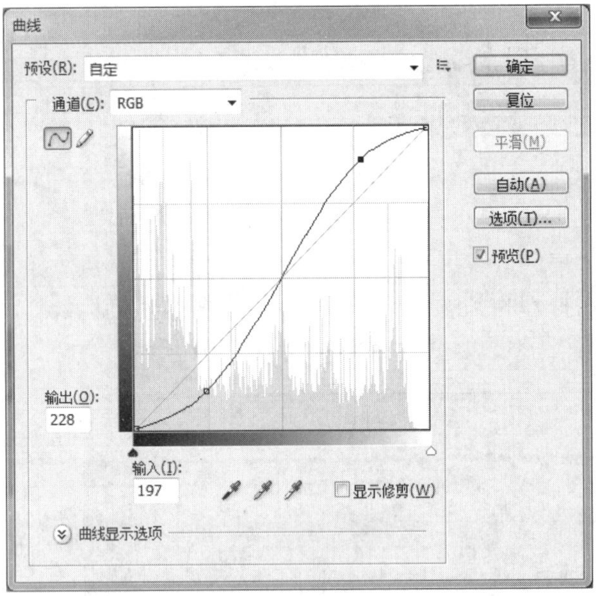

图 2-63 “曲线”对话框

Step 11 选择“滤镜”|“渲染”|“光照效果”命令，设置光照样式为“右上方点光”，光照类型为“点光”，光照属性为金黄色（R、G、B 值分别为 219、225、36），纹理通道为“教育技术透明区域”，如图 2-64 所示。

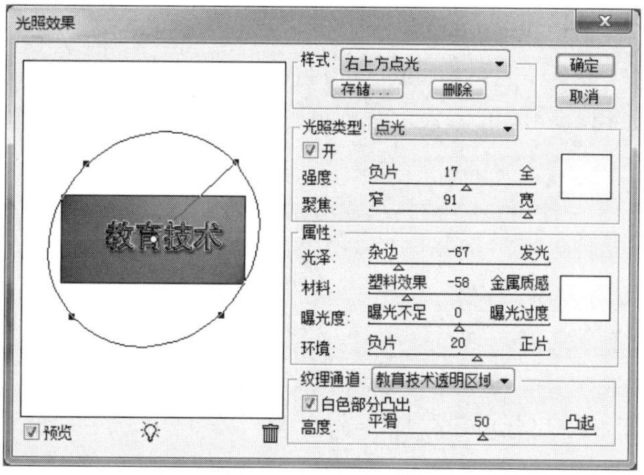

图 2-64　“光照效果”对话框

Step 12 设置完成后，单击“好”按钮，然后再次执行光照效果滤镜，即可得到最终的金属文字效果。

学习考核

<table>
<tr><td rowspan="5">考核要点</td><td colspan="2">考核内容</td><td>标准分</td><td>计分</td></tr>
<tr><td colspan="2">（1）文本、图形图像、视频、动画和音频文件的常见格式和特点</td><td>4</td><td></td></tr>
<tr><td colspan="2">（2）文本、图形图像、视频、动画和音频文件的获取方式</td><td>3</td><td></td></tr>
<tr><td colspan="2">（3）文本、图形图像、视频、动画和音频文件的处理</td><td>3</td><td></td></tr>
<tr><td colspan="2">小计</td><td>10</td><td></td></tr>
<tr><td>评价方式</td><td>自我评价</td><td>小组评价</td><td colspan="2">教师评价</td></tr>
<tr><td>考核得分</td><td></td><td></td><td colspan="2"></td></tr>
<tr><td>存在问题</td><td colspan="4"></td></tr>
</table>

练习与思考

一、填空题

1．位图是以________或________方式来记录图像的，而矢量图是以________方式来记录图像的。

2．________格式是 Photoshop 专有的文件格式，________格式是 Windows 操作系统中“画图”程序的标准文件格式。

3．________格式是普遍存在于 VCD 光盘中，是 VCD 光盘中的视频文件格式。

4．________文件是一种电子乐器通用的音乐数据文件。

5．专业绘图软件 Adobe Illustrator 的源文件扩展名是_________。

6．硕思闪客精灵软件是一款 Shockwave Flash 影片________的工具，它不但能捕捉、反编译、查看和提取 Shockwave Flash 影片，而且可以将 SWF 格式文件转化为________格式文件。

二、选择题

1．用 Windows 7 系统中的“录音机”采集的声音默认的文件格式是（　　）。

A．MP3　　B．WAV　　C．MID　　D．WMA

2．下列不属于文本素材的是（　　）。

A．RTF　　B．3GP　　C．PDF　　D．FLIC

3．下列（　　）文件格式既可以存储静态图像，又可以存储动画。

A．*.JPG　　B．*.GIF　　C．*.PNG　　D．*.BMP

4．下列不是声音素材格式的是（　　）。

A．*.JPG　　B．*.WAV　　C．*.MID　　D．*.MP3

5．要从一个声音文件中剪取一段，可用的软件是（　　）。

A．CorelDRAW　　B．Adobe Audition

C．RealPlayer　　D．Authorware

6．下面（　　）不是位图图像。

A．使用数码相机拍得的照片

B．用 Photoshop 绘图软件绘制的图片

C．使用扫描仪扫描的杂志上的照片

D．在 Office 中联机从网络中获得的剪贴画文件

7．多媒体素材不包括（　　）。

A．影像、动画　　B．文字、图形

C．声卡、光盘　　D．音频、视频

三、实践操作题

1．练习在 Photoshop 中校正图像。

2．练习用狸窝全能视频转换器进行视频剪裁、编辑和格式转换。

3．从网上下载一个手机铃声，用 Audition 设置手机铃声循环播放三次。

4．从网上下载一首 MP3 歌曲，练习用声音编辑软件剪切所下载的歌曲。

第 3 章　PPT 美化大师与 Focusky 展示型课件制作

【教学导航】

教学目标	（1）记忆和理解多媒体课件的定义、多媒体课件的特点、多媒体课件的分类以及多媒体课件的发展趋势 （2）学会用 PPT 美化大师美化文档 （3）熟悉 Focusky 的基本操作 （4）能熟练地应用 Focusky 制作动画演示文稿
本章重点	（1）多媒体课件的定义和分类 （2）用 PPT 美化大师美化文档 （3）应用 Focusky 制作动画演示文稿
本章难点	（1）用 PPT 美化大师美化文档 （2）应用 Focusky 制作动画演示文稿的操作和技巧
教学方法	任务驱动法、分组讨论法
课时建议	8 课时

【知识结构】

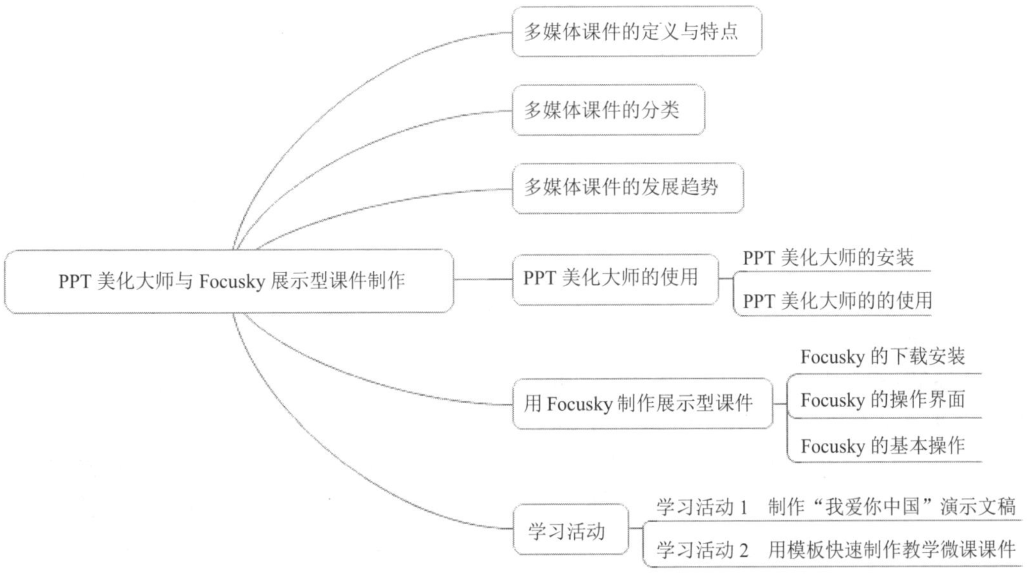

学习任务 1　多媒体课件的定义与特点

【任务描述】记忆和理解多媒体课件的定义和特点。

【任务实施】多媒体课件集视频、文字、符号、图形、图像、声音、动画于一体，信息量大，交互性较强，从视觉、听觉刺激学生的多路感官，使课堂教学更加形象、生动、有趣，提高了学生学习的主动性和积极性，减轻了学生的学习负担，有效地促进了课堂教育的灵活性和高效性。多媒体课件是多媒体教学的基本工具。随着多媒体教学的深入开展，多媒体课件的重要性日益突出，多媒体课件的研制与开发也成了教学工作的一个重要方面。而多媒体课件的好坏直接影响了多媒体教学的教学效果。

（1）多媒体课件的定义

多媒体课件是根据课程教学大纲的要求和教学的需要，经过教学设计，以多种媒体的表现方式和超文本结构制作而成的课程软件。多媒体课件简单地说就是用来辅助教学的工具，是创作人员或者教师根据自己的创意，先从总体上对信息进行分类组织，然后把文字、符号、图形、图像、声音、动画、视频等多种媒体素材在时间和空间两方面进行集成，使它们融为一体并赋予它们以交互特性，从而制作出的各种精彩纷呈的多媒体应用软件产品。

（2）多媒体课件的特点

多媒体课件具有以下四个特点：

- 良好的交互性。多媒体课件可以根据学生输入的信息，理解学生的意图，并运用适当的教学策略，指导学生进行有针对性的个别化的学习。多媒体课件还在学习内容的使用上提供了良好的交互控制。
- 极大的共享性。随着网络技术的发展，多媒体信息的自由传输，使得教育在全世界交换，课件所包含的教学内容可以通过连接在网络上的计算机进行相互传递，共享成为可能。以网络为主要载体的多媒体课件，使知识的传播不再受时间、地点的限制，单位、家庭及社会都可以成为“学校”，学习的时间可以根据个人情况确定。
- 丰富的表现力。多媒体课件具有呈现客观事物的时间顺序、空间结构和运动特征的能力。对于一些在普通条件下无法实现或无法用肉眼观测到的现象，可以用多媒体生动直观地模拟出来，引导学生去探索事物的本质及内在联系，将宏观和微观事物进行模拟，对抽象、无形事物进行生动、直观的表现，将复杂的变化过程进行简化再现，以内容生动、图像逼真、声音动听的教学信息展现在学生面前。这样就使原本艰难的教学活动充满了魅力。
- 有利于知识的同化：采用多媒体进行教学，可以强化信息传播的强度，各种媒体相互补充，使知识信息的表达更加充分，学生更容易理解。

【拓展知识与训练】教学设计、教案和课件的区别①

教学设计、教案和课件的区别有以下几点：

（1）教学设计是根据教学对象和教学目标，确定合适的教学起点与终点，将教学诸要素有序、优化地安排，形成教学方案的过程。它是一门运用系统方法科学解决教学问题的学问，它以教学效果最优化为目的，以解决教学问题为宗旨。具体而言，教学设计具有以下特征。

1）教学设计是把教学原理转化为教学材料和教学活动的计划。教学设计要遵循教学过程的基本规律，选择教学目标，以解决教什么的问题。

① http://wenku.baidu.com/link?url=dBAsSrp1CjZxiZLvXz2iZ8QwhHb09mITZqJcABSZbXmd_rL1Grj-lE8PjEoQhu3b0YRHRPbHJdytFWHmNZT3F-JvnIxov_0VmsCO_X4D_ei###

2）教学设计是实现教学目标的计划性和决策性活动。教学设计以计划和布局安排的形式，对怎样才能达到教学目标进行创造性的决策，以解决怎样教的问题。

3）教学设计以系统方法为指导。教学设计把教学各要素看成一个系统，分析教学问题和需求，确立解决的程序纲要，使教学效果最优化。

4）教学设计是提高学习者获得知识、技能的效率和兴趣的技术过程。教学设计是教育技术的组成部分，它的功能在于运用系统方法设计教学过程，使之成为一种具有操作性的程序。

（2）教案是教师的教学设计和设想，是一种创造性劳动。写一份优秀教案是设计者教育思想、智慧、动机、经验、个性和教学艺术性的综合体现。教师在写教案时，应遵循以下原则：

1）科学性

所谓符合科学性，就是指教师要认真贯彻课标精神，按教材内在规律，结合学生实际来确定教学目标、重点、难点。设计教学过程，避免出现知识性错误。那种远离课标，脱离教材完整性、系统性，随心所欲地写教案的做法是绝对不允许的。一个好教案首先要依标合本，具有科学性。

2）创新性

教材是死的，不能随意更改，但教法是活的，课怎么上全凭教师的智慧和才干。尽管备课时要去学习大量的参考材料，充分利用教学资源，听取名家的指点，吸取同行经验，但课总还要自己亲自去上，这就决定了教案要自己来写。从课本内容变成胸中有案，再落到纸上，形成书面教案，继而到课堂实际讲授，关键在于教师要能“学百家，树一宗”。在自己钻研教材的基础上，要广泛地涉猎多种教学参考资料，向有经验的老师请教，而不要照搬照抄，要汲取精华，去除糟粕，对别人的经验要经过一番思考，然后结合个人教学体会，巧妙构思，精心安排，从而写出自己的教案。

3）差异性

由于每位教师的知识、经验、特长、个性是千差万别的，而教学工作又是一项创造性的工作，因此写教案也就不能千篇一律，要发挥每一个老师的聪明才智和创造力，所以老师的教案要结合本地区的特点，因材施教。

4）艺术性

所谓教案的艺术性就是指构思巧妙，让学生在课堂上不仅能学到知识，而且能得到艺术的欣赏和快乐的体验。教案要成为一篇独具特色的“课堂教学散文”或者是课本剧。所以，开头、经过、结尾要层层递进，扣人心弦，达到立体教学效果。教师的说、谈、问、讲等课堂语言要字斟句酌，该说的一个字不少说，不该说的一个字也不能说，要做到恰当的安排。

5）可操作性

教师在写教案时，一定从实际出发，要充分考虑实际需要及教案的可行性和可操作性．该简就简，该繁就繁，要简繁得当。

6）考虑变化性

由于我们教学面对的是一个个活生生的有思考能力的学生，又由于每个人的思考能力不同，对问题的理解程度不同，学生常常会提出不同的问题和看法，教师又不可能事先都估计到。在这种情况下，教学进程常常有可能离开教案所预想的情况，因此教师不能死扣教案，把学生思考的积极性压下去，要根据学生的实际改变原先的教学计划和方法，满腔热忱地启发学生的思维，针对疑点积极引导。为达到此目的，教师在备课时，应充分估计学生在学习时可能提出的问题，确定好重点、难点、疑点和关键之处，考虑学生能在什么地方出现问题，大都会出现什么问题，怎样引导，还要考虑几种教学方案。出现打乱教案现象，也不要紧张，要因势利导，耐心细致地培养学生的进取精神。因为事实上，一个单元或一节课的教学目标是在教学的一定过程中逐步完成的，一旦出现偏离教学目标或教学计划的现象也不要紧张，这可以在整个教学进度中去调整。

（3）课件是根据教学大纲的要求，经过教学目标确定、教学内容和任务分析、教学活动结构及界面设计等环节，而加以制作的课程软件。它与课程内容有着直接联系。

1）课件的长度

多媒体课件的内容可多可少，一个大的多媒体课件可以包括一门完整的课程内容，可运行几十课时，小的多媒体课件可能只运行 10～30 分钟，也可能更少时间。

2）多媒体课件

多媒体课件是根据教学大纲的要求和教学的需要，经过严格的教学设计，并以多种媒体的表现方式和超文本结构制作而成的课程软件。

3）常用制作方式

现在应用最广泛的多媒体课件形式是 PPT（用 Microsoft PowerPoint 制作的演示文稿），由于它可编辑、播放，各种操作简单易学，而且能够很方便地找到资源，并且可根据自己的需要进行改善和加工，对技术的要求相对不高，多加钻研就可以有丰富多彩的效果，能满足许多需要，因此其广受欢迎。其他应用较广的制作软件还有 Flash 和 Authorware 以及几何画板（数学老师常用）等等。

4）课件制作的原则

①教学性。课件的应用必须能优化课堂教学结构，提高课堂教学效率。

②可操作性。课件的操作要尽量简便、灵活、可靠，便于教师和学生控制，尽量避免复杂的键盘操作，交互操作层次不应太多。

③科学性。课件制作要符合科学性，不要出现知识性的错误，否则用课件还不如做实验，但课件永远不可以取代实验。

④简约性。课件展示的画面应符合学生的视觉心理，要突出重点，一个画面中对象不宜太多，避免对学生注意力产生干扰。注意动与静的对比、前景与背景的对比、线条的粗细、字符的大小，以保证学生都能充分感知对象。避免多余动作，减少每屏文字显示数量，尽量用配音替代叙述文字，过多的文字阅读容易使人疲劳。

⑤艺术性。一个课件的展示不但要追求良好的教学效果，而且应赏心悦目，使人获得美的享受，激发学生的兴趣。

⑥信息量。多媒体课件的信息量自然比一般教学形式的信息量要大，但不能太大，要适当地留有时间、空间给学生思考、消化。避免因信息量太大产生“电灌效应”。

⑦适度使用。“寸有所长，尺有所短。”要注意不同教学媒体的有机结合，优势互补，才能收到事半功倍的教学效果。例如：数学的方程求解、物理的公式推导等，用多媒体课件教学就不一定比教师与学生一起边推导边写板书效果好；化学实验教学用多媒体课件有时就不如实际演示实验更直观更有说服力；理论问题、微观世界的活动、宏观世界的变化等，采用多媒体课件则有其明显的优势。

学习任务 2　多媒体课件的分类

【任务描述】理解和记忆多媒体课件的分类。

【任务实施】多媒体课件可从教学中的应用范围、教学功能、使用方式、内容交互等几个方面进行分类。

（1）根据教学中的应用范围分类

根据多媒体课件在教学中的应用范围，可以将多媒体课件分为自主学习课件、理论课件、实验课件和网络课件四种类型。

- 自主学习课件。自主学习课件供学习者在个别化的教学环境下进行自主学习，一般都具有相对完整的知识结构，提供相应的形成性练习供学生进行学习评价。自主学习课件可随意前进、后退、重复和跳转，可以让学习者自主选择自己感兴趣的内容，对学习内容可进行阶段性的自我检测。
- 理论课件。理论课件一般用于理论课教学，使用的主体为教师。理论课件流程通常为线性结构，理论教学通常是在教师主导下按时间安排进行的，课件进程由授课教师支配。理论课件适用于学校按教学计划进行的理论课教学。
- 实验课件。实验课件用于实验课教学，使用的主体为参加实验的学生。由于不同学科的实验教学过程和方式差异很大，故此类课件可表现为多种类型，有的以演示为主，有的以交互性为主，有的则是以虚拟实验为主。
- 网络课件。 网络课件以网络作为载体，强调交互性，可随意跳转。网络课件的交互性更加强大。网络课件一般由专业人员设计，页面的设计和内容安排可表现出不同网站风格。在网页中可安排设计庞大的学习内容，甚至全套的课程。学习进程与安排在给定的网页内容中由学习者支配，并可在网上做作业、参加考试和在线讨论，网站还可安排教师网上授课和答疑。因此，网络课件是所有课件中交互性最好的。学习者除了可得到学习的内容本身，还可检索并下载大量的相关资料，极大地扩展学习内容，学习主动性好。网页内容可由网站予以及时更新，但网页内容的制作及维护较为复杂，需要专业人员进行设计和维护，工作量大。适合于网络课程的教学，也适合于学生课后在网上自学。

（2）根据教学功能分类

根据多媒体课件的教学功能，可以将多媒体课件分为助教型课件、助学型课件和教学结合型课件三种类型。

- 助教型课件：主要是老师在课堂教学中进行知识传授时使用的课件。
- 助学型课件：主要是学生在课堂或课下学习时使用的课件，如检测学习效果的课件，指导学习的课件，单纯地进行课后练习的课件等。
- 教学结合型课件：这是兼顾教师与学生两者使用的课件。

（3）根据使用方式分类

根据使用方式的不同，可以将多媒体课件分为课堂演示型、学生自主学习型、游戏教学型、模拟实验型、操作演练型、资料工具型、协作交流型、问题解决型等八种类型。

- 课堂演示型：应用于课堂教学中，其主要目的是揭示教学内容的内在规律，将抽象的教学内容用形象具体的动画等方式表现出来。此类课件继承了多媒体组合教学的优秀成果，具有直观形象、生动有趣等特点。在新技术条件下又有了新的发展，突出表现在超媒体特性在此类课件中的应用，促使小学数学教学由单线型的教学设计向板块状的设计转化，使教师在教学过程能根据学生的思路迅速调整教学流程，选择最佳的知识关联，利用知识间的联系加强理解，达到课堂教学的优化，学生在课堂中有了一点选择的权利。

- 学生自主学习型：在多媒体 CAI 网络教室环境下，学生利用学生工作站进行个别化自主学习，如目前流行的网络课件多数就是这种类型。
- 游戏教学型：游戏教学型课件实际上是学生使用课件玩游戏的过程。它通过游戏的形式，寓教于乐，教会学生掌握学科的知识和能力，并引发学生对学习的兴趣。任何游戏都有其自身的游戏规则，玩游戏的人在计算机呈现出的场景中，在游戏规则的制约下与竞争对手展开游戏，获胜即达到了游戏教学的教学目标。游戏教学型课件能极大地激发学生的学习兴趣，可用于教学过程的多个阶段，特别适合以学生为主体的发现式学习。
- 模拟实验型：模拟实验型课件利用计算机产生各种与现实世界相类似的现象，学生可以在接近真实的情境中，扮演角色，模拟操作做出决策，观察事物演变的过程与结果，从而认识和理解这些现象的本质。模拟实验型课件在教学活动中应用的方法多种多样，常见的有演示模拟、操作模拟、实验模拟、管理模拟。模拟实验型课件生动、形象、直观、经济又安全。
- 操作演练型：操作演练型课件的教学过程是按照一定的规则向学生提出问题，当学生回答完毕后，计算机判断其回答是否则正确，并根据学生回答的情况给予相应反馈，以促进学生掌握某种知识与技能技巧，然后计算机提出下一个问题。这个过程一直重复下去，直到达到预期的要求或预先设定的时间或次数用完后才结束。操作演练型课件使用时指引学生学习的不仅有老师、同学，还有计算机。计算机所具有的智能判断会对学生的练习成果进行判断，统计出学生的知识缺陷，并让学生重新练习。它的可重复性，使得学生可自主学习小学数学的某些教学内容，在一定意义上的个别教学得以实现。操作演练型课件具有反馈及时，能够激发学生的学习动机，提供学生操练与练习的成绩记录以及可以强化学习内容等特点。
- 资料工具型。资料工具型课件可以让学生在课余时间里进行资料的检索或浏览，以获取信息，扩大知识面，如各种电子工具书、电子字典及各类图形、动画库等。
- 协作交流型。协作交流型课件是基于网络的 CAI 课件，它运用网络传递教学和学习信息，学生可以在特定的环境中自由发表自己的观点，也可以和同学、老师就某个问题进行交流讨论。此类课件主要应用于要求有较高认知能力的学习场合，师生、生生之间的交流和协作有利于知识的熟练掌握、能力的迅速形成和理解的深化，而且还能培养学生的合作精神。
- 问题解决型。问题解决型课件所包含的知识不是直接的灌输或强迫学习者接受，而是通过某一情节间接、潜移默化地影响学习者。学习者在学习过程中，可以不断进行练习，强化知识和技能的学习，使知识更加牢固。

（4）根据多媒体课件的内容交互分类

根据多媒体课件的交互性，可以将多媒体课件分为演示型课件和交互型课件两种类型。

- 演示型课件：多指以图解、动画等形式进行教学内容的演示，讲解课本知识的原理和规律，提示事物发生、发展和变化的内在规律，以讲解或展示教学内容为主的课件。
- 交互型课件：以人机对话的方式进行人机之间的信息沟通，实现人机交互的课件，如自学辅导类、场景模拟类、测试练习类的课件。

【拓展知识与训练】交互型课件的分类

交互型课件可以分为以下几种：

（1）学生自主学习型：这种类型的多媒体课件具有完整的知识结构，能反映一定的教学过程和教学策略，可提供相应的形成性联系供学生学习评价，并设计友好的界面让学习者进行人机交互活动。

（2）模拟实验型：这种类型的多媒体课件借助计算机仿真技术，模拟某种真实的情景，提供可更改参数的指标项，当学生输入不同的参数时，可及时给出相应的实验或探究活动。

（3）训练复习型：这种类型的多媒体课件主要通过提出问题的形式，训练、强化学生某方面的知识和能力，课件的内容在安排上，要分为不同的等级，逐级上升，根据每级目标设计题目的难易程度，使用者可以选定训练等级进行学习。这种类型的课件通常应用在习题测试、英语单词记忆等方面。

（4）教学游戏型：这种类型的多媒体课件与一般的游戏软件不同，它是基于学科的知识内容，寓教于乐，通过游戏的形式，教会学生掌握学科的知识并提高学习能力，引发学生的学习兴趣，是一种非常有前景的多媒体课件，常见的有单词学习课件等。

（5）资料、工具型：资料工具型课件包括各种电子工具书、电子字典以及各种类图形库、动画库、声音库等，这种类型的多媒体课件只提供某种教学功能或某类教学资料，并不反映具体的教学过程。

学习任务 3　多媒体课件的发展趋势

【任务描述】理解和记忆多媒体课件的发展趋势。

【任务实施】人工智能和虚拟现实应用于教育是教育技术发展的一个飞跃。其营造了智能学习、自主学习的环境，将传统的“以教促学”的学习方式代之为学习者通过自身与信息环境的相互作用来得到知识、技能的智能的学习方式。

（1）智能化。

多媒体课件在满足辅助教学、教学形式大改观、学生不受时间空间限制无限次学习等功能的基础上向智能化的方向发展。多媒体课件在不断发展的过程中，不论是技术层面还是设计思想上都有了日新月异的变化，但它绝不是万能的。很多教师往往有这样的困惑：运用了多媒体课件之后的教学效果提升了多少？学生对课件内容的感知度有多高？对不同水平的学生是否应该采用不同的教学课件？对全体学生的错误知识的整体分布又是怎样的情况？以上这些问题是否可以通过课件本身反映出来？这样的问题，是每一位课件制作者和使用者都非常关注的。多媒体课件应该倾向于能够直接反映出这些问题，这就是课件的智能化发展的方向。可以设想根据学生认知模型提供的信息，通过智能化的运算与推理，动态生成因人而异的教学内容与策略；通过智能诊断机制判断学生的学习水平，分析学生产生错误的原因，同时向学生提出更改建议，以及下一步学习内容的建议；通过对全体学生出现的错误分布统计，智能诊断机制将向教师提供教学重点及方式、测试重点、题型的建议等。相信这样的设想不是空想，随着新课改理念的不断深入加之按照课件制作原则，熟练使用制作软件，遵循以学生为主体、让学生自主学习的现代教育理论，智能型的人性化的多媒体课件必将成为教师教学、学生自学的最有效的好帮手。

（2）虚拟现实化。

对于利用虚拟现实技术建立起来的虚拟实训基地，其“设备”与“部件”多是虚拟的，可以根据需要随时生成新的设备。教学内容可以不断更新，使实践训练及时跟上技术的发展。同时，虚拟现实的沉浸性和交互性，使学生能够在虚拟的学习环境中扮演一个角色，全身心地投入到学习环境中去，这非常有利于学生的技能训练。军事作战技能、外科手术技能、教学技能、体育技能、汽车驾驶技能、果树栽培技能、电器维修技能等各种职业技能的训练，由于虚拟的训练系统无任何危险，学生可以不厌其烦地反复练习，直至掌握操作技能为止。例如：在虚拟的飞机驾驶训练系统中，学员可以反复操作控制设备，学习在各种天气情况下驾驶飞机起飞、降落，通过反复训练，达到熟练掌握驾驶技术的目的。随着虚拟现实技术的不断发展和完善，以及硬件设备价格的不断降低，我们相信，虚拟现实技术以其自身强大的教学优势和潜力，将会逐渐受到教育工作者的重视和青睐，最终在教育培训领域广泛应用并发挥其重要作用。

【拓展知识与训练】虚拟现实技术[①]

（1）虚拟现实技术简介。虚拟现实技术是仿真技术的一个重要方向，是仿真技术与计算机图形技术、人机接口技术、多媒体技术、传感技术、网络技术等多种技术的集合，是一门富有挑战性的交叉技术前沿学科和研究领域。虚拟现实技术（VR）主要包括模拟环境、感知、自然技能和传感设备等方面。模拟环境是由计算机生成的、实时动态的三维立体逼真图像。感知是指理想的 VR 应该具有一切人所具有的感知。除计算机图形技术所生成的视觉感知外，还有听觉、触觉、力觉、运动等感知，甚至还包括嗅觉和味觉等，这称为多感知。自然技能是指人的头部转动、手势或其他人体行为动作，由计算机来处理与参与者的动作相适应的数据，并对用户的输入做出实时响应，分别反馈到用户的五官。传感设备是指三维交互设备。

（2）虚拟现实技术发展史。虚拟现实技术发展史大体上可以分为四个阶段：有声形态的模拟是蕴涵虚拟现实思想的第一阶段（1963 年以前）；虚拟现实萌芽为第二阶段（1963-1972）；虚拟现实概念的产生和理论初步形成为第三阶段（1973－1989 年）；虚拟现实理论进一步的完善和应用为第四阶段（1990－2004 年）。2005 年至今主要是虚拟现实技术的智能化、无线化的发展，暂时还没有形成明确的理论。

（3）虚拟现实关键技术。虚拟现实是多种技术的综合，包括实时三维计算机图形技术，广角（宽视野）立体显示技术，对观察者头、眼和手的跟踪技术，以及触觉/力觉反馈技术、立体声技术、网络传输技术、语音输入输出技术等。

（4）VR 艺术特点。VR 艺术是伴随着“虚拟现实时代”的来临应运而生的一种新兴而独立的艺术门类，在《虚拟现实艺术：形而上的终极再创造》一文中，关于 VR 艺术有如下的定义：“以虚拟现实（VR）、增强现实（AR）等人工智能技术作为媒介手段加以运用的艺术形式，

---

① http://baike.baidu.com/link？url=pTiVYfcEPtMg_uDng95bvK3jwEwfN_jCZbiUWJG_MgYaovXnDXeC1yHaHF4t2pmf2WsAjxDQjGZX-HAbwR-vx04QaMI57Y5PrbD-S9PEk8TvW6gMMBBc35FvwRb0SSrR

我们称之为虚拟现实艺术，简称 VR 艺术。该艺术形式的主要特点是超文本性和交互性。”

学习任务 4　PPT 美化大师的使用

PPT 美化大师是一款 PPT 幻灯片软件美化插件。PPT 美化大师为用户提供了丰富的 PPT 模板，具有一键美化的特色，每周还会有大量的专业模板、精美图示、创意画册、实用形状等更新，是我们做 PPT 课件必备的一款辅助工具。

3.4.1　PPT 美化大师的安装

【任务描述】学会 PPT 美化大师的下载和安装方法。

【任务实施】

（1）百度搜索下载。在“百度”搜索栏里，输入“PPT 美化大师”，在搜索列表中选择百度软件中心的“PPT 美化大师最新官方版下载”，如图 3-1 所示，单击进入官方下载页面。

图 3-1　百度搜索页面

（2）官方网站下载。直接在浏览器地址栏中输入 http://meihua.docer.com，即可进入对应官方网站进行下载。

双击下载的 PPT 美化大师安装程序 OfficeAssist.exe，单击“一键安装”按钮就可完成 PPT 美化大师的导入安装工作，如图 3-2 所示。

PPT 美化大师安装完成后，运行 Microsoft PowerPoint 程序，就会发现在 PowerPoint 功能区中多出了一项“美化大师”选项卡，窗口右侧多出一列工作图标，说明 PPT 美化大师已集成到微软 PPT 界面中了，如图 3-3 所示。这时运行 Microsoft Word 或者 Excel 程序，Word 或者 Excel 功能区中也会多出一项“美化大师”选项卡。

图 3-2 PPT 美化大师安装界面

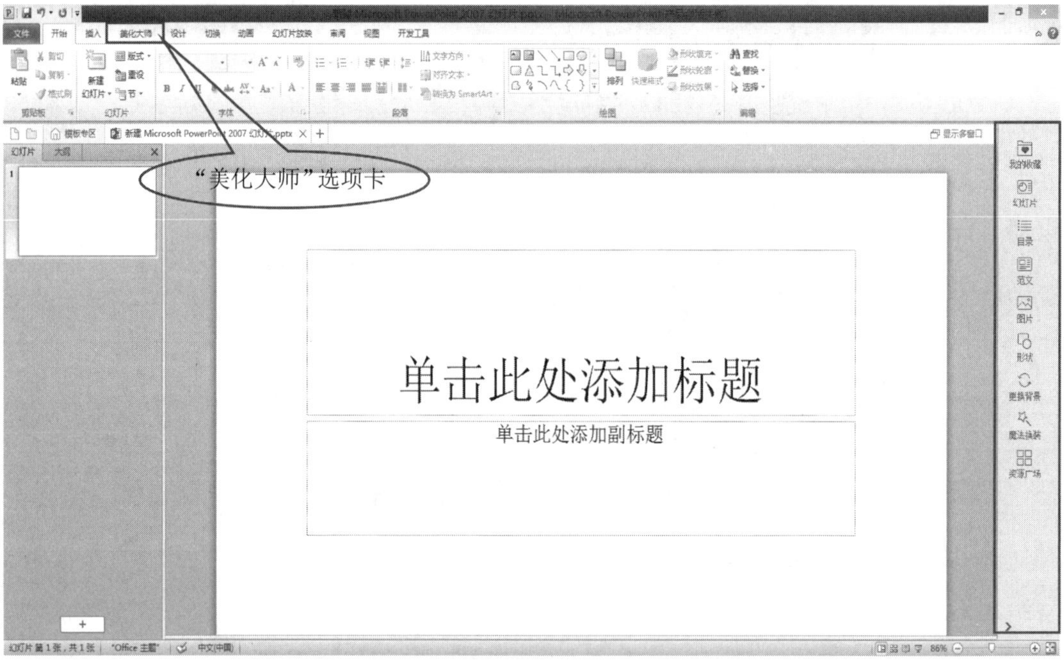

图 3-3 "美化大师"选项卡

3.4.2 PPT 美化大师的使用

【任务描述】学会用 PPT 美化大师美化文档。

【任务实施】运行 Microsoft PowerPoint 程序，单击功能区中的"美化大师"选项卡。在这里我们可以看到"美化大师"选项卡中的功能是非常丰富的。

（1）单击"美化大师"选项卡中的"新建文档"，此时将打来 PPT 模板的选择界面。选择其中一款模板，并选择要创建的 PPT 画面的比例（宽屏 16:9，标屏 4:3），再单击下方的"新建文档"按钮，即可按选择的模板新建一个 PPT 文档，如图 3-4 所示。

图 3-4　新建文档

（2）单击“美化大师”选项卡中的“目录”，打开 PPT 目录编辑界面。选择其中一个合适的目录版式，并在右侧的填充栏填写要制作的 PPT 目录条目内容，即可按照选择的版式建立一个 PPT 目录页面，如图 3-5 所示。

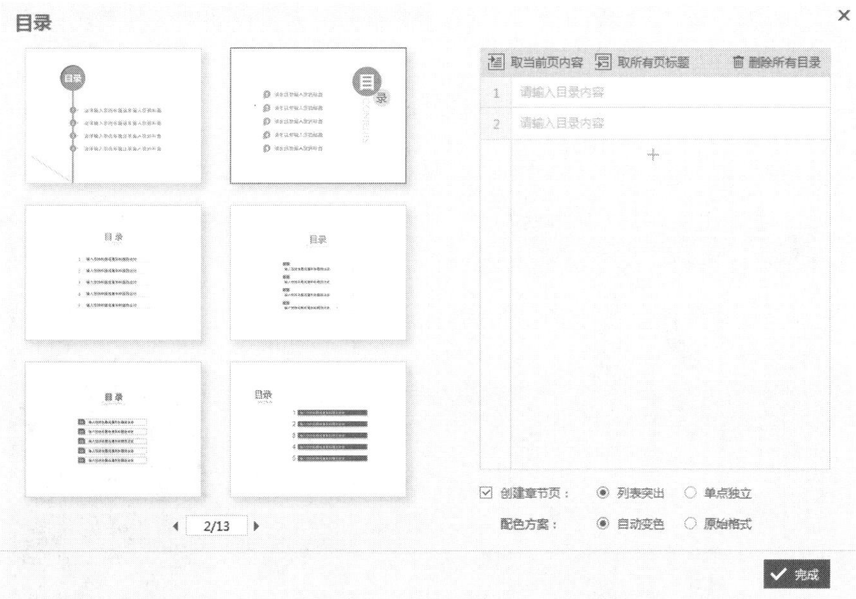

图 3-5　“美化大师”选项卡中的“目录”面板

（3）单击“美化大师”选项卡中的“幻灯片”，打开 PPT 幻灯片库的选择界面。根据需要选择幻灯片的类型，设置目录个数及目录颜色、章节过渡页、图示、结束页、项目关系等，然后单击“插入”按钮，即可将幻灯片模板应用到 PPT 文档中，然后根据要制作的 PPT 主题及具体内容更改 PPT 中的文字，如图 3-6 所示。

图 3-6 “幻灯片”面板

（4）单击“美化大师”选项卡中的“画册”，打开 PPT 画册模板选择界面。根据需要选择画册类型，单击“插入”按钮，即可生成 PPT 画册文档，然后根据图片序号，选择本地的电子图片，单击“插入 PPT”按钮，就会按照选择的画册模板自动生成精美的电子画册，如图 3-7 所示。

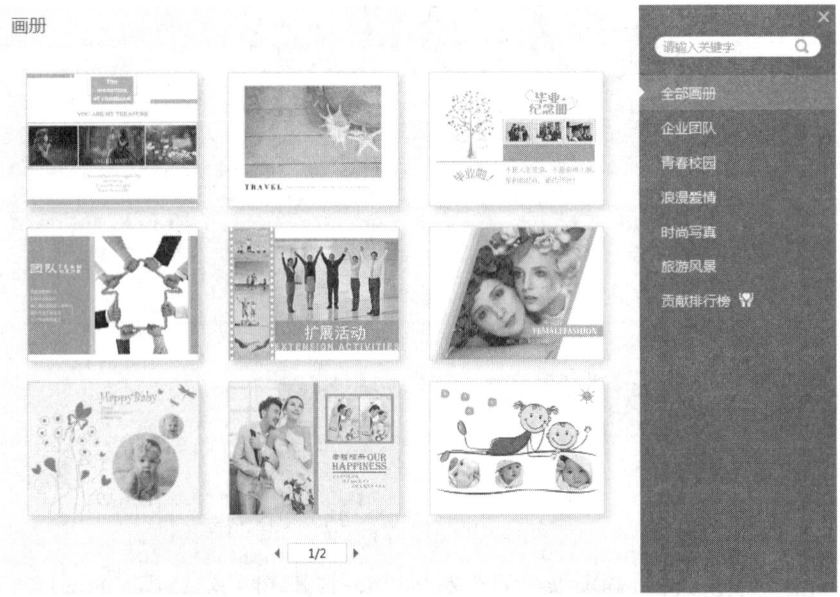

图 3-7 “画册”面板

（5）单击“美化大师”选项卡中的“形状”，打开形状素材界面，里面有公式符号、工具用品、信息科技、天文地理、娱乐文教、生物世界、人物剪影、行业领域等各种形状，应有尽有，如图 3-8 所示。根据需要选择形状并单击，就可把选择的形状插入到 PPT 中。插入后，可在 PPT 中更换形状的大小、颜色等。

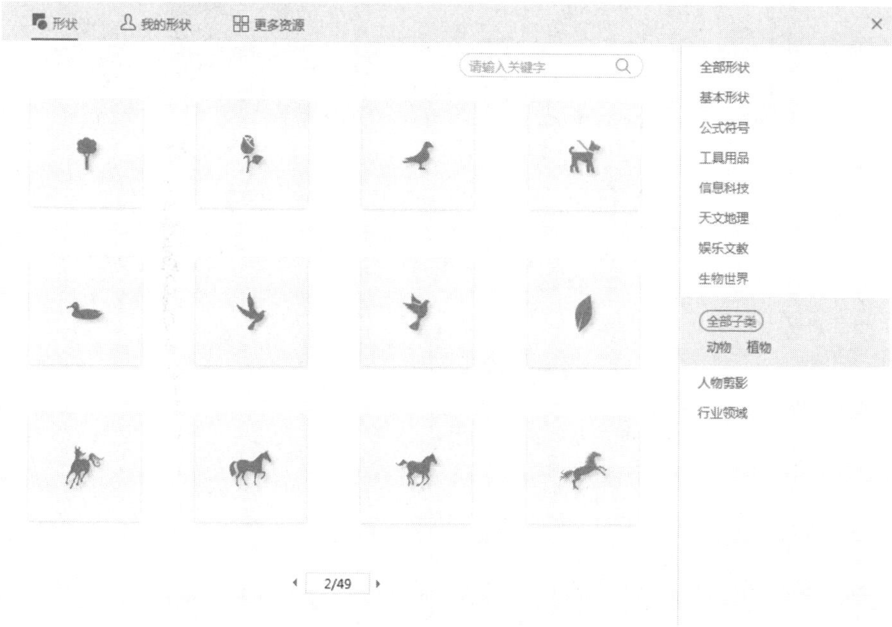

图 3-8 “形状”面板

（6）单击“美化大师”选项卡中的“图片”，打开图片素材界面，里面有人物、用品工具、设备器材、生活文化、行业领域、文化艺术、节日庆祝、自然地理、图标图形等九大类，每一大类还有若干子类，如图 3-9 所示。根据需要选择图片类型，找到需要的图片，并单击“插入图片”按钮，就可把选择的图片插入到 PPT 中。

图 3-9 “图片”面板

（7）单击“美化大师”选项卡中的“魔法换装”，软件将随机从模板库或者网上下载一个PPT模板，并自动套用给目前使用的PPT，如图3-10所示。这个操作就像给PPT换衣服，所以叫做“魔法换装”。如果用户不喜欢，只需按Ctrl+Z组合键撤销即可还原。

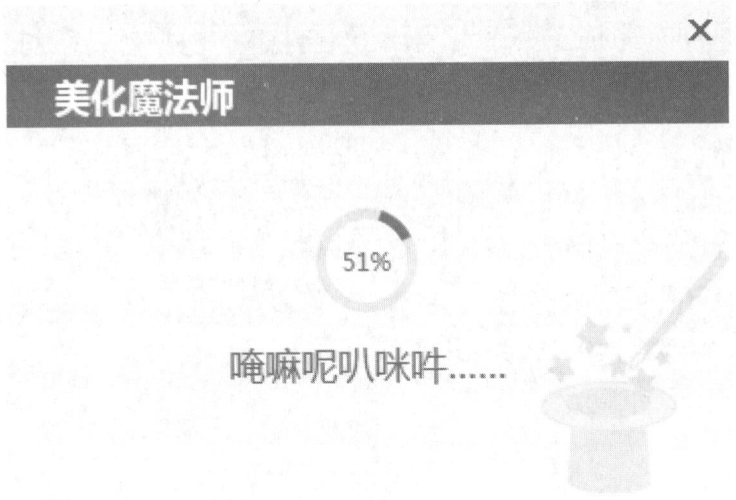

图3-10 魔法换装

（8）单击“美化大师”选项卡中的“魔法图示”，软件将随机选择一个图示模板自动套用给当前幻灯片，如图3-11所示，但“魔法图示”功能只支持“标题+正文”的（有内容）幻灯片版式或者美化大师生成的图示内容的替换。

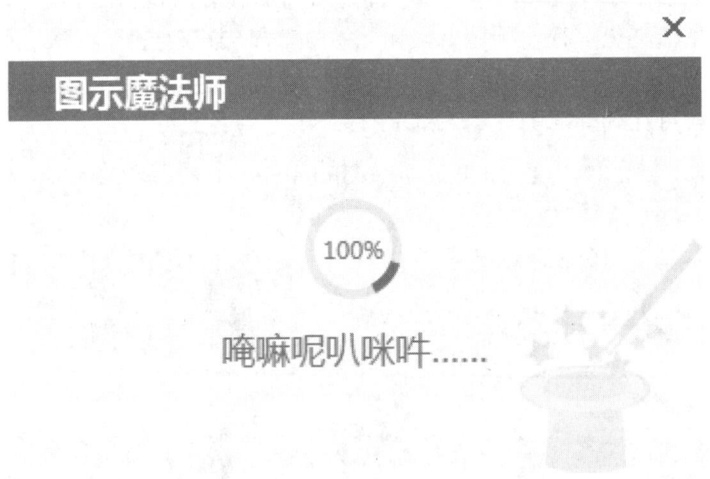

图3-11 魔法图示

（9）单击“美化大师”选项卡中的“范文”，打开范文选择界面，如图3-12所示。选择相应的范文模板并下载，可以查看相应的范文，供我们学习和借鉴。美化大师提供了财务会计、仓储购销、策划宣传、党政机关、法律文书、行政人事、计划总结、教育培训、节日庆典、求职职场、分析报告、销售市场、其他用途等方面的上千套范文。

图 3-12　“范文”面板

（10）单击“美化大师”选项卡中的“更换背景”，将打开背景模板库。可以选择背景模板替换现在正在使用的 PPT 模板，还可以修改创建的 PPT 画面比例。

（11）单击“美化大师”选项卡中的“资源广场”，将打开美化大师资源广场。在“资源广场”面板中，可以在线查看或下载各种类型的 PPT 资源。在“教程”面板中，可以在线观看 Excel、Word、PowerPoint 等软件的操作方法和使用技巧相关教程，还有美化大师指南教程、Photoshop 等教程，如图 3-13 所示，这对于自学者来说非常适用。

图 3-13　“教程”面板

【拓展知识与训练】制作精美 PPT 的十种方法[①]

第一种：手绘风。

手绘风并不是人人都能驾驭得了，一般需要专门的平面设计师，不过如果想要做这种风格也并不是不可以，可在网站上下载一些别人手绘的人物，很多 Office 剪贴画也有这种风格，如图 3-14、图 3-15 所示。

图 3-14 手绘风 1

图 3-15 手绘风 2

第二种：半图及全图。

“大图少字”被 PPT 达人们渲染的神乎其神，图片的精妙之处毋庸置疑，一图胜过千言万语。不过半图型相对于全图型有更多的空间，形式也更加灵活，能容纳更多文字内容，从而在实际工作中更适合应用，同时也给予观众更大的思维空间和视觉移动范围，不会产生压抑感，如图 3-16、图 3-17 所示。如果没有大图，小图也同样适用。

图 3-16 半图

图 3-17 全图

第三种：图标。

优秀的图标本身就美观且易于辨认，我们可以把这些图标用于 PPT 排版中，让版面看起来新颖而且具有美感，如图 3-18、图 3-19 所示。

---

① 制作精美 PPT 的十种方法. http://www.uzzf.com/news/18806.html

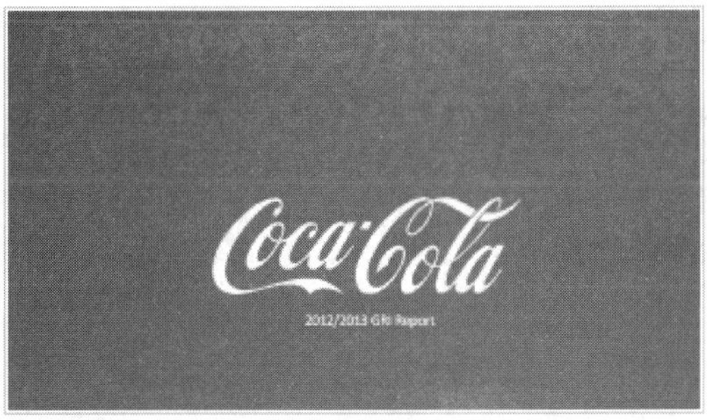

图 3-18　图标 1

图 3-19　图标 2

第四种：长阴影。

长阴影（Long Shadow）概念来自于非常流行的扁平化设计（Flat Design），如图 3-20、图 3-21 所示。扁平化设计影响最大的是用户界面元素和图标，但它也开始蔓延到网页设计的其他部分。发展到现在好多 PPT 达人也在使用这种长阴影效果。

图 3-20　长阴影 1

图 3-21　长阴影 2

第五种：Low Poly 风。

所谓 Low Poly，大部分人喜欢称之为低多边形，其原是 3D 建模中的术语，指使用相对较少的点线面来制作的低精度模型，如图 3-22、图 3-23 所示，后来普及到平面设计领域。不过这种方法需要借助 PS 及 AI 软件，需要耗时十几个小时才能完成一张 Low Poly 风格的设计，而 PPT 领域中我们可以借助工具轻松实现 Low Poly 风格。

图 3-22　Low Poly 风 1

图 3-23　Low Poly 风 2

第六种：纯文字。

PPT 制作过程中，难免会遇到密密麻麻的文字。只要稍微动点心思，即使是纯文字我们也可以化腐朽为神奇，如图 3-24、图 3-25 所示。

图 3-24 纯文字效果 1

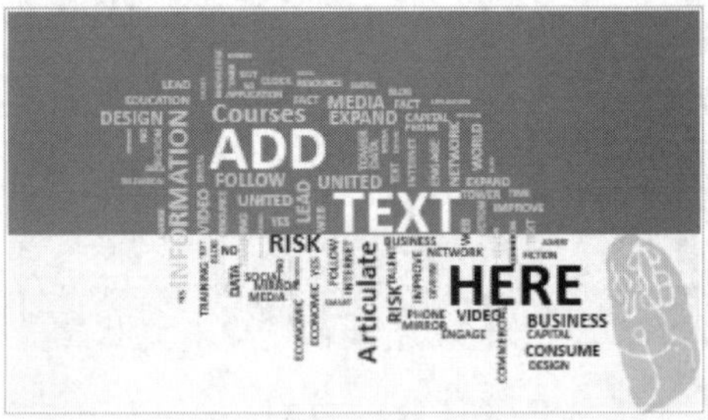

图 3-25 纯文字效果 2

第七种：人物剪影。

现在图片大多都拥有版权，除非公司自行购买图库。既然不太容易寻找满意的图片，这种人物剪影的形式其实可以尝试下，简单地填充合适的颜色，可让 PPT 页面韵味十足，如图 3-26、图 3-27 所示。

图 3-26 人物剪影 1

图 3-27 人物剪影 2

第八种：倾斜构图。

可打破常规的构图形式，让画面倾斜一点，如图 3-28、图 3-29 所示。PPT 制作过程中，偶尔的不循规蹈矩可以让我们的 PPT 脱颖而出。不过这种方法不要经常使用，不规则的构图看多了会产生疲劳和排斥感。

图 3-28 倾斜构图 1

图 3-29 倾斜构图 2

第九种：异形剪纸。

异形描边的形式可以让画面充满立体感，有点手工剪纸的味道，如图 3-30、图 3-31 所示。

图 3-30　异形剪纸 1

图 3-31　异形剪纸 2

第十种：自定义图形。

用于 PPT 设计中的色块往往是规矩的正方形或者矩形，其实可以尝试下圆形或者自定义图形，如图 3-32、图 3-33 所示。圆形让页面更加饱满和富有张力，自定义的图形可更好地延展空间。PowerPoint 2013 的自定义形状功能，提供了更多选项和灵活性。

图 3-32　自定义图形 1

图 3-33　自定义图形 2

学习使用 PPT 并且提高课件制作水准的一个比较好的方法是：学习他人的作品，并借鉴自己认为有价值的东西。相信通过这一过程我们会学到很多新的技术、技巧，从而对自己的课件制作有很大的帮助。

学习任务 5　用 Focusky 制作展示型课件

Focusky 是一款新型多媒体幻灯片制作软件，操作便捷性以及演示效果超越 PPT，主要通过缩放、旋转、移动动作使演示变得生动有趣。传统 PPT 为单线条时序，只是一张接一张切换播放，而 Focusky 打破常规，采用整体到局部的演示方式，以路线的呈现方式，模仿视频的转场特效，加入生动的 3D 镜头缩放、旋转和平移特效，像一部 3D 动画电影，给听众带来强烈的视觉冲击力。Focusky 适合制作微课、课件、产品宣传广告片、纪念册、商业手册、公司报告、时事报道、幻灯片演示文稿、视频等。

3.5.1　Focusky 的下载安装

【任务描述】学会 Focusky 的下载和安装方法。

【任务实施】

（1）百度搜索下载。在“百度”搜索栏里，输入“Focusky”，在搜索列表中选择百度软件中心的“Focusky 动画演示大师最新官方版下载”，单击“立即下载”按钮进行下载，如图 3-34 所示。

图 3-34　百度搜索下载

（2）官方网站下载。直接在浏览器地址栏中输入 http://www.focusky.com.cn/download，即可进入 Focusky 官方网站进行下载。

双击下载的 Focusky 动画演示大师安装程序 focusky_3.4.0_setup-cn.exe，根据安装向导一直单击“下一步”就可完成 Focusky 动画演示大师的安装工作，如图 3-35 所示。

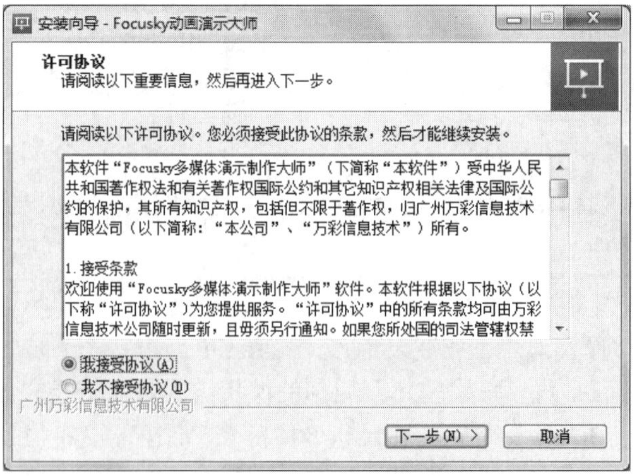

图 3-35　官方网站下载 Focusky

3.5.2　Focusky 的操作界面

【任务描述】熟悉 Focusky 的各个操作界面。

【任务实施】打开 Focusky 软件，会显示软件自带的在线模板。这些模板已经分门别类，我们可以选择想要用的模板。可以单击“新建空白项目”“打开工程”或单击喜欢的在线模板开始制作动画演示文稿。Focusky 操作界面如图 3-36 所示。

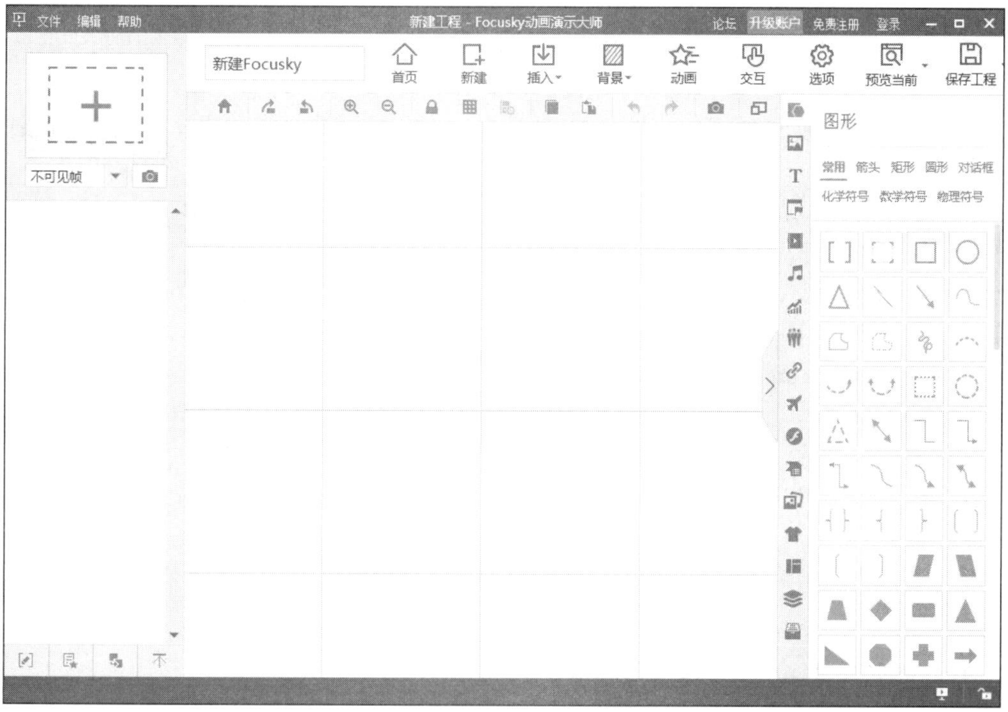

图 3-36　Focusky 操作界面

（1）Focusky“文件”菜单。“文件”菜单包含比较简单的文件操作：新建工程/从已有的 PPT 文件中创建一个工程/打开工程/保存工程/另存工程为/关闭工程/导入/导出/最近打开的工程/导出 3D 背景/导入 3D 背景/保存成模板/管理模板/预览/输出/退出。

- 从已有的 PPT 文件中创建一个工程——直接导入 PPT 新建一个工程。
- 打开工程、保存工程、另存工程为——保存源文件。
- 导入——在制作一个动画演示文稿时，如果想要插入其他演示文稿的某个或者几个页面，可以使用“导入”，选择自己想要导入的演示文稿，然后在软件右边，会展示导入的演示文稿的所有页面，想要插入哪些页面，就可以直接把那些页面拖到 Focusky 动画演示文稿里面去。
- 预览——预览发布输出后的效果。
- 输出——发布输出文件（有网页格式、exe 格式等）

（2）Focusky“编辑”菜单。“编辑”菜单中有最基本的撤销、重做、复制、粘贴、剪切以及选项设置。

（3）Focusky“帮助”菜单。“帮助”菜单中有视频教程以及常见问题解答、Focusky 的使用指引导向、关于 Focusky 的信息、更新升级等。

（4）单击或拖动添加。单击或拖动可快速添加矩形窗口、方括号帧、圆形窗口和不可见帧，添加一个就代表一张幻灯片，类似于一个电影镜头。

（5）幻灯片预览窗格。跟 PPT 一样，这里可以预览到每一张幻灯片（一张幻灯片就是一个场景）。

（6）添加声音/录音与字幕。可以给当前的幻灯片添加声音文件（*.MP3），计算机插上麦克风后可进行录音，也可以输入字幕。

（7）动画播放完毕后，页面停留时间。一张幻灯片页面里所有元素都播放完毕后，页面停留时间可以自己设定。

（8）自动播放到下一场景。可设置自动播放到下一场景或需要手动单击才会切换到下一场景。

（9）转场设置。是否自动播放到下一场景、转场到下一场景需要的时间、应用到当前场景或应用到所有的场景都可以设定。

（10）编辑路径。单击任何一个物体加入路径列表，通过拖动路径节点可以进行插入、删除、替换路径操作。

（11）动画编辑。可单击选择路径内的任意物体以添加动画效果，比如进入特效、退出特效、强调特效。可预览动画效果，自定义播放时间以及清除所有动画。

（12）调整路径顺序。可以在幻灯片路径栏中拖动幻灯片以修改路径的顺序，也可拖动缩略图自定义路径顺序与路径播放时间。如果时间小于或等于 0，路径将采用默认的播放时间——4 秒。

（13）画布/编辑区。画布也是工作区域，可缩放、旋转、添加物体、设置主题、编辑路径等。

（14）预览按钮。可预览演示文稿发布后的效果。

（15）解锁所有物体。当演示文稿的多个物体被锁定时，一个个地解锁会比较繁琐，可通过“解锁所有物体”键来解锁。

（16）快捷工具栏。快捷工具栏有显示所有物体、顺时针旋转画布、逆时针旋转、放大、缩小、锁定画布、网格、复制、粘贴、撤销、添加当前视口到路径、显示比例、图形、图片、文本、内容布局、视频、音乐、图表、角色、超链接、特殊符号、SWF（也就是动画）、艺术图形、幻灯片、主题、布局、图层、我的素材库等工具。

- 显示所有物体——展示演示文稿的全局面貌。
- 顺时针旋转画布/逆时针旋转——每单击一下就可以旋转 3 度。
- 放大、缩小——除单击“放大”或“缩小”外还可以滚动鼠标滚轮放大或缩小画布。
- 锁定画布——锁定画布后，当前幻灯片的背景不能动，不能缩放，只有里面的物体可以操作。这个按钮的好处是，防止操作物体时，不小心缩放了，画面动来动去不好操作。
- 添加当前视口到路径——单击按钮，就能把当前所看到的画面添加到路径，成功添加一张新幻灯片。
- 显示比例——可以调整幻灯片作品的显示比例，可选 4:3、16:9、16:10。
- 角色——指一些动画人物素材。
- 超链接——可以在任何地方添加超链接。
- 艺术图形——有一些组合图形、流程图形、柱状图、饼形图等。
- 主题——可以设置整个幻灯片的整体效果，如果想统一设置所有线条、文字、背景颜色等效果，可以使用这个功能。

- 布局——其实就是一些布局模板，可将其插入到当前幻灯片里面，如果要编辑的话首先要取消组合，然后才可以输入内容。

（17）工具栏。工具栏有新建、插入、背景、动画、选项、预览当前、保存、输出等工具。

- 新建：新建工程文件。
- 插入：下拉项基本在快捷工具栏上都有，除了公式。
- 预览当前：单击即可浏览当前的幻灯片镜头或预览整个作品。
- 保存：保存源文件。

（18）免费注册/登录。Focusky 是个免费软件，用户可以免费注册、登录以进行正常使用。

（19）升级 VIP。如果免费版满足不了需求，可以单击“升级 VIP”，购买并升级为 VIP 会员，可升级为个人版/教育版/企业版。

（20）论坛。这是 Focusky 官方论坛，可以进入并交流。

Focusky 动画演示大师的播放界面主要由六部分组成：全局菜单栏、导航、幻灯片缩略图、演讲倒计时、当前页面/总页面数、幻灯片播放进度条，如图 3-37 所示。

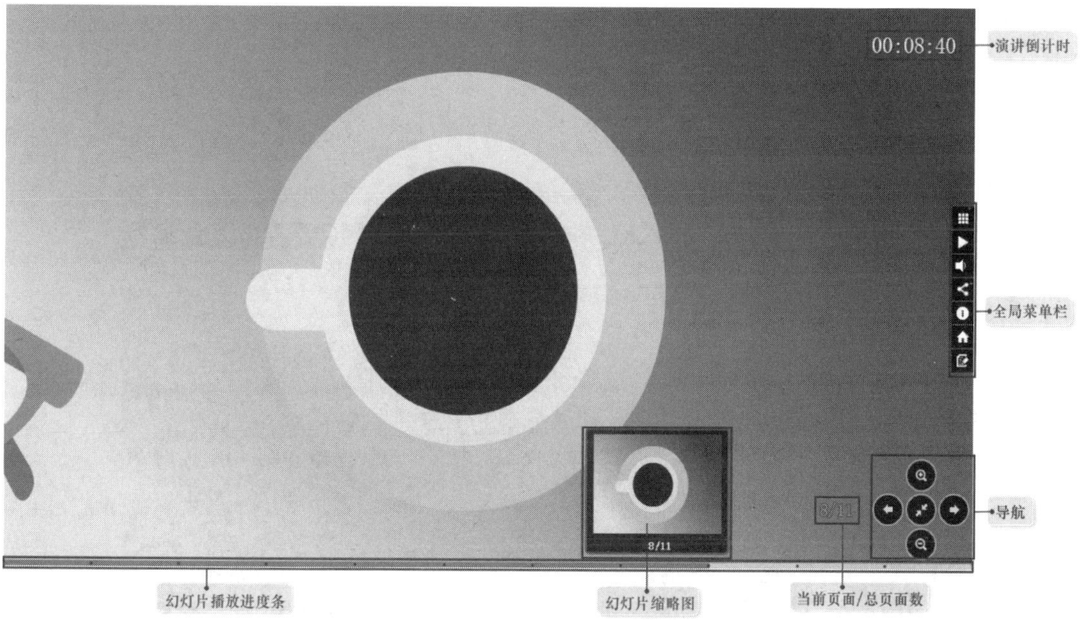

图 3-37　Focusky 播放界面

3.5.3　Focusky 的基本操作

【任务描述】熟悉 Focusky 的基本操作。

【任务实施】

（1）打开 Focusky，单击“新建空白项目”，创建一个新的 Focusky 工程文件，如图 3-38 所示。在“新建空白项目”设置框中选择背景图片并设置背景颜色，然后单击“创建”按钮。

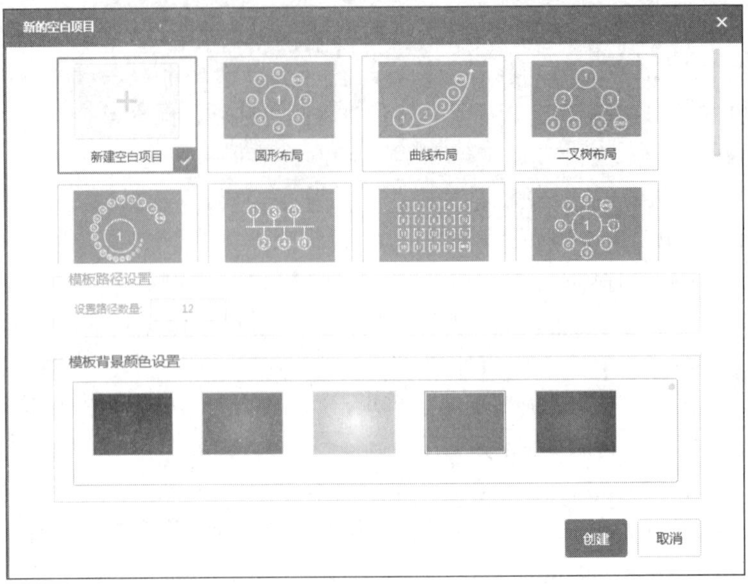

图 3-38 新建空白项目

（2）添加帧或窗口到路径。

Focusky 中有四种对象可添加：矩形窗口、方括号帧、圆形窗口、不可见帧。选择一个帧或窗口，单击或拖动帧或窗口到画布中所需的位置。可以调整帧或窗口位置，也可以旋转帧或窗口，如图 3-39 所示。

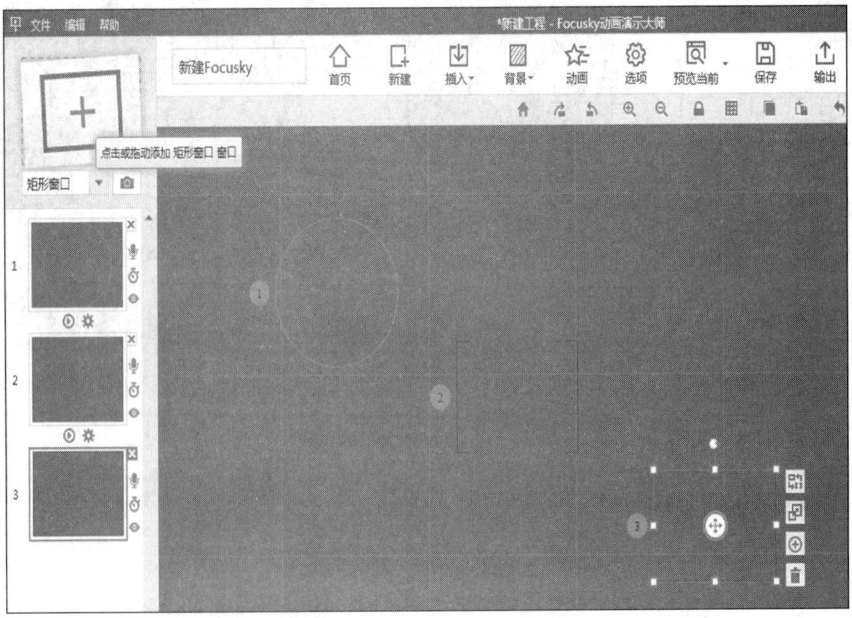

图 3-39 添加帧或窗口到路径

（3）添加帧或窗口后可以拖动幻灯片改变路径。

在左侧幻灯片预览窗口中可以拖动幻灯片，自定义路径设置，改变幻灯片的路径顺序，如图 3-40 所示。

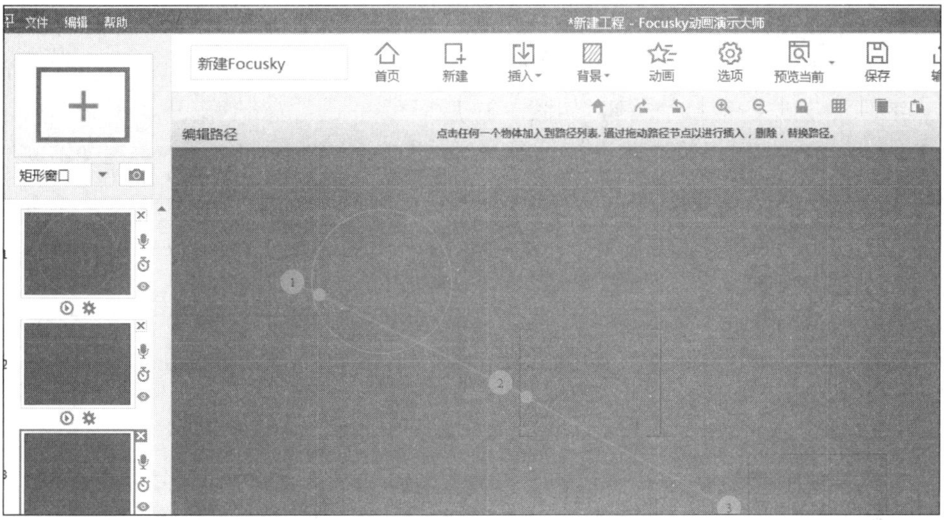

图 3-40　拖动幻灯片改变路径

（4）丰富动画演示文稿的内容。

可添加内容到所选的帧或窗口中，比如图片、图形、角色、文本、Flash 文档、视频、音乐、图表等。

- 插入角色。在工具栏中找到“插入”，在下拉菜单中找到“角色”，或在右侧的快捷工具栏中找到“角色”图标，如图 3-41 所示。Focusky 提供了 Flash 角色、PNG 角色、GIF 角色三种角色，如教师、老板、博士、爷爷、爸爸、妈妈、学生等形态各异的角色，可满足人们不同的制作需求。

图 3-41　插入角色

- 插入文本。在工具栏中找到“插入”，在下拉菜单中找到“文本”，或在右侧的快捷菜单栏中找到“文本”图标，然后移动光标到路径的画布中，选中一个位置单击便可在输入框中输入文本。文本添加后便可编辑，可自定义图层、选择对齐方式、添加艺术字以及自定义高级设置等，如图 3-42 所示。

在 Focusky 中，还可以给文本直接运用纹理效果。选中要添加纹理效果的文本，在文本设置下拉框中选择“纹理”，选择其中一种纹理应用即可，如图 3-43 所示。

图 3-42　插入文本

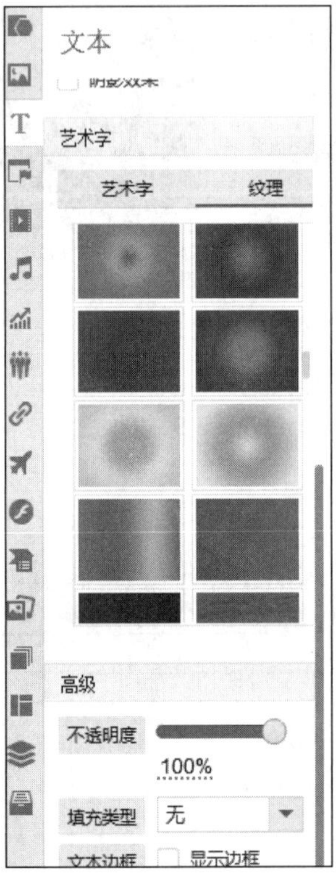

图 3-43　应用纹理效果

- 添加艺术图形。在 Focusky 中，有至少 70 种的艺术图形可供选择，艺术图形的多选择性可以让用户在较短时间内做出精美的动画演示文稿。单击工具栏中“插入”并选择“艺术图形”或在右边的快捷工具栏中单击“艺术图形”图标，如图 3-44 所示，然后在列表中，选中一个图形，单击或直接拖动到画布中即可。选择后，将光标移动到图形的右上角，取消组合，然后便可对艺术图形进行文字跟图片的编辑，如图 3-45 所示。
- 添加主题。在 Focusky 中，每个模板都对应着多个主题，而不同主题也有着不同的风格及不同的背景颜色、字体格式、边框格式等。

选择主题：在快捷工具栏中找到“主题”图标，然后在主题列表中选择合适的主题即可，如图 3-46 所示。

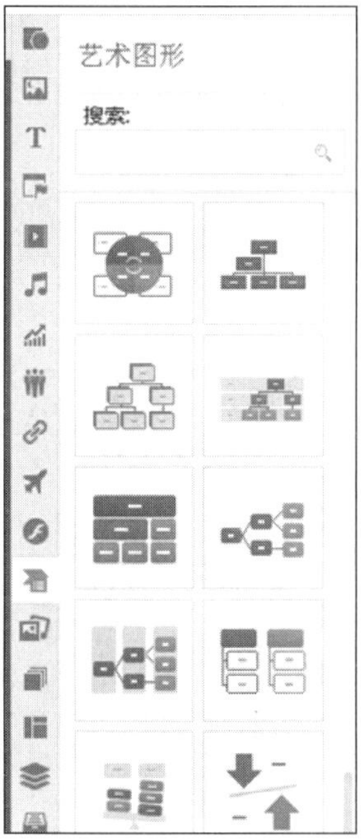

图 3-44　添加艺术图形

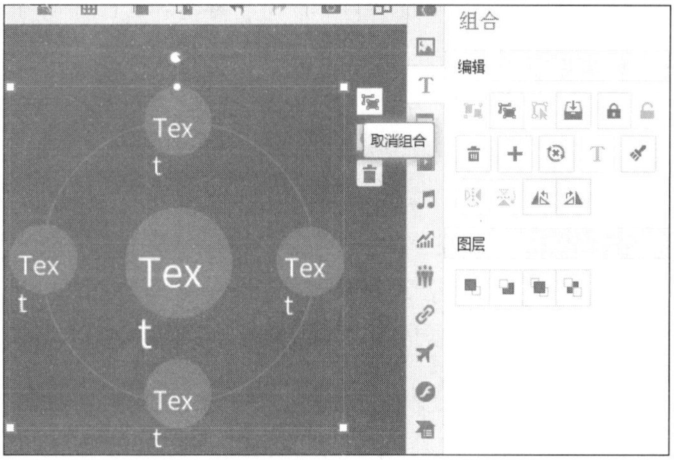

图 3-45　组合与取消组合

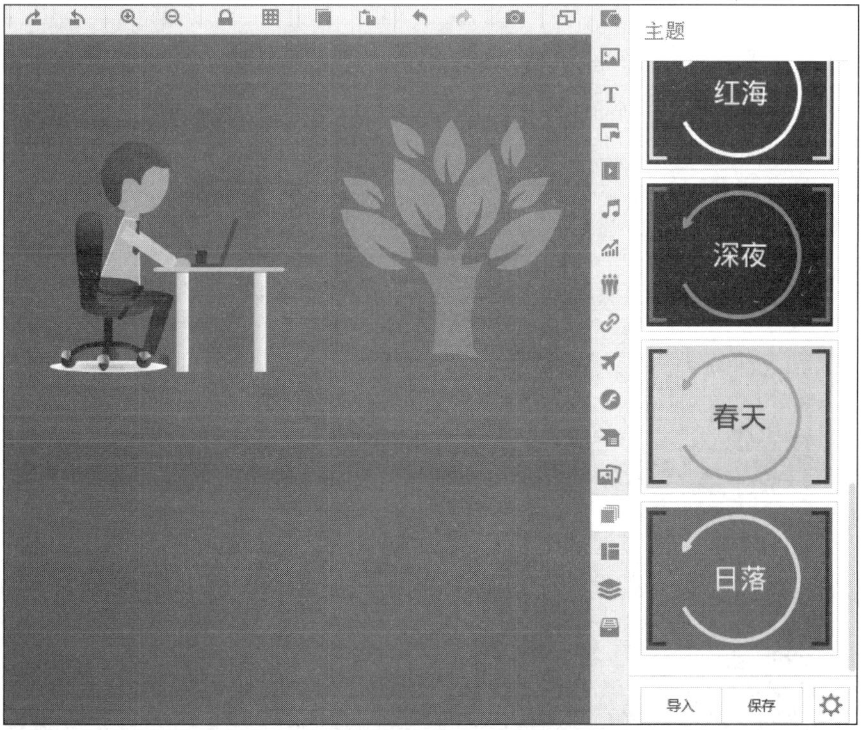

图 3-46　选择主题

自定义主题：单击主题列表中的“设置”，在“自定义主题”操作界面中设置标题与正文的字体与颜色、自定义图形样式以及预设样式，设置后单击“确定”保存，如图 3-47 所示。

保存好自定义设置之后，还可以将设置好的主题保存到列表中。单击“保存”，命名一个标题，写上主题描述，再单击“保存”即可，所保存的主题就会显示在右侧的主题列表中，单击主题便可显示在画布中，还可以删除或导出所保存的主题。

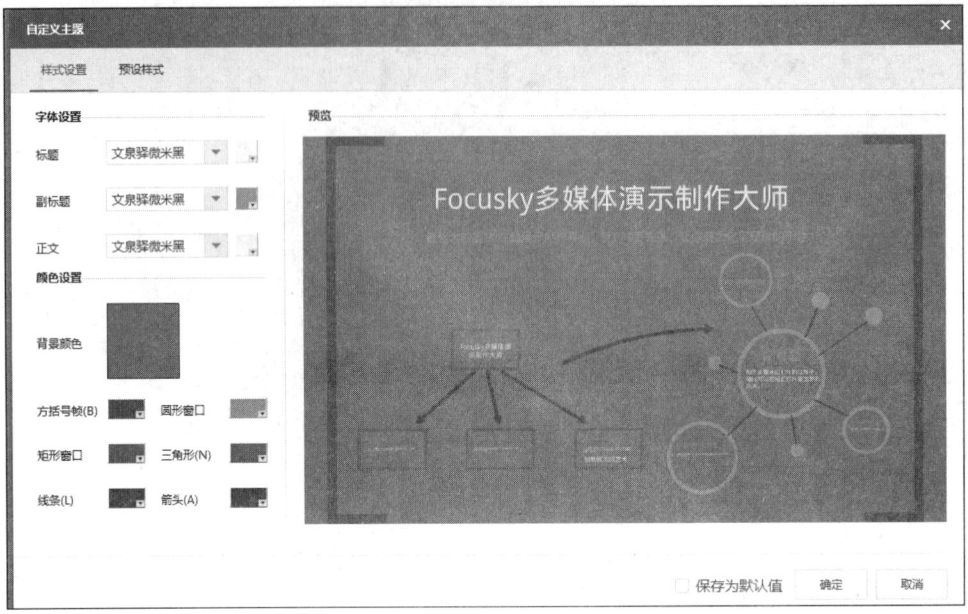

图 3-47 自定义主题

- 插入 Flash 文档。Focusky 不仅能插入图片，还能插入 Flash 文档，让我们的多媒体演示更加生动有趣，更吸引观众的注意力。单击工具栏中“插入”选择“SWF”或在右边的快捷工具栏中单击“SWF”图标。在弹出的窗格里选择要插入的 Flash 文档或者在右边的下拉列表中选择系统自带的 SWF 动画。插入 Flash 文档后，可以设置 Flash 文档的不透明度、大小等，如图 3-48 所示。

图 3-48 插入 SWF 文档

- 插入本地或网络视频。Focusky 动画演示大师可以插入本地或网络视频，让动画演示文稿更加生动。网络视频暂时只支持 YouTube 与 Vimeo 视频。

单击工具栏中的“插入”，从下拉菜单中选择“视频”或“网络视频”，如图 3-49 所示，或者从快捷工具栏中找到“视频”图标，选择“添加本地视频”或复制粘贴网络视频链接到“网络视频”框中再单击“添加”，如图 3-50 所示。

图 3-49　插入视频

图 3-50　添加视频

可以调整插入的视频的大小以及位置，也可以设置视频的播放动作、停止动作、不透明度等，如图 3-51 所示。

图 3-51　调整视频

- 插入音乐。单击右侧快捷工具栏中的“音乐”图标，然后导入本地的音频文件或直接添加软件自带的音乐，如图 3-52 所示。添加音乐之后会在画布中出现一个音乐播放器的图标，接着便可以继续调整音乐播放器的位置与大小，然后可以自定义插入的音乐的属性，比如图层、高级设置等，如图 3-53 所示。

图 3-52　插入音乐

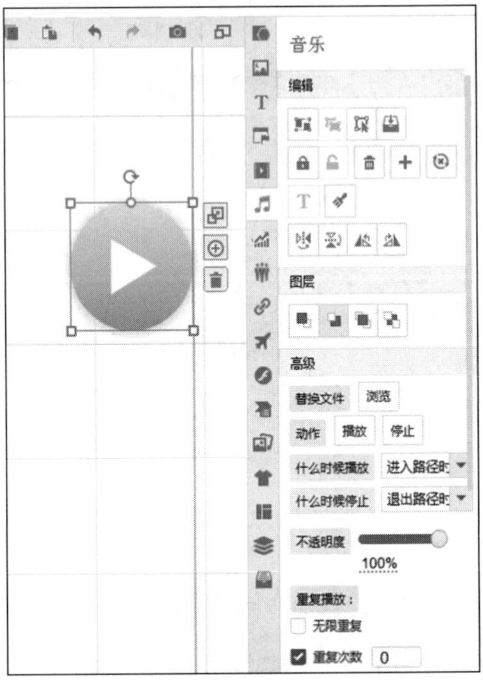

图 3-53　对插入的音乐进行编辑

（5）添加动画效果。

Focusky 的动画效果有进入特效、强调特效、退出特效和动作路径四种。Focusky 的制作功能多种多样，为了满足制作动画演示文稿的各种需要，可以给 Focusky 演示文稿添加动画效果。

单击左下角的“为路径内容添加动画效果”图标或单击工具栏中的“动画”进入动画编辑器，如图 3-54 所示。选择一个路径中的任何一个物体，再单击右侧的“添加动画”进入到动画效果选择窗口，然后为所选路径中的物体添加进入特效、强调特效、退出特效和动作路径，如图 3-55 所示。

把鼠标放在动画图标上面便可预览动画效果。添加特效后，便可自定义特效设置，比如单击播放特效还是上一个一起播放特效、预览、更改动画效果以及动画设置，如图 3-56 所示。

可拖动列表中的动画效果来改变动画播放顺序，或选中一个动画效果，单击底部的上下按钮来改变动画顺序。为了便于编辑动画效果，可隐藏物体图层。在动画编辑器中，也可继续添加物体然后再添加动画效果。

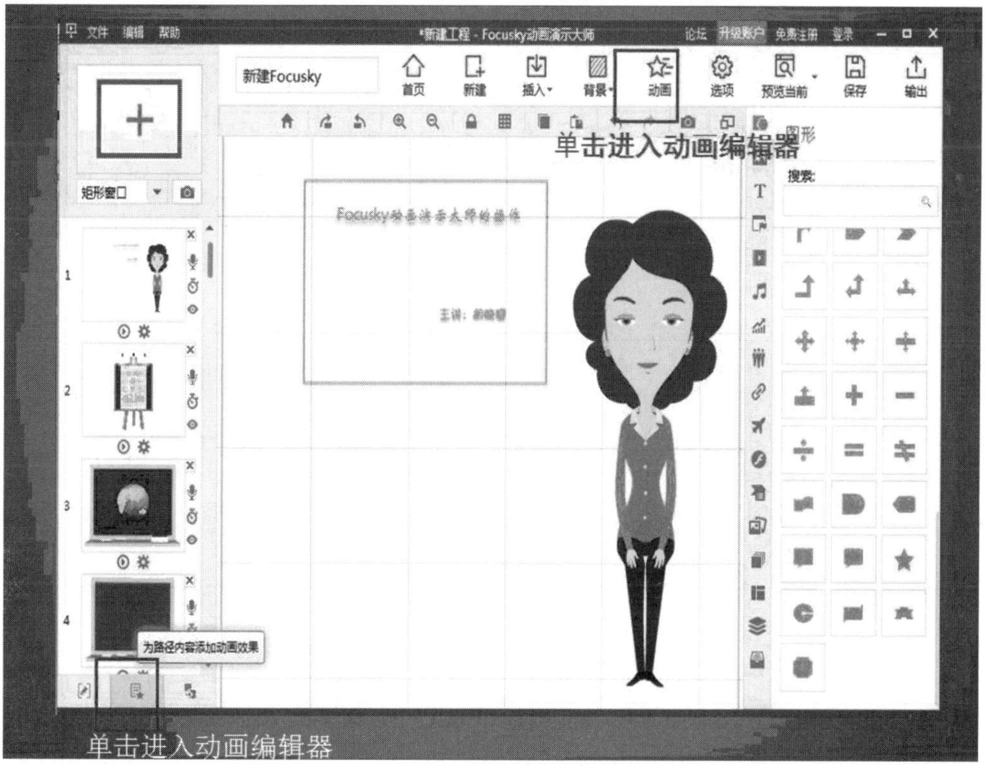

图 3-54　添加动画效果

图 3-55　动画效果

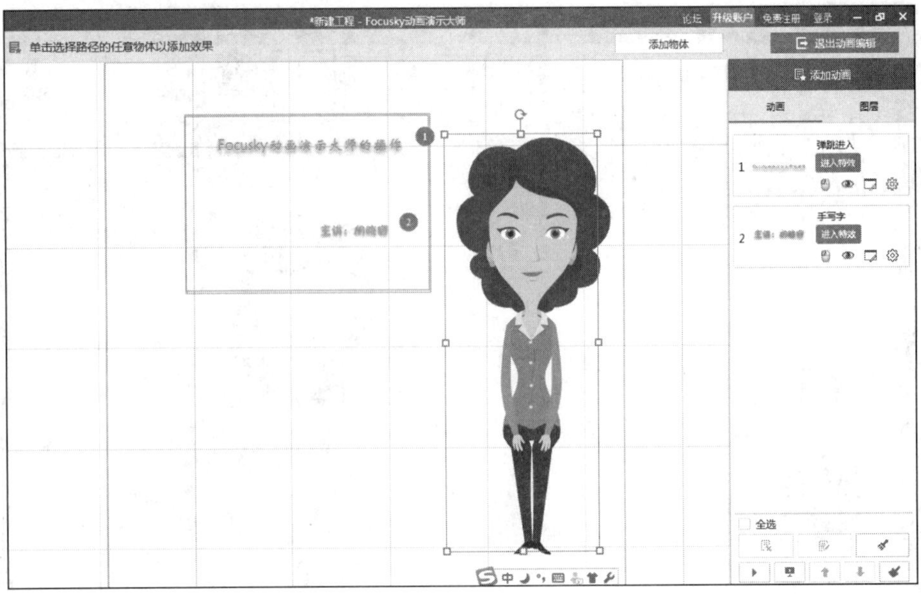

图 3-56 动画编辑器

（6）添加视频背景。

Focusky 动画演示大师可以自由添加 FLV 或 MP4 视频背景，让动画文稿演示起来更栩栩如生。首先从工具栏中找到“背景”，选择“视频背景”，再单击“选择文件”导入视频背景，或者选择一个素材库里的视频背景。如果不再需要这个视频背景，直接单击“删除物体”即可，如图 3-57 所示。

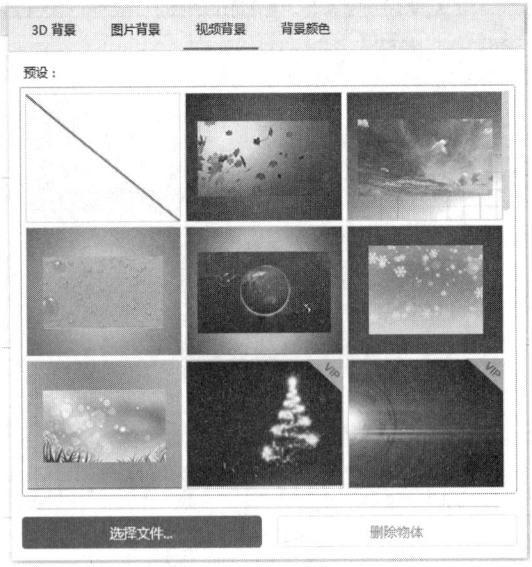

图 3-57 添加视频背景

（7）添加背景音乐。

单击工具栏中的“选项”，在“选项”对话框中选择左边的“展示设置”选项卡，如图 3-58 所示。

图 3-58　“选项”对话框

在“展示设置”区域单击“背景音乐”栏中的“添加音乐”按钮，添加一个或多个背景音乐，然后选择是否循环播放背景音乐，及当媒体播放时，是否调小背景音乐，还可自定义背景音乐的音量，最后单击“保存”即可，如图 3-59 所示。

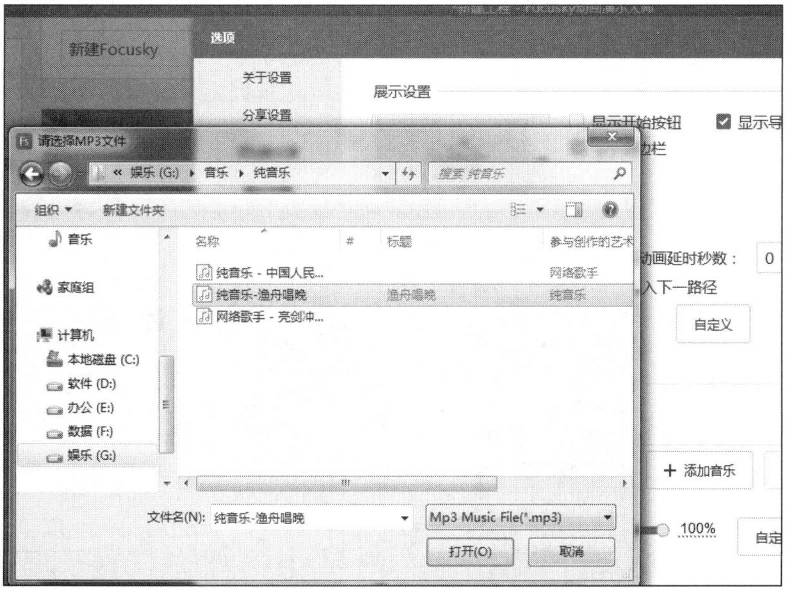

图 3-59　背景音乐设置

（8）对象组合。

Focusky 动画演示大师中，可以对多个不同的对象进行组合或者取消组合。按住 Shift 键，在画布中选中或者框选多个物体，单击“组合”按钮可进行组合，如图3-60所示。

图3-60　对象组合

组合完成后便可任意拖动、旋转对象，还可调整该组合的大小，如图3-61所示。若需取消该组合，可单击“取消组合”按钮，然后继续编辑（如需编辑组合则需先取消组合再编辑）。

图3-61　调整组合

（9）输出上传到云服务器或者输出到本地。

编辑完动画演示文稿后，单击工具栏中的“输出”，然后跳到“输出 Focusky”对话框。Focusky 动画演示大师能满足用户输出多种格式的动画演示文稿的需求，包括网页、视频、应用程序及压缩文件，如图 3-62 所示。可输出为 EXE 格式，用于 Windows 计算机本地浏览；输出为 MP4 格式，用于本地浏览以及上传到视频网站；输出为 HTML 格式，用于上传或嵌入到网页；输出为 APP 格式，用于苹果计算机本地浏览；输出为 ZIP 格式，用于邮件发送。

图 3-62　输出类型

选择好输出类型后，选择输出文件的保存路径，如果选择输出为视频，还可以在高级选项中设置视频的分辨率、路径停留时间以及背景音乐，如图 3-63 所示。

图 3-63　输出设置

（10）分享到社交网络或嵌入到网页。

当把动画演示文稿上传到网上时便可开始分享或嵌入，可快速分享到各大社交网站或复制再粘贴嵌入代码到指定网页。

学习活动

学习活动 1　制作“我爱你中国”动画演示文稿

Step 1 打开 Focusky，新建工程文件。在弹出的“新建空白项目”设置框中，选择第一项“新建空白项目”，并设置模板背景颜色为大红色，单击“创建”按钮，如图 3-64 所示。

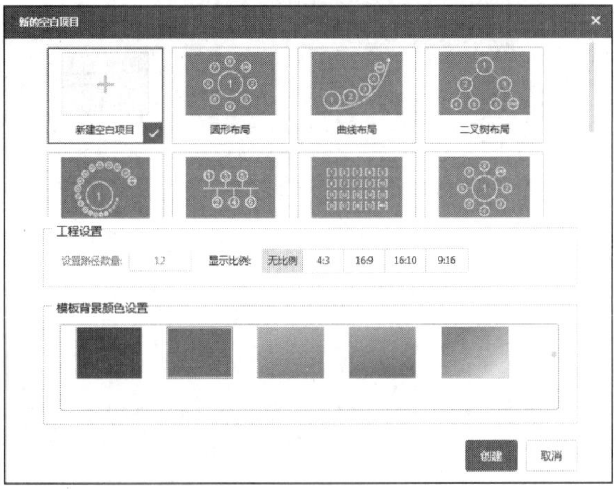

图 3-64　新建空白项目

Step 2 插入图形中的“多边星形”，如图 3-65 所示。边框颜色和填充颜色均设置为金黄色，然后在画布中绘制一个大五角星、四个小五角星，按照五星红旗五角星的排列调整五角星的位置，如图 3-66 所示。

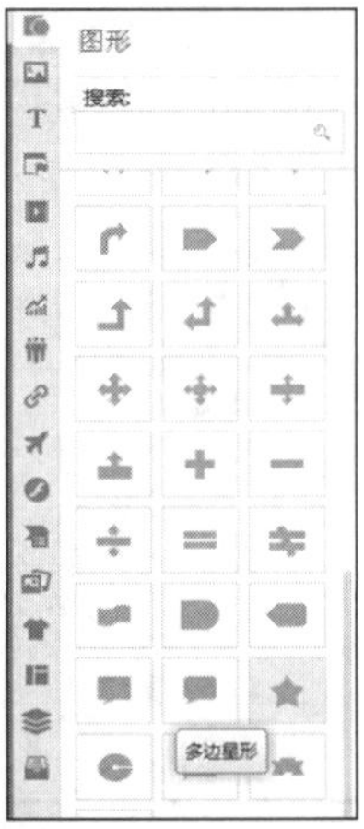

图 3-65　插入多边星形

图 3-66　插入五角星

Step 3　添加不可见帧，范围为整个画布。

在图 3-67 所示位置添加 1 个不可见帧，左上角是黄色，其他区域为红色。

图 3-67　添加 1 个不可见帧

在黄色大五角星下方红色画布中分别添加 7 个不可见帧。在四个小五角星周围添加 4 个不可见帧，并调整帧的放置方向，使黄色小五角星位于帧的正中位置，如图 3-68 所示。在 5 个五角星的右方位置再添加 1 个不可见帧。在自定义路径中调整帧的先后顺序，如图 3-69 所示。

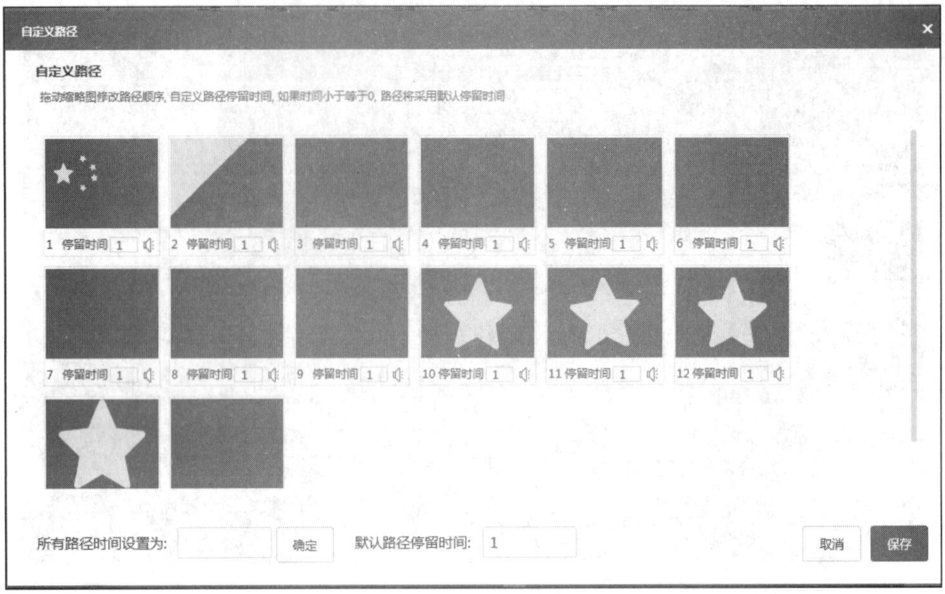

图 3-68　不可见帧的排列

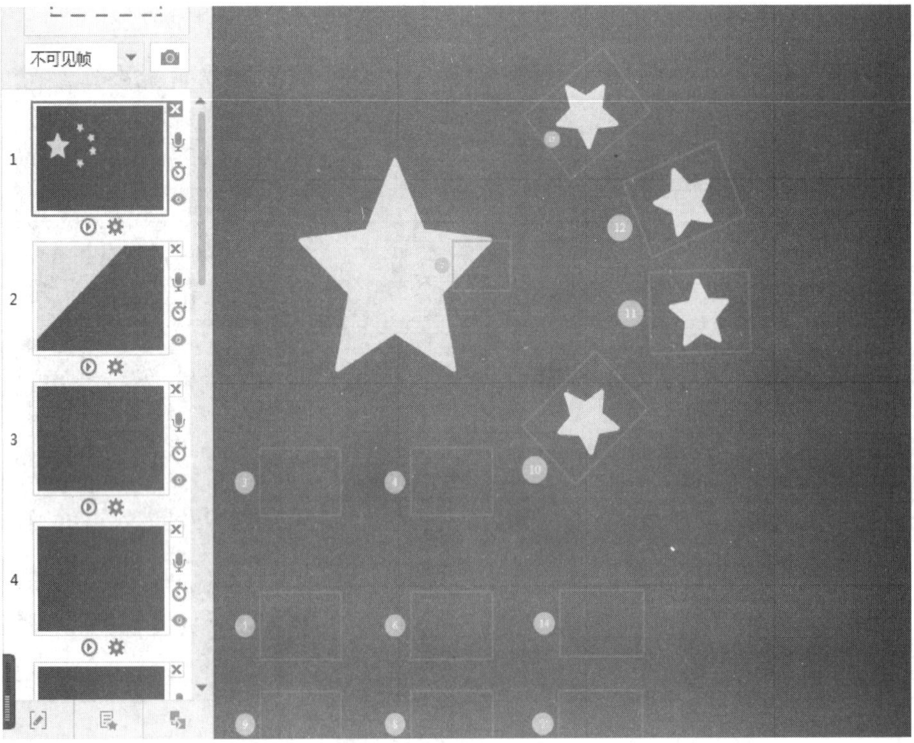

图 3-69　调整帧的顺序

Step 4 选择第 1 张幻灯片，在右下方位置插入文本“我爱你，中国”，选择“文泉驿微米黑”字体，颜色设置为黄色，其作为演示文稿的标题，如图 3-70 所示。选择该文本，添加“手写字”动画效果，并修改动画时长为“2 秒”，如图 3-71 所示。

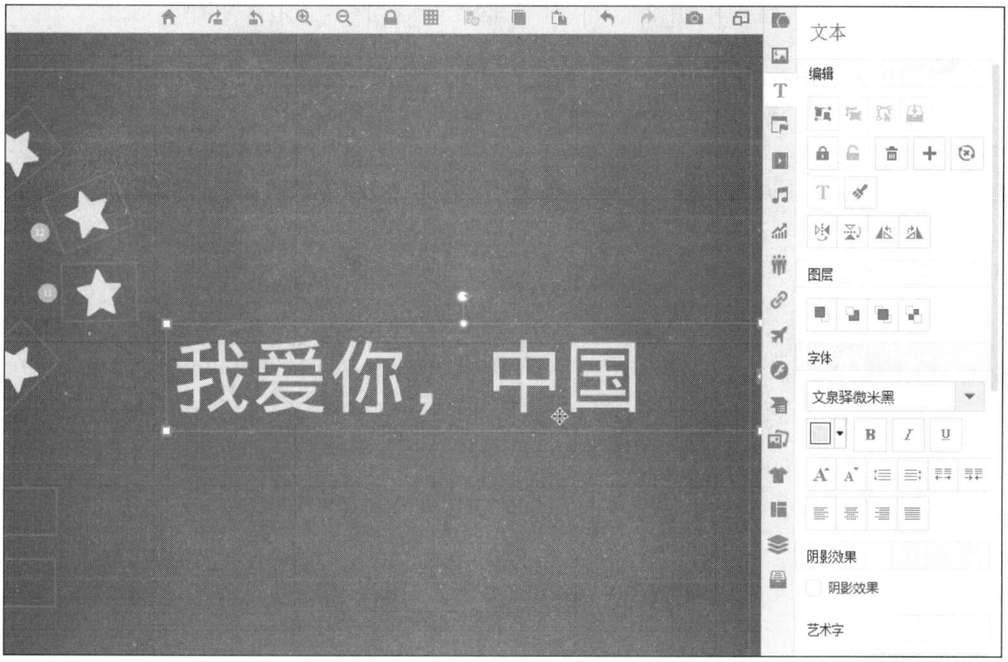

图 3-70　输入文本“我爱你，中国”

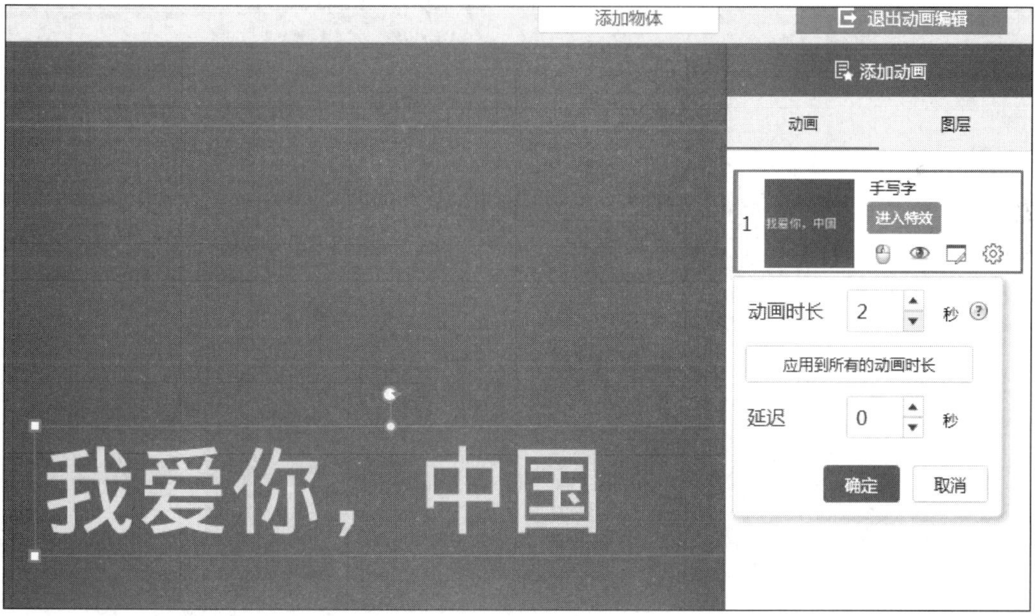

图 3-71　添加“手写字”效果

Step 5　选择第 2 张幻灯片，在黄色区域右边的红色画布中绘制五星红旗的五个黄色的五角星，如图 3-72 所示，然后在下方添加黄色的文本“我爱你，中国”。

图 3-72　绘制五个五角星

分别选中五个五角星，添加“粒子爆炸”进入特效，并在动画设置中修改动画显示时间为“0 秒”。选中“我爱你，中国”文本框，添加“酷炫色彩”进入特效，如图 3-73 所示。

图 3-73　添加动画特效

Step 6　选择第 3 张幻灯片，插入本地图片“秧苗.jpg”。调整图片的大小，使图片布满整张幻灯片，如图 3-74 所示。在图片中间添加文本“我爱你春天蓬勃的秧苗”，给文本添加“放大”进入特效，如图 3-75 所示。

图 3-74　插入“秧苗”图片

图 3-75　添加“放大”进入特效

Step 7 选择第 4 张幻灯片，插入本地图片“硕果.jpg”。调整图片的大小，使图片布满整张幻灯片。在中间添加文本“我爱你秋日金黄的硕果”，给文本添加“旋转卷入”进入特效，如图 3-76 所示。

Step 8 选择第 5 张幻灯片，插入本地图片“青松.jpg”。调整图片的大小，使图片布满整张幻灯片。在中间添加文本“我爱你青松气质”，给文本添加“模糊到清晰”进入特效，如图 3-77 所示。

Step 9 选择第 6 张幻灯片，插入本地图片“红梅.jpg”。调整图片的大小，使图片布满整张幻灯片。在中间添加文本“我爱你红梅品格”，给文本添加“手绘效果”进入特效，如图 3-78 所示。

图 3-76 添加“旋转卷入”进入特效

图 3-77 添加“模糊到清晰”进入特效

Step 10 选择第 7 张幻灯片，插入本地图片“甜甘蔗.jpg”。调整图片的大小，使图片布满整张幻灯片。在中间添加文本“我爱你家乡的甜蔗”，给文本添加“渐变进入”进入特效，如图 3-79 所示。

Step 11 选择第 8 张幻灯片，插入图片，选择植物分类中的“树”。调整图片的大小，复制两个同样大小的树，如图 3-80 所示。在中间添加文本“好像乳汁滋润我的心窝”。

图 3-78　添加“手绘效果”进入特效

图 3-79　添加“渐变进入”进入特效

图 3-80　第 8 张幻灯片布局

分别给三棵树添加“出现”动画特效，给文本“好像乳汁滋润着我的心窝”添加“底部渐入”特效，如图 3-81 所示。

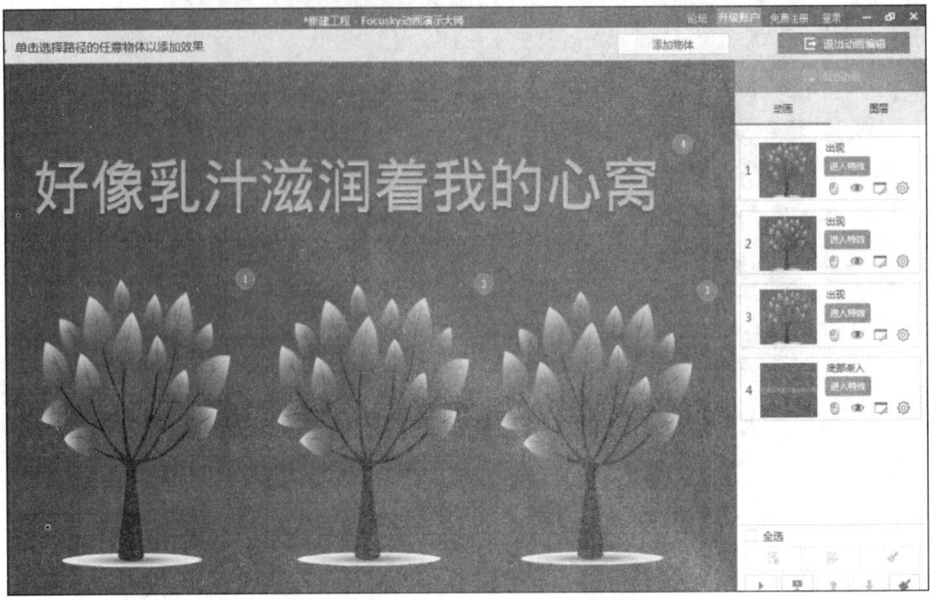

图 3-81　第 8 张幻灯片的动画设置

Step 12 选择第 9 张幻灯片，插入图片。查找“话筒”，插入查找到的“耳麦”和“话筒 1”图片，在中间添加文本“我要把最美的歌儿献给你”，分别给两个图片和文本添加“左边弹入”“右边弹入”和“底部弹入”动画特效，如图 3-82 所示。

图 3-82　第 9 张幻灯片及动画设计

Step 13 选择第 10 张幻灯片，在五角星正中添加文本“我”，并添加动画“手形推送”，如图 3-83 所示。

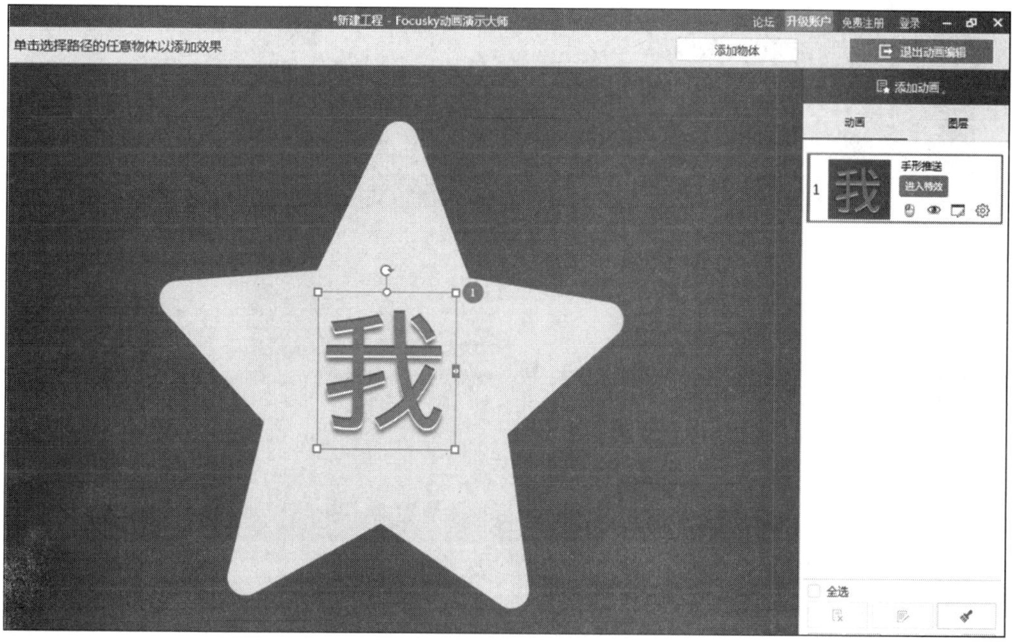

图 3-83　添加动画“手形推送”

Step 14 选择第 11 张幻灯片，在五角星正中添加文本“爱”，并添加动画“卷入”，如图 3-84 所示。

图 3-84　添加动画“卷入”

Step 15 选择第 12 张幻灯片，在五角星正中添加文本“你”，并添加动画“破壳而出”，如图 3-85 所示。

Step 16 选择第 13 张幻灯片，在五角星正中添加文本“中国”，并添加动画“粒子爆炸”，如图 3-86 所示。

图 3-85　添加动画“破壳而出”

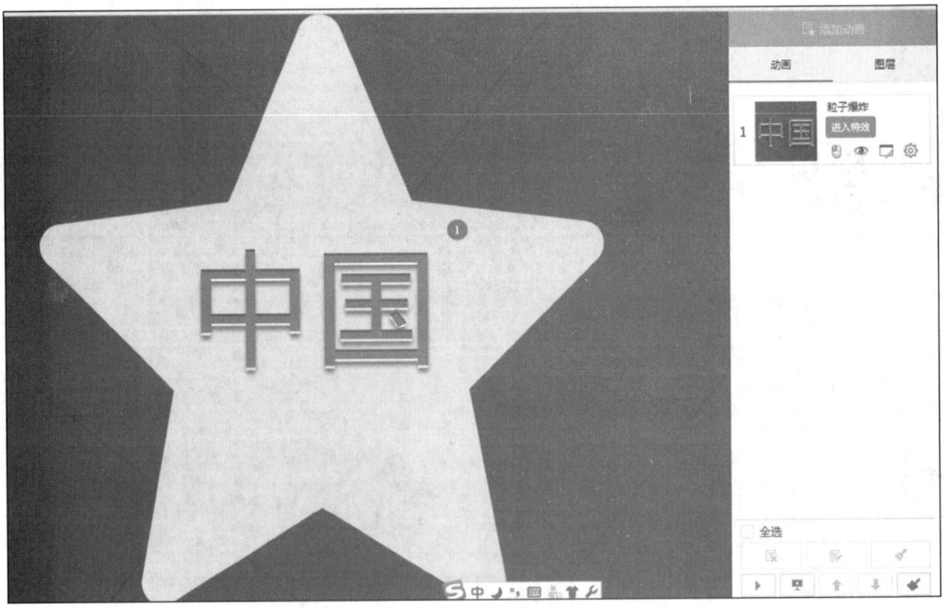

图 3-86　添加动画“粒子爆炸”

Step 17 选择第 13 张幻灯片，选择图形中的矩形，如图 3-87 所示设置矩形的边框颜色和填充颜色，在中间绘制一长条黄色矩形。在黄色矩形中，添加文本“我爱你，中国!”和“××学院　×××制作”，并给两个文本分别添加“手绘效果”动画特效，如图 3-87 所示。

Step 18 选择“选项”，在弹出的“选项”对话框里，单击“展示设置”，在右边添加背景音乐“轻音乐-以思念.mp3”。勾选“循环播放音乐背景”复选框。预览背景音乐的声音大小，调节背景音乐的音量，如图 3-88 所示。

图 3-87　第 13 张幻灯片动画设计

图 3-88　给文稿添加背景音乐

Step 19　单击“保存”按钮保存工程文件。单击“输出”按钮，选择“视频”类型，输出 MP4 视频，如图 3-89 所示。

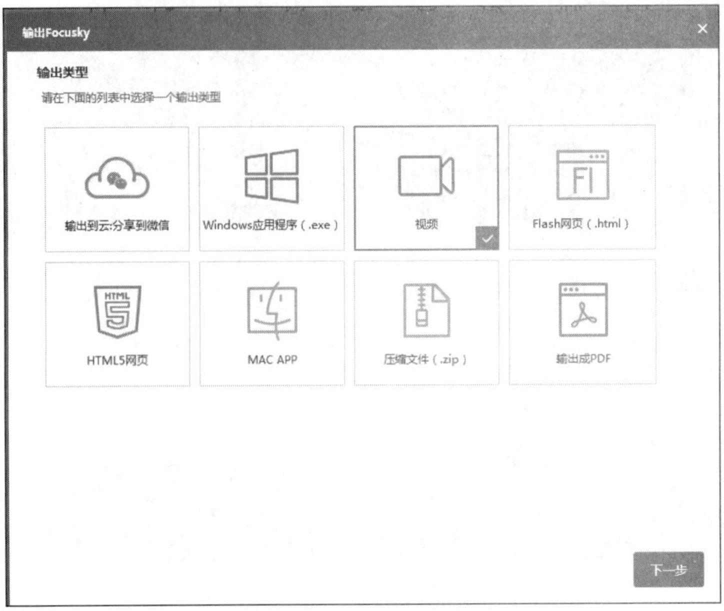

图 3-89　输出 MP4 视频

学习活动 2　用模板快速制作数学微课课件

Step 1 在 Focusky 中选择“新建空白项目”，在左侧选择“在线模板”下的“教育模板”，在右侧选择“深蓝”模板并下载，如图 3-90 所示。

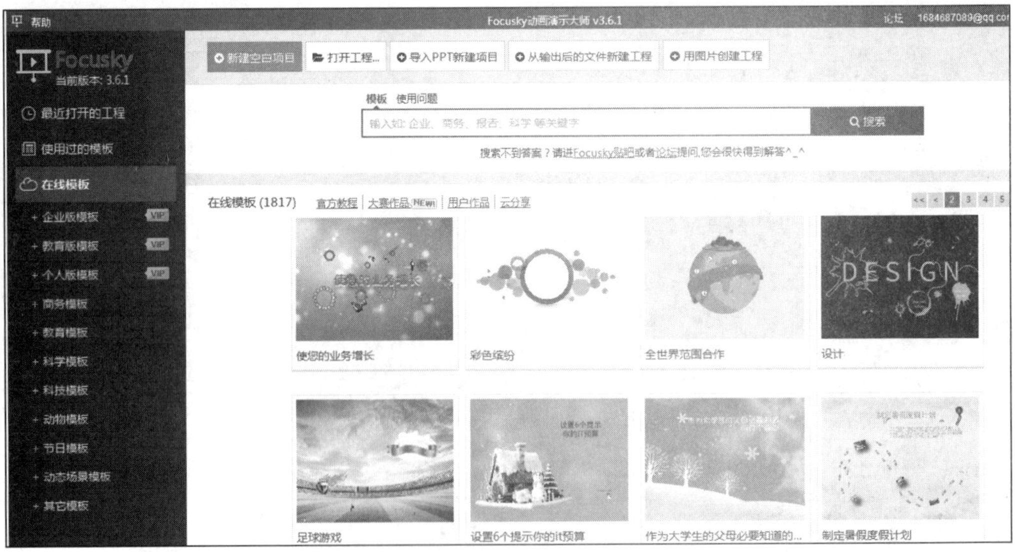

图 3-90　下载在线模板

Step 2 选择第 1 张幻灯片，选择文本工具，输入教材版本、章节信息，以及课题名称、制作者的信息等，如图 3-91 所示。

Step 3 选择第 2 张幻灯片，添加恰当的图形图片和文字，制作微课导航目录，如图 3-92 所示。

图 3-91　第 1 张幻灯片版面内容设计

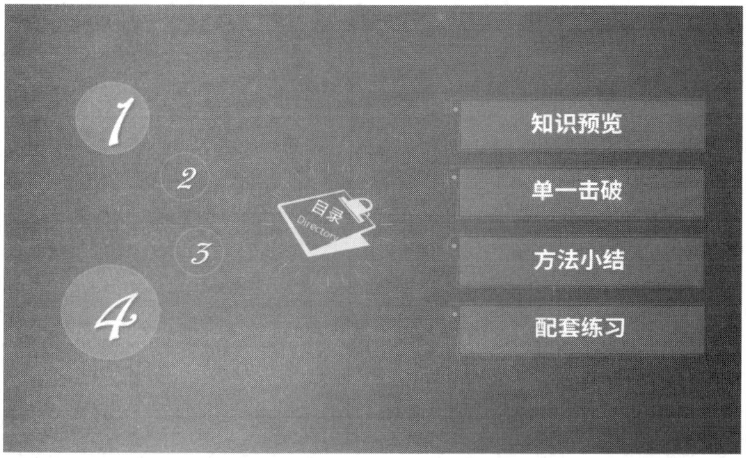

图 3-92　第 2 张幻灯片版面内容设计

Step 4 选择第 3 张幻灯片，添加恰当的图形图片和文字，制作“知识预览”列表，如图 3-93 所示。

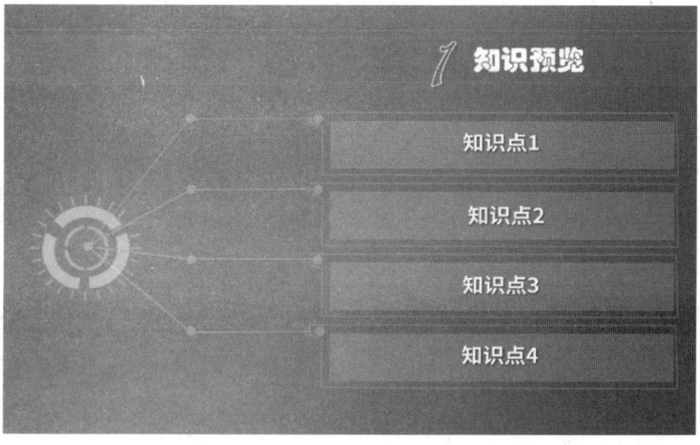

图 3-93　“知识预览”版面内容设计

Step 5 选择第 4 张幻灯片，添加恰当的图形图片和文字，制作“单一击破”例题列表，如图 3-94 所示。

图 3-94 “单一击破”版面内容设计

Step 6 选择第 5 张幻灯片，添加恰当的图形图片和文字，制作“例题 1”的具体内容，如图 3-95 所示。

图 3-95 “例题 1”版面内容设计

Step 7 仿照步骤 6，选择第 6～8 张幻灯片，添加恰当的图形图片和文字，制作“例题 2”“例题 3”和“例题 4”的具体内容。具体制作时可以根据内容增加或删减帧数。

Step 8 选择第 9 张幻灯片，添加恰当的图形图片和文字，制作“方法小结”的具体内容，如图 3-96 所示。

图 3-96　“方法小结”版面内容设计

Step 9　选择第 10 张幻灯片，添加恰当的图形图片和文字，制作“配套练习”的具体内容，如图 3-97 所示。

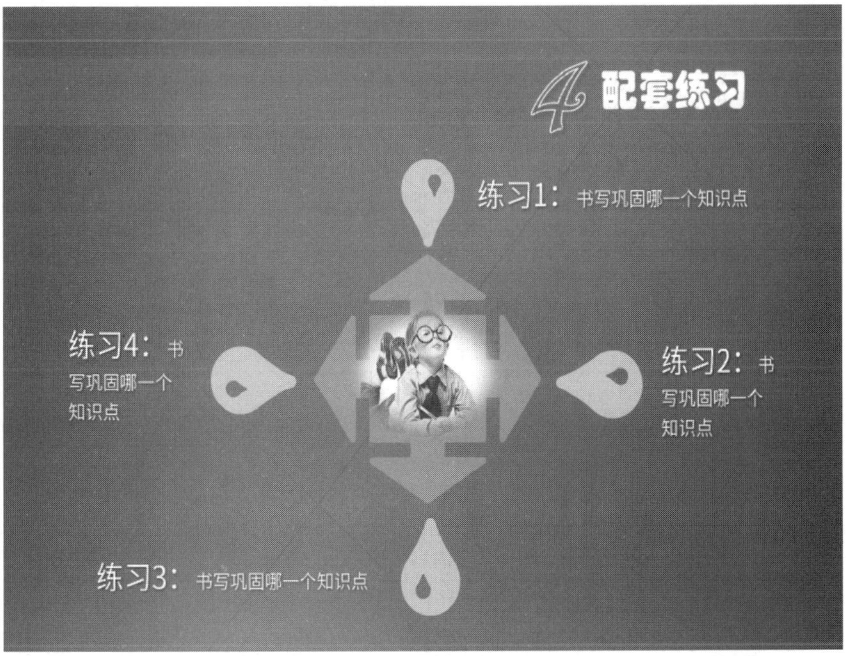

图 3-97　“配套练习”版面内容设计

Step 10　分别选择第 11～14 张幻灯片，添加恰当的图形图片和文字，制作“练习 1”“练习 2”“练习 3”和“练习 4”的具体内容，如图 3-98 所示。

Step 11　选择第 15 张幻灯片，添加恰当的图形图片和文字，制作片尾，如图 3-99 所示。

图 3-98 “练习 1”版面内容设计

图 3-99 片尾版面内容设计

学习考核

	考核内容	标准分	计分
考核要点	（1）记忆和理解多媒体课件的定义、多媒体课件的特点、多媒体课件的分类以及多媒体课件的发展趋势	4	
	（2）学会用 PPT 美化大师美化文档	1	
	（3）熟悉 Focusky 的基本操作	1	
	（4）应用 Focusky 制作动画演示文稿	4	
	小计	10	

评价方式	自我评价	小组评价	教师评价
考核得分			
存在问题			

练习与思考

一、填空题

1．多媒体课件是根据课程________的要求和教学的需要，经过严格的________，并以多种媒体的表现方式和超文本结构制作而成的________。

2. 根据多媒体课件在教学中的应用范围，可以将多媒体课件分为________课件、________课件、________课件和________课件四种类型。

3．根据多媒体课件的教学功能，可以将多媒体课件分为________、________和________三种类型。

4．根据使用方式的不同可以将多媒体课件分为课堂演示型、学生自主学习型、教学游戏型、________、________、________和________等七种类型。

二、选择题

1．PPT 美化大师是一个（　　）。

A．软件　　B．课件　　C．插件　　D．积件

2．Focusky 不能发布为（　　）格式的文件。

A．MP4　　B．FLV　　C．EXE　　D．HTML

3．Focusky 可以调整幻灯片作品的显示比例，但是显示比例不能设置为（　　）。

A．4:3　　B．5:4　　C．16:9　　D．16:10

4．下列选项中不属于 Focusky 动画演示大师播放界面的是（　　）。

A．幻灯片缩略图　　B．导航

C．当前页面/总页面数　　D．动画

5．下列选项中不属于 Focusky 的帧类型的是（　　）。

A．可见帧　　B．方括号帧　　C．矩形窗口　　D．圆形窗口

三、简答题

1．简述多媒体课件的特点。

2．根据使用方式的不同，多媒体课件可以分为哪几种类型？

3．简述编写教案应遵循的原则。

4．简述在 Focusky 动画演示大师中添加背景音乐的方法。

第 4 章　微课设计与制作基础

【教学导航】

教学目标	（1）了解国内微课的发展与现状 （2）掌握微课的定义、特征等 （3）掌握微课制作的常见方式 （4）掌握微课制作的关键技术
本章重点	（1）微课制作的常见方式 （2）微课制作的关键技术
本章难点	（1）微课制作的常见方式 （2）微课制作的关键技术
教学方法	任务驱动法、分组讨论法
课时建议	2 课时

【知识结构】

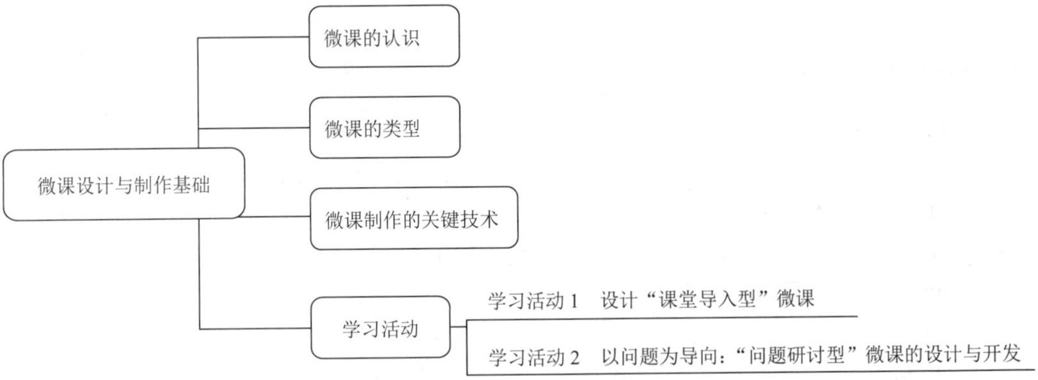

学习任务 1　微课的认识

微课作为一种新的网络学习资源形式在国内外迅速发展起来，微课的理论、设计、开发与应用研究也成为网络学习、移动学习的热点之一。

【任务描述】教师应具有课程设计、微课设计能力，通过了解知名专家对微课内涵的解读，认识微课的相关意义。

【任务实施】微课作为一种喜闻乐见的新型学习资源和网络学习手段，深受数字化时代学习者的青睐。制作微课的技术难度低，这为一线教师提供了在网络中展现自我教学能力的机会，激发了学科教师制作微课的热情，同时有利于教师的专业发展。

（1）微课的认识

目前由于微课是教育领域的学习和研究热点，不同的学者有不同的看法。什么是微课呢？微课又名“微课程”，是“微型视频网络课程”的简称，它是以微型教学视频为主要载体，针对某个学科知识点（如重点、难点、疑点、考点等）或教学环节（如学习活动、主题、实验、任务等）而设计开发的一种情景化、支持多种学习方式的新型网络课程资源（胡铁生）。“微课程”是指时间在10分钟以内，有明确的教学目标，内容短小，集中说明一个问题的小课程（黎加厚）。微课是以阐释某一知识点为目标，以短小精悍的在线视频为表现形式，以学习或教学应用为目的的在线教学视频（焦建利）。

微课是基于学校资源、教师能力与学生兴趣，以主题模块组织起来的相对独立与完整的小规模课程。微课在美国又称为短期课程或课程组件。随着网络与多媒体技术的发展，以及教育改革进程的深化，微课被赋予新的含义与特点。在广义上，微课被定义为按照新课程标准及教学实践要求，以教学多媒体为主要方式，体现教师在课堂教学过程中，以探究某个知识点或教学重点难点而展开的整合各种教学资源的活动。主题突出、内容精炼、终端载体多样化、应用方便灵活是微课鲜明的特征。微课非常适合情景化、个性化和移动学习的需要。

（2）微课的组成

微课核心资源是“微视频”（教学视频片段），同时可包含与该教学视频内容相关的“微教案”（教学设计）、“微课件”（教学课件）、“微习题”（练习测试题）、“微反思”（教学反思）等辅助性教与学内容。

（3）微课的特点

教学时间较短：教学视频是微课的核心组成内容。微课的时长一般为5～10分钟，最长不宜超过20分钟。因此，相对于传统的40或45分钟一节课的教学课例来说，“微课”可以称为“课例片段”或“微课例”。

教学内容较少：相对于较宽泛的传统课堂，微课的问题聚集，主题突出，更适合教师的需要。微课主要是为了突出课堂教学中某个学科知识点（如教学中重点、难点、疑点内容），或反映课堂中某个教学环节、教学主题的教与学活动，相对于传统一节课要完成的复杂且众多的教学内容，微课的内容更加精简，因此又可以称为“微课堂”。

资源容量较小：从大小上来说，微课视频及配套辅助资源的总容量一般在几十兆左右，视频格式须是支持网络在线播放的流媒体格式（如RM、WMV、FLV等），师生可流畅地在线观摩课例，查看教案、课件等辅助资源，也可灵活方便地将其下载保存到终端设备（如笔记本电脑、手机、MP4等）上实现移动学习、泛在学习。微课非常适合于教师的观摩、评课、反思和研究。

资源组成/结构/构成“情景化”：资源使用方便。微课选取的教学内容一般要求主题突出、指向明确、相对完整。它以教学视频片段为主线“统整”教学设计（包括教案或学案），课堂教学时使用到的多媒体素材和课件、教师课后的教学反思、学生的反馈意见及学科专家的文字点评等相关教学资源，构成了一个主题鲜明、类型多样、结构紧凑的“主题单元资源包”，营造了一个真实的“微教学资源环境”。这使得微课资源具有视频教学案例的特征。广大教师和学生在这种真实的、具体的、典型案例化的教与学情景中可易于实现“隐性知识”“默会知识”等高阶思维能力的学习并实现教学观念、技能、风格的模仿、迁移和提升，从而迅速提升教师的课堂教学水平，促进教师的专业成长，提高学生学业水平。就学校教育而言，微课不仅成为了教师和学生的重要教育资源，而且也构成了学校教育教学模式改革的基础。

主题突出、内容具体：一个课程就一个主题，或者说一个课程一个事。研究的问题来源于教育教学具体实践中的具体问题：或是生活思考，或是教学反思，或是难点突破，或是重点强调，或是学习策略、教学方法、教育教学观点等具体的、真实的、自己或与同伴可以解决的问题。

成果简化、多样传播：因为主题突出、内容具体，所以研究内容容易表达，研究成果容易转化；因为课程容量微小、用时短，所以传播形式多样（网上视频、手机传播、微博讨论）。

草根研究、趣味创作：正因为课程内容的微小，所以，人人都可以成为课程的研发者；正因为课程的使用对象是教师和学生，课程研发的目的是将教学内容、教学目标、教学手段紧密地联系起来，是“为了教学、在教学中、通过教学”，而不是去验证理论、推演理论，所以，研发内容一定是教师自己熟悉的、感兴趣的、有能力解决的问题。

反馈及时、针对性强：由于在较短的时间内集中开展“无生上课”活动，参加者能及时听到他人对自己教学行为的评价，获得反馈信息。较之常态的听课、评课活动，微课“现炒现卖”，具有即时性。由于是课前的组内“预演”，人人参与，互相学习，互相帮助，共同提高，在一定程度上减轻了教师的心理压力，不会担心教学的“失败”，不会顾虑评价的“得罪人”，较之常态的评课就会更加客观。

【拓展知识与训练】微视频、微课程、慕课、翻转课堂

微视频是指短则 30 秒，长则不超过 20 分钟的视频短片。微视频的内容涉及面广泛，视频形态多样，通常涵盖微电影、纪录短片、DV 短片、视频剪辑短片、广告片段等。微视频可通过 PC、手机、摄像头、DV、DC、MP4 等多种视频终端摄录或播放。短、快、精、大众参与性、随意性是微视频的最大特点。

微课程（microlecture）并不是指为微型教学而开发的微内容，而是运用建构主义方法制成的、以在线学习或移动学习为目的的实际教学内容。微课程具有完整的教学设计环节，包含课程设计、开发、实施、评价等环节。

慕课简称“MOOC”，也称“MOOCs”，是新近涌现出来的一种在线课程开发模式，它发端于过去的那种发布资源、学习管理系统以及将学习管理系统与更多的开放网络资源综合起来的旧的课程开发模式。通俗地说，慕课是大规模的网络开放课程，它是为了增强知识传播而由具有分享和协作精神的个人组织发布的、散布于互联网上的开放课程。

翻转课堂译自“Flipped Classroom”或“Inverted Classroom”，也可译为“颠倒课堂”，是指重新调整课堂内外的时间，将学习的决定权从教师转移给学生。在这种教学模式下，课堂上的宝贵时间内，学生能够更专注于主动的基于项目的学习，共同研究解决本地化或全球化的挑战以及其他现实世界面临的问题，从而获得更深层次的理解。教师不再占用课堂的时间来讲授信息，这些信息需要学生在课后完成自主学习，他们可以看视频讲座、听播客、阅读功能增强的电子书，还能在网络上与别的同学讨论，能在任何时候去查阅需要的材料。教师也能有更多的时间与每个人交流。在课后，学生自主规划学习内容、学习节奏、风格和呈现知识的方式，教师则采用讲授法和协作法来满足学生的需要并促成他们的个性化学习，其目标是为了让学生通过实践获得更真实的学习。翻转课堂模式是大教育运动的一部分，它与混合式学习、探究性学习、其他教学方法和工具在含义上有所重叠，都是为了让学习更加灵活、主动，让学生的参与度更强。在互联网时代，学生可通过互联网学习丰富的在线课程，不一定要到学校接受教师

讲授。互联网尤其是移动互联网催生了“翻转课堂式”教学模式。翻转课堂式是对基于印刷术的传统课堂教学结构与教学流程的彻底颠覆，由此将引发教师角色、课程模式、管理模式等一系列变革。

学习任务 2　微课的类型

【任务描述】了解现代教育技术的发展给教学活动带来的影响。

【任务实施】一节微课作品一般只对应于某一种微课类型，但也可以同时属于两种或两种以上的微课类型的组合（如提问讲授类、合作探究类等），其分类不是唯一的，应该保留一定的开放性。同时，由于现代教育教学理论的不断发展，教学方法和手段的不断创新，微课类型也不是一成不变的，需要教师在教学实践中不断发展和完善。

（1）按照课堂教学方法来分类

根据李秉德教授对我国中小学教学活动中常用的教学方法的分类总结，同时也为便于一线教师对微课分类的理解和实践开发的可操作性，微课划分为：

讲授类：适用于教师运用口头语言向学生传授知识。这是最常见、最主要的一种微课类型。

问答类：适用于教师按一定的教学要求向学生提出问题，要求学生回答，并通过问答的形式来引导学生获取或巩固检查知识。

启发类：适用于教师在教学过程中根据教学任务和学习的客观规律，从学生的实际出发，采用多种方式，以启发学生的思维为核心，调动学生的学习主动性和积极性，促使他们生动活泼地学习。

讨论类：适用于在教师指导下，由全班或小组围绕某一中心问题，通过发表各自意见和看法，共同研讨，相互启发，集思广益地进行学习。

演示类：适用于教师在课堂教学时，把实物或直观教具展示给学生看，或者做示范性的实验，或通过现代教学手段，通过实际观察获得感性知识以说明和印证所传授知识。

练习类：适用于学生在教师的指导下，依靠自觉的控制和校正，反复地完成一定动作或活动方式，借以形成技能、技巧或行为习惯。

实验类：适用于学生在教师的指导下，使用一定的设备和材料，通过控制条件的操作过程，引起实验对象的某些变化，从观察到的现象变化中获取新知识或验证知识。

表演类：适用于在教师的引导下，组织学生对教学内容进行戏剧化的模仿表演和再现，以达到学习交流和娱乐的目的，促进审美感受和提高学习兴趣。

自主学习类：适用于以学生作为学习的主体，通过学生独立的分析、探索、实践、质疑、创造等方法来实现学习目标。

合作学习类：合作学习是一种通过小组或团队的形式组织学生进行学习的一种策略。

探究学习类：适用于学生在主动参与的前提下，根据自己的猜想或假设，运用科学的方法对问题进行研究，在研究过程中获得创新实践能力，获得思维发展，自主构建知识体系的一种学习方式。

（2）按课堂教学主要环节（进程）来分类

微课按课堂教学主要环节（进程）可分为课前复习类、新课导入类、知识理解类、练习巩固类、小结拓展类。其他与教育教学相关的微课类型有：说课类、班会课类、实践课类、活动类等。

（3）按照制作方式来分类

微课按照制作方式可分为录屏类、拍摄类、多媒体制作类、混合类。

【拓展知识与训练】微课制作中的技巧

（1）微课的语言技巧

语言是一种文化，也是文化的重要载体，言为心声。在微课中的语言应做到五点：讲普通话，讲文明话，讲现代话，讲直白话，声音要动听。

微课是一个教学的过程，但在教学过程中，我们可以以交流信息的方式来呈现，采用谈话式的讲解，音调富于变化，高低强弱，可通过夸张突出重点。在谈话过程中注意激发情感，话语要带有真情实感，发自内心，带有相关的实际经验，这样才能引起学习者的共鸣。

讲的艺术：课程的重点要言简意赅，深入浅出。只有抓住重点，才能突出重点。对于重点问题，要讲精、讲透，精讲不等于少讲，讲得过于简单，学生掌握不了教学内容，无透可言，要质量上求精，尝试求透。对于能举一反三的内容，举一是教师的事，要多讲，讲深讲透，直到学生能反三为止，反三是学生的事，是学生利用已知求未知的过程，教师要少讲或不讲，千万不要包办代替。要讲清难点，难点可能是重点，也可能不是重点，是不是重点要讲清，以免其成为学生继续学习的心理障碍，影响教学效果。如使用"解扣法"，扣在哪里，就解在哪里，要让学生感觉茅塞顿开，以收到迎刃而解的效果。

问的艺术：在微课中适当的设置疑点，以疑激趣，使学习者的思维保持兴奋状态，以提高学习兴趣，增强教学效果。人们只有在感到惊讶、疑惑或者兴奋的时候，才能启迪思维，激发智力。这要使用"问"的艺术，问得好，犹如一粒石子投入水中，可激起学生思维的浪花。疑点设置有三种：

自问自答：自己问，稍作停顿，自己回答。

师问生答：引而不发，学生作答。

只问不答：让学生课后去思考。

（2）微课的标注技巧

把教师的讲解、师生活动全程的对话都制成字幕并不是一种好的做法，主要教学环节或小结的字幕提示是必要的，但全程字幕会增加学生的阅读负担而影响对教学内容的思考，导致微课的教学效果和学习效果并不佳。微课可以与黑板分离，也可以与黑板搭档。对于教学过程中的要点，我们可以通过标注的形式来加以强调。

标注的原则：重点内容要标记，如需要记住的概念、术语、数据等；需要理解的规则、要点要标记；易错点、总结要标记。

标注的方式：标注的方式也可以成为微课的亮点，即可采用提示性信息来实现，如屏幕信息关注点、颜色线、示意图标注等，也可以借鉴综艺节目、广告的创意等信息来实现，对于一些需要强调的"点"，声音标注的引入往往会带来更好的效果。

（3）微课的录屏技巧

鼠标操作：微课视频中，涉及鼠标操作的内容，必须让学习者能够轻易地捕捉到鼠标的动态，做到"稳""准""狠"。稳：鼠标移动速度不要太快，轨迹清晰。准：光标不要乱晃，单击、双击干净利落。狠：讲解内容时应该删除无关的图标、背景、头像等。

窗体间的切换：流程中如果涉及多个程序窗口和窗口之间的切换，应提前打开程序窗口，熟练使用快捷键的切换方式，如打开“计算机”可使用 Win + E 键，在两个（及以上）已经打开的窗体间切换可使用 Alt + Tab 键。

学习任务 3　微课制作的关键技术

4.3.1　微课制作的基本过程

【任务描述】了解微课制作的基本过程。

【任务实施】一般微课的制作步骤为：确定选题－撰写教案－制作课件和微课学习任务单－视频录制－后期制作－教学评价反思。

（1）确定选题：微课的选题是微课制作最关键的一环，良好的选题可以使教师事半功倍地进行讲解、录制，而不好的选题可以使得微课变得平凡乃至平庸。确定选题是制作微课的首要环节和起点，科学的选题是微课成功的前提和基础。知识点选取一般是一节课中的重难点，且知识点必须足够细，5～10 分钟内能够讲解透彻。

（2）撰写教案：根据选题及教学要求，编写教学设计和教案。微课虽然只有短短的数分钟，但是也需要进行良好的教学设计，良好的微课应该是井然有序的，杂乱无章而随意的微课是与微课理念背道相驰的。

适合教学对象：不同学科学段的微课对应不同知识能力的学生，微课不但应有学科学段的分别，同时还要有同一学科学段适应不同水平的学生。

符合认知过程：良好的微课设计应该是循序渐进的，不能跳跃式发展，不同年龄段的学生认知方式是大有差异的。

“停顿”对于低年级学生是不太需要的，而对于高年级学生，适当的“停顿”是非常必要的。如果学习的对象是教师，则其由于记忆能力下降，可能需要多次的重复，才能牢记。

（3）制作课件：准备教学素材与练习测试，结合微课程知识点，充分运用图、形、声、像、动画等多媒体元素制作相应的课件，配合讲授不容易理解的知识点，辅助教师现场讲授。

微课学习任务单：用于告知学生如何利用微课程开展学习，并说明微课与课堂教学的衔接问题等。

（4）视频录制：微视频是微课的核心，微课的录制可以选择计算机屏幕软件录制、摄像工具录制、录播教室录制等。对于摄像工具录制、视频摄像工具拍摄可以选择手机、数码相机、DV 摄像机、视频摄像头等一切具备摄录功能的设备。如果使用屏幕录制软件，要调整摄像头距离，确保至少能看到整个头部。在视频后期处理过程中要保证画质清晰、图像稳定、声音清楚（无杂音）、声音与画面字幕同步。在整个教学过程中，教师要适当注意镜头，与摄像头或者摄像机有眼神交流。特别是采用屏幕录制软件的时候，要利用鼠标的单击和拖动配合解说，适当使用画笔功能。知识点、题目等讲解不能照本宣科，表述应有自己的见解。

（5）后期制作：对已经录制好的视频进行编辑和美化以及保存，包括把视频片头和片尾的空白部分分割移除，并为视频的片头和片尾配上背景音乐等，最后导出 MP4 或 FLV 高清视频，并确保视频画面导出后不变形。

（6）教学评价反思：微反思也是微课程的一部分，应及时听取学生观看后的感受和反馈，对于学生不满意的方面要和学生多交流，找出好的解决方法和途径，也可以和爱好微课的同行多切磋交流，多观摩同行的优秀微课作品，找出每个作品的闪光点加以学习借鉴，以期不断改进微课制作水平。

4.3.2 微课制作的常见形式

【任务描述】了解微课的制作方式和常用设备。

【任务实施】常见的微课制作方法有如下几种。

（1）外部视频工具拍摄（摄像机+黑板或电子白板）

工具与软件：摄像机、黑板（电子白板）、粉笔、其他教学演示工具。

方法：对教学过程同步摄像。

过程简述：

Step 1 针对微课主题，进行详细的教学设计，形成教案。

Step 2 利用黑板展开教学过程，利用便携式录像机将整个过程拍摄下来。

Step 3 对视频进行简单的后期制作，可以进行必要的编辑和美化。

优势：可以录制教师画面，教师按照日常习惯讲课，无需改变习惯，黑板上的内容与教师画面同步。

不足：需要专门的演播环境，设备和环境造价高，需要多人合力才能完成微课视频的拍摄，效率低，后期编辑需要专业人士配合。

（2）便携视频工具简单拍摄（手机+白纸）

工具与软件：可进行视频摄像的手机、白纸、几只不同颜色的笔、相关主题的教案。

方法：使用便携视频工具对纸笔结合演算、书写的教学过程进行录制。

过程简述：

Step 1 针对微课主题，进行详细的教学设计，形成教案。

Step 2 用笔在白纸上展现出教学过程，可以画图、书写、标记等，在他人的帮助下，用手机将教学过程拍摄下来。尽量保证语音清晰、画面稳定，演算过程逻辑性强，解答或教授过程明了易懂。

Step 3 可以进行必要的编辑和美化。

优势：工具随手可得。

不足：录制效果粗糙，声音和画面效果较差，只能表现手写的内容，无法实现其他多种效果。

（3）屏幕录制（屏幕录制软件+PPT）

工具与软件：计算机、耳麦（附带话筒）、视频录像软件 Camtasia Studio 或“微讲台”微课程制作系统、PPT 软件。

方法：对 PPT 演示进行屏幕录制，辅以录音和字幕。

过程简述：

Step 1 针对所选定的教学主题，搜集教学材料和媒体素材，制作 PPT 课件。

Step 2 在计算机屏幕上同时打开视频录像软件 Camtasia Studio 和“微讲台”微课程制作系统、教学演示文稿，执教者带好耳麦，调整好话筒的位置和音量，并调整好 PPT 界面和录屏界面的位置，单击“录制桌面”按钮，开始录制，执教者一边演示一边讲解，可以配合标记工具或其他多媒体软件或素材，尽量使教学过程生动有趣。

Step 3 对录制完成后的教学视频进行必要的处理和美化。

优势：录制微课较快捷方便，个人 PC 上即可实现。

不足：Camtasia Studio 软件的应用较复杂，不支持直接手写，要实现手写功能还需安装和启动手写设备的配套软件，对教学应用缺乏一定针对性。

（4）专业微课程制作软件（专业微课程制作软件+手写设备）

工具与软件：专业微课程制作软件以“微讲台”微课程制作系统为例，配合数码手写笔或者手写板实现手写原笔迹录入。

方法：通过“微讲台”微课程制作系统对教学过程进行讲解演示，并同步录制，可以实现片段式的录制。

过程简述：

Step 1 针对微课主题，进行详细的教学设计，形成教案。

Step 2 在“微讲台”软件里做好各类教学对象（支持多种多媒体对象）的布局。

Step 3 通过“微讲台”微课程制作系统同步录制教学过程。

Step 4 进行必要的编辑和美化。

优势：“微讲台”微课程制作系统操作简单，使用风格符合用户习惯，可灵活调用各种教学资源、素材，真实还原黑板授课模式，轻松实现语音和视频的合成和编辑，轻松生成多种格式的视频文件。

不足：在视频编辑功能上不如专业的视频编辑软件强大。

【拓展知识与训练】微课学习任务单案例

《使用计算机管理文件》微课程学习任务单

填写说明：该文档用于告知学生如何利用微课程开展学习，并说明微课与课堂教学的衔接问题等。

一、学习目标
1．知识目标：了解文件的命名规则和文件管理形式；认识常用文件类型的扩展名和图标。
2．技能目标：掌握资源管理器的使用方法；能够有条理地管理计算机中的文件。
3．情感、态度和价值观目标：提高规范管理生活、学习的意识；培养自主学习、主动学习和积极寻求帮助的能力。
二、学习资源
（提示：可选项，如有其他相关资源请在此说明）： 请到班级群中下载学习资源包
三、学习方法
（提示：为提高学生的学习效果，请在此处为学生提出微课程学习的具体要求或建议） 1．学生自主观看微课，待老师提出问题时完成老师的问题。 2．小组间相互讨论，共同进步。 3．遇到不能解决的问题，反复观看视频。

四、学习任务
（提示：请将要求学生完成的任务、测验或思考题列在此处） 1．分析文件名的构成，并总结其他含义。 2．分析图标及其文件类型关联。 3．分析计算机文件夹与文件名的区别。 4．分析总结文件命名的规则。 5．分析总结计算机管理文件的模式。 6．学会使用资源管理器。
五、后续学习预告（可选）：
六、学习困惑
（提示：此处由学生填写）

学习活动

学习活动 1　如何设计“课堂导入型”微课[①]

（1）“课堂导入型”微课是什么

课堂好不好，导入很重要。课堂导入是课堂教学的前奏、序曲和铺垫。好的课堂导入，是一把开启学生学习兴趣大门的金钥匙，帮助学生开始一节精彩的课堂之旅。

课堂导入：千里之行，始于足下；课堂教学，始于导入。课堂导入，是在课堂开始的前几分钟内，师生围绕着教学内容共同展开的教学活动。它是一堂课的开场白，精彩的课堂导入能使学生快速地进入学习状态，提升教和学的效果。伟大的教育家苏霍姆林斯基说：“如果老师没有设法让学生产生情绪高昂的、智力振奋的内心状态，就马上急于传授知识，那么这种知识只能使人产生冷漠的态度，给不动感情的脑力劳动带来疲劳。”课堂导入作为课堂教学的一个关键环节，要灵活运用，切记生搬硬套。

“课堂导入型”微课：指教师根据课程教学内容的特点和教学需求，利用各种方法导入新课内容来激发学生的思维，以此引起学生对新知识、新技能浓厚学习兴趣的教学微视频。

---

① 范文娣，王银君，胡小勇．如何设计“课堂导入型”微课[J]．数字教育，2015（04）：61-65．

（2）“课堂导入型”微课的特点

“课堂导入型”微课的特点：一是趣味性，兴趣是最好的老师。“课堂导入型”微课在于激发学生的学习欲望，使其产生学习的内驱力。在导入时，教师应以学生的兴趣方向为切入点，同时辅以教师的自身魅力，使导入有趣味，有悬念，将导入的趣味性发挥极致。二是针对性，“课堂导入型”微课要有目的性地引起学生兴趣，为教学聚焦服务。所以，课堂导入内容要根据教学内容、教学目标定制，要与教学目的有强关联性，针对不同学科选取合适的导入方法，也应考虑不同年龄阶段学生的心理特征、知识能力基础、兴趣爱好的差异程度进而设计内容。有针对性的“课堂导入型”微课，才能配合教学内容，才能满足课堂的实际操作需求。三是实效性，花哨的形式是浮云，实用效果才是关键。“课堂导入型”微课注重以实用为导向，能切合实际地帮助教学环节起到良好导入的作用。所以，导入方法的选择、微课内容的设计应更加注重教学重难点的铺设，在吸引学生对教学内容关注之时，能潜移默化地融入教学重难点的铺陈或导入，确保能够有效开展课堂教学。四是精炼性，课堂导入并非课堂教学的重头戏，在40 分钟的课堂教学中课堂导入环节不宜太长，应简洁精炼，不喧宾夺主。这个特点与微课的本质特征“短小精悍”也相符合。

在微课中设计“课堂导入”的方法：教学有法，但无定法。同一个教学内容，不同老师有不同的教学方法。同理，如何开始一堂课，也有着各自的导入方法。常见的在微课中进行课堂导入的方法有以下六种。一是情境导入：学生在课堂教学的开始，就置身于某种具体的、生动的，与课堂教学内容相关的情境之中。情境导入法的主要特点是情境性。老师通过语言、图片、音频、动画、视频或互动等创设情境，唤醒学生的情感和体验，使学生能根据情境展开丰富的联想，快速进入学习状态。二是旧知导入：教师以提问、复习、做练习等形式进行新旧知识的衔接，也叫衔接导入。旧知识导入法的主要特点是衔接性，教师需要根据教学知识的内部关联逻辑，对新旧知识进行梳理，明确学生旧知识与新知识的衔接方式。三是问题导入：教师提出悬念性的问题，激起学生的好奇心，使课堂顺势进行。国际课堂教学专家格兰特•威金斯说：“明确问题，可以使学习活动的组织超越那种时时存在的随意性。”问题导入法的主要特点是悬念性，教师在抛给学生一个有价值的悬念后，慢慢引导学生寻找答案，让学生步步紧跟，保持学生的注意力。四是实验导入：通过直观的实验教学来导入新知识，引起学生的兴趣和探究精神。实验导入法的主要特点是直观性，教师基于教学内容的科学原理，展示实验现象来吸引学生，引发学生的兴趣与探究欲望。五是事例导入：利用常见、经典的事例来导入课堂，通过对案例的分析、对比、总结，来使学生达到触类旁通的效果。这种课堂导入的主要特点是代表性、迁移性。六是经验导入：利用学生已有的生活经验和素材进行课堂导入，加深学生理解。这种课堂导入的主要特点是共鸣性，教师需要找到贴切的、符合课堂教学需求的生活经验进行导入，学生能够快速产生共鸣。当然，在设计“课堂导入型”微课的过程中，可多种方法结合使用，以使“课堂导入型”微课有趣味性、实效性、针对性且精炼。

（3）“课堂导入型”微课设计的五步法

第一步，选择导入方法：导入有法，但无定法。教师应该熟悉各种导入方法的特点，灵活运用导入方法，根据实际的教学需求、教学对象，为“课堂导入型”微课选择适当的课堂导入类型，使它能很好地与课堂内容结合起来。

第二步，进行导入设计：根据选择的导入方法，对“课堂导入型”微课进行相应的导入设计。每种导入方法都有其特有的导入套路或技巧，如情景导入侧重情境的创设，问题导入侧重问题的悬念。教师应该巧思、巧用，进行精心的导入设计，选择恰当的导入素材，结合不同导入方式的特点，使导入层层递进。

第三步，展示导入材料：导入材料是指导入过程中所要使用的素材，包括文字、照片、声音、动画等。在“课堂导入型”微课中，这一部分主要指教师制作好的教学微视频。精彩的导入需要控制好节奏，避免拖泥带水，可边展示、边引导，但切记不能过分注重导入而忽视了教学内容。

第四步，引导与点评：在“课堂导入型”微课的展示过程中，教师应该适时予以提示，进行引导与点评，促进学生在观看微课内容过程中主动思考。这利于学生对微课的内容关注，也可以激发学生的探索精神，使学生的注意始终聚焦在将要学习的内容上。

第五步，引入教学内容：为教学目标服务，是课堂导入的最终目的。“课堂导入型”微课需要简短，不要进行拖沓无休止的导入。在导入设计时，应该将导入目标直指教学内容，这样才能使教学内容的引入变得顺理成章。进入正式教学后，也可以回顾导入情景，使教学内容与导入前后照应。

（4）“课堂导入型”微课设计的五妙招

紧密依据教学目标，选取恰当导入方法。好的开始是成功的一半。确定导入类型，是“课堂导入型”微课设计的基础。在设计“课堂导入型”微课过程中，对于不同的教材和教学内容，应采用不同的课堂导入方式。即使同一教材、同一教学内容，也可以结合不同导入方式的特点。应紧扣课程标准和教材，结合学科特点、教学内容以及学习者特征来构思，选取最合适的导入方法。正所谓取长补短，应有效合理地运用多种方法和技巧，全方位地调动学生的学习热情，然后结合教学内容进行不同的导入设计。例如，在英语课堂上讲“what were you doing when the UFO arrived?”时，教师可以选取故事导入型微课，以 UFO 的故事吸引学生兴趣，营造一种“欲知后事如何，请听下回分解”氛围后，引入教学内容。需要注意的是，如果在微课中选取“问题导入”或“故事导入”，就应该以问题或故事为主线，层层递进，环环相扣，保持学生学习的热情。

导入要形象化、直观化、可视化。课堂导入如何才能对学生产生吸引力？形象、直观的导入能吸引学生注意力。在制作“课堂导入型”微课时，要大力运用多媒体的特长，通过图片、声音、视频等多种媒体手段呈现视觉和听觉的直接冲击，给学生一种“先声夺人”“百闻不如一见”的感觉，使其迅速把兴奋点转移到教学内容上。例如，在数学微课“认识 1～20 的数字”中，可以选取情景导入，创设古时候猎人打到猎物后如何计数以及猎物越来越多时如何表示猎物数量的情境，将学生带入情境问题中，让学习内容变得更加真实、生动。在学生身临其境的情况下展开教学，才能让学生轻松进入学习。

承上启下，引入新课。“温故而知新”是教学中常用的导入方法。在“课堂导入型”微课中，教师可以利用复习旧知识为铺垫导入新课，承上启下，过渡到新知识，从而避免让学生对新知识产生陌生、冷漠的态度。例如，在信息技术课上讲“自定义动画的使用”时，教师可以选取旧知识导入型微课，引导学生从已有的“多媒体元素的插入方法”知识出发，顺理成章地进入新知识。这样，不仅帮助学生巩固了旧知识，将旧知识与新知识联系在一起，也减少了学生在学习新知识时可能会遇到的困难。

兴趣导入，吸引力大。兴趣是学生最好的学习动力。教师在设计“课堂导入型”微课时，可以从学生的兴趣点入手。那么，如何能在“课堂导入型”微课中散发磁铁般的吸引力？例如，使用游戏进行导入就是一个不错的选择。游戏是学生喜爱的一种活动，运用游戏导入能充分激发学生的好奇心，让他们“未入其文，先动其情”后进入新课的学习。在地理课上讲“地图上方向的判断”时，教师就可以选取游戏导入型微课，由浅入深设计游园闯关游戏，在游戏中掌握“作图法”“平移指向标法”和“三步法”等方向判断方法。在参与闯关游戏中，学生自己思考、自己理解、自己消化、自己吸收，在轻松愉快的气氛中，逐渐增加学习兴趣和欲望。

巧设悬念，引发思考。美国教育家杜威说：“在很大程度上，教学的艺术在于使新问题的难度大到能激励思考，小到自然注意到的新奇因素能引起疑惑，能使学生从熟悉的事物中获得一些启发点，并从中产生有助于解决问题的建议。”在微课中巧设问题进行导入，把问题贯穿于整个教学过程，可促进学生积极猜想、独立思考。例如，在语文课上讲“我会查字典”，教师在设计问题导入型微课时，首先以谜语提问引出字典，然后继续设问“字典中那么多字，怎样能查到我们要查的字呢？”，逐渐过渡到查字典方法。在问题导入型微课中，教师需要注意结合教学内容，抓住恰当的时机抛出有启发性的问题，营造一种“山重水复疑无路”的感觉，鼓励学生去寻求“柳暗花明又一村”，顺利渗透本课学习主题。

（5）应用“课堂导入型”微课的建议

微课做得好，更要用得妙。“课堂导入型”微课在应用时不但要“导”得成功，还要“入”得顺利。

“导”得成功，要紧扣目标：课堂导入的目的，是激发学生想学好学的欲望。在应用微课进行导入的时候，教师首先要明确教学目的，目的不同，侧重点就不同，导入环节和其他各环节的时间分配、内容安排就不同。如果只重视导入环节，而忽视其他教学环节，会产生相反的效果。教师要注意不要盲目导入，没有主题、不知所云，也不要为了导入而导入，只追求形式，更不能为了逗笑学生而导入。“课堂导入型”微课从设计、开发、应用都要紧紧围绕教学主题展开。

“导”得成功，要适时指引：在应用“课堂导入型”微课时，要在适当的关键点给予学生引导，帮助学生顺利进入后续的教学内容。如预先提醒学习者要准备什么、要注意什么等，或提醒学生带着问题观看导入视频，让学生自主思考，寻求新知识。

“入”得顺利，要精悍及时：课堂导入需要短小精悍，占据时间最好控制在 5 分钟以内。导入要有意义，无关的素材与资源会争夺学生记忆中的认知资源，分散学生的学习注意力，影响学生对知识的组织加工。在学生观看完导入视频，学习兴趣被调动后，教师应迅速引入教学内容，抓住学生的好奇心理，及时并自然地过渡，满足学生求知欲望。

“入”得顺利，要随机应变：对于现成的微课，教师更应注重教学情境的实际变化。在使用“课堂导入型”微课的时候，要仔细留意课堂实际反馈，根据课堂的实际节奏、师生现场状态等灵活调整。

学习活动 2　以问题为导向：“问题研讨型”微课的设计与开发①

（1）“问题研讨型”微课是什么

研讨，顾名思义，指研究和讨论。问题研讨，就是针对一个问题进行研究或者讨论。一个以问题为主线，围绕问题展开讨论的微课，就是“问题研讨型”微课。问题类型不同，形成

① 郑晓丹，曹晓玲，胡小勇. 以问题为导向：问题研讨型微课的设计与开发[J]. 数字教育，2015（5）：57-63.

的“问题研讨型”微课风格也有所差别。关于问题的类型，华东师范大学的祝智庭教授曾经提出“五何”的分类方法（即“是何”“为何”“如何”“若何”“由何”）。在“问题研讨型”微课中比较常见的问题类型有“是何”“为何”“如何”，也就是“是什么”“为什么”“怎么做”。“是什么”表示事实性的问题，如“什么是方程？”。“为何”表示探究原因的问题，如“车轮为什么是圆的？”。“怎么做”表示解决问题的方法和做法的问题，如“蚂蚁怎么走最近？”。

（2）好的“问题研讨型”微课具有哪些特征

一以贯之，用问题串起整个微课：“问题”是“问题研讨型”微课的核心所在。在“问题研讨型”微课中，问题贯穿始终，它将整个微课串了起来。其实说起问题的作用，老师们都了然于心。课堂上，老师会不时提问和学生进行互动，提醒容易分心的学生：赶紧集中注意力，回到课堂上来！可见，提问的一个作用是“保持学生的注意力”，但更重要的是，我们通过提问题引发学生思考，推进课堂进度。微课中问题的作用也类似。好的问题能激发学生探索未知的欲望，让学生在思考中学习，在思考中提高。在“问题研讨型”微课中，教师常常会联系实际生活，让学生带着疑问去学习，使学生始终保持着好奇心和积极性。“为什么”类型的问题串起来的微课中，随着探索的步步深入，学生跟随着问题一点一点接近真相，逐渐明白问题的原因所在。而在“怎么做”问题类型的微课中，学生随着问题的思路一步一步解决问题，在学习微课的过程中掌握解决问题的方法。

有一个让人“半懂不懂、又想搞懂”的问题：《现代汉语词典》对“问题”的解释是“需要研究解决的疑难和矛盾”。“问题研讨型”微课中的“问题”亦是如此，是需要讨论或者解决的矛盾。也就是说“问题”必须是有价值的、有意义的、值得探究的，而不是随便在教材里找一道题目，将它的解题过程拍下来就可制成“问题研讨型”微课。那么什么是“有价值的问题”呢？怎样才算“有价值的问题”呢？一般来说，我们认为，“有价值的问题”应该是对于学生来说“半懂不懂、又想搞懂”的问题。因此，问题要有一定的难度。太简单的问题对于学生来说没什么吸引力，学生不用思考都能回答出来，对学生的思维的发展也没多大用处。学生不买账，微课当然就不能发挥它的作用。当然问题最好也不要太难，对于完全陌生、无法理解的问题，学生很难有足够的信心与积极性去学习。一个好的“问题研讨型”微课，应该有一个难度适中，学生半懂不懂，却又很想弄懂的问题。

就像老师在旁边带学生探索：在好的“问题研讨型”微课中，老师就是一个举着明灯的领路人，带着学生去探索前面他们渴望了解，却又未知的知识世界。学生学习起来，就像老师在身边手把手指导，循循善诱，带着他们一步步靠近问题的真相，一步步解决心中的困惑。我们会发现，除了在微课一开始时，老师会提出一个贯穿整个微课的“大”问题以外，在微课讲解过程中，老师也会在适当的时候提出小问题启发学生思考。比如在信息技术微课“勤劳的小蜜蜂”中，在简单的导入后，老师提出了整个微课的重点问题“如何让蜜蜂在花丛中来回飞行？”，在微课讲解过程中，老师根据情境不时追问：“蜜蜂来回飞行有什么特点？……看，现在的动画效果实现了蜜蜂来回飞行吗？”除此之外，此类微课还需要“留白”，在需要学生思考的时候，不着急告诉学生答案，而是真地停下来，给学生反应的时间再往下讲。“问题研讨型”微课让学生身临其境，老师好像就在身边不时提醒他、督促他往前走。

站在学生的角度指导学生：一个好的“问题研讨型”微课，能让学生感受到老师在身边手把手教自己。老师能给学生指出方向，告诉学生哪条路更顺畅，让学生少走弯路，但是老师不能代替学生把路走完，直接告诉学生答案。也就是说，老师应该引导学生去探究问题，这一点在“问题研讨型”微课尤为重要。优秀的“问题研讨型”微课，往往是站在学生的角度，从学生已有的知识、能力入手，结合学生的思维方式，来讲解问题研讨的方法。可以将问题与现实生活结合，从身边的现象引入，提出问题，如“为什么井盖是圆的？”“北京和乌鲁木齐，谁先迎来黎明？”。这些问题贴近学生的生活学习，一下子就吸引了学生的注意力。同时，讲解过程中由学生发言，以亲切的口吻、清晰的流程引导学生。学生会认为，是自己在老师的指引下，主动探究，而不是老师探究给自己看。学生能感受到“老师懂我”，是自己学习的“导师”，而不是高高在上的、遥不可及的知识权威。

（3）如何设计“问题研讨型”微课

“问题研讨型”微课围绕一个问题的研究和讨论展开，一般的过程为：问题导入、分析问题解决问题、总结，如图 4-1 所示。因此“问题研讨型”微课的设计也应从四个阶段展开。

图 4-1　“问题研讨型”微课设计流程

首先，要有一个问题：爱因斯坦认为“提出一个问题往往比解决一个问题更重要”，我们说“问题”是“问题研讨型”微课的核心所在，可见问题的重要性。然而怎样提出问题是十分讲究的。开门见山、直接抛出问题是一种方法；联系生活实际，创设情境，由情境提出问题也是一种方法。两种方法不同，作用也有所差异。在微课设计中，我们更建议使用后者，用一点时间创设问题情境，能有效激发学生的好奇心，启迪学生思维。创设情境的方法有很多，讲趣味故事、引用史话、制作悬念、猜谜语、联系生活现象……，这些都是创设情境的好窍门。

接着，分析问题：创设了情境，问题也浮出水面了。接着，我们就要分析问题了。所谓分析问题，指的是根据已有的信息，分析要求的是什么、存在哪些限制条件等。分析问题其实是一个明确问题的过程，分析过程需要调动已有的知识储备明确问题的内容，并明确不确定的内容，构思进一步探究的想法。在这个过程中，教师需要引导学生分析问题相关的因素，找出因素之间的关系，以及制约因素的条件。为了降低学生理解的难度，老师除了用清晰的语言表达外，还可以根据情况采用一些图示化的手段，如思维导图、图片等，帮助学生更好的理解。

重点是解决问题：解决问题，指学生在明确问题的基础上设计解决思路，激活有关的背景观念和先前所获得的解决问题的方法，探索解决问题的途径，提出问题解决方案。学生可以通过各种探究活动寻求解决问题的可能途径，也可以由教师讲解明确解题方法。形成方案的具体过程包括个人对问题的思考、学生之间的交流与合作、查阅资料、教师讲解和实验等。学生在形成解题方案的过程中逐渐明确解题思路，最终使问题得以解决。探究问题解决方法的方式有很多，表格、画图都是不错的选择。

最后，别忘了总结：问题解决了，别忘了总结反思，呼应开头。在问题研讨结束后，应及时对问题解决过程、方法进行总结评价，回顾结果，或者对问题原因进行归纳，获得最终的结论，才算真正完了成“问题研讨型”微课。

（4）设计好“问题研讨型”微课的五大法则

一个微课只研讨一个问题：微课要求短小精悍，一般时长为 5 至 8 分钟。时间太长容易让学生产生疲倦，难以继续学习。问题太多容易分散学生注意，降低学生学习自信。因此“问题研讨型”微课最好聚焦于一个问题，围绕这个问题的原因、解决办法，来深入探究，直至完成学习目标。问题可以来源于学科的一个知识点，如将知识点转化为问题，可以来源于生活，从生活中发现问题，与学习内容结合，形成问题。应围绕问题来引申出微课的设计，如“是什么”“为什么”“怎么做”，只研讨一个问题，让学生专注于一个问题的研讨，通过一个问题的分析方法，来理解相关概念原理，掌握方法，让学生学会触类旁通、举一反三。

微课设计的问题难易适中：好的微课问题难度要适中。微课设计的问题要符合学生已有的知识基础。教师在创设问题情境时，必须根据特定知识内容以及教学目标，将学生已有的知识经验与将要学习的知识联系起来，在此基础上设置问题。问题不能过于简单，也不能过于复杂。过易过难的问题都不能有效地激发学生的思维活动，启迪学生思考。学习的过程是不断提出问题、分析问题和解决问题的过程。微课中提出的问题应该符合学生现有的认知结构，是学生通过努力可以解决的，既不能让学生对答如流，也不能让学生望而生畏，而应该在学生的已有知识经验范围内，让学生跳跃后能“摘到果子”，让学生有动力跳、有兴趣跳。

问题要能启发学生的思考：“知之者不如好之者，好之者不如乐之者”，微课涉及的问题要能引起学生学习兴趣，须具有启发性。在创设问题情境时，要保证所创设的情境能激发学生的认知冲突，启发学生积极思考，让学生积极主动地获取知识，而不是被动地接受教师的灌输，有效的学习应该是在激发学生认知需要的情境中进行的。因而假设问题情境时，要求其能引起学生认知结构上的不平衡，造成学生心理上的悬念，进而唤起学生的求知欲望，激发起学生学习的兴趣，把学生带入一种与问题有关的情境中去，使他们产生积极思考的欲望。

问题有多种解决方法：“条条大路通罗马”，解决问题的方法也应是多样化的。“问题研讨型”微课所研讨的一般是开放性的问题，开放性的问题强调答案的多样性，能够调动学生主动性，联系其已有的知识和能力，将已有的知识和经验进行迁移，促进对新问题的解决。微课中的问题的分析和解决方法应是多样化的，教师可以重点分析一种思路或者方法，同时提供其他多种解决的思路或资源，鼓励学生大胆探索，通过不同的过程和方法解决问题。这样才能使不同能力水平的学生可以从不同角度、不同侧面、不同层次、不同范围得出各种结论，真正促进学生思维的迁移。

由浅入深、层层递进：用微课学习，微课即是学生的老师，教师在引导学生思考时，需要由浅入深引导学生对规律的认识。教师提问好比建楼，只有先打好基础才能层层上升，基础不稳难以拔高，所以要做到循序渐进。问题设立并不是越难越好，而是需要以教材为基础，才能使得所设立的问题既高于课本又源于课本，既能够培养学生自主学习能力，又不会使得学生“忘难生畏”。

（5）应用好“问题研讨型”微课的三个建议

课内、课外都能用，只是侧重点不同：“问题研讨型”微课在教学中的应用可分为两个阶段。第一阶段为课内，针对教学重点与难点问题，运用“问题研讨型”微课来呈现与突破重难点问题，也可利用“问题研讨型”微课创设小组学习情境，激发学生探究兴趣；第二阶段为课外，学生可运用“问题研讨型”微课预习新知识或者巩固拓展，学习新知识前，学生可自主学习微课，启发思考，课堂内容学习后，也可应用微课对所学知识进行巩固拓展，促进对知识内容的进一步内化。

应用于课内时，教师最好能指导：教师可将学生学习可能遇到的疑难点或者较难理解之处、易错点做成“问题研讨型”微课，课堂上播放给学生观看。“问题研讨型”微课聚焦于一个问题，线索明确清晰，有声有画，将研讨过程生动形象呈现出来，能给学生带来多个感官的刺激，促进其对难点的理解、对关键要点的记忆。在此过程，教师应该给予适时指导，尤其是关键环节和内容要与学生多加交流，促进学生对问题的深化与理解、对问题研讨过程的掌握，提高其问题解决能力。

应用于课外，最好能结合学习任务单：学生的基础、学习能力不一，对知识的接收与问题的理解各有差异，微课的应用便能有效促进学生个别化学习。新课学习前，学生通过观看“问题研讨型”微课自主学习，可为新课的学习做准备。课后学生也可以根据自身学习情况，在困惑或学习有困难的时候继续返回学习微课，回顾问题解决过程，梳理问题解决思路，提高自身问题分析与解决能力。然而大部分情况下学生在课外观看学习微课的时候没有教师在旁指导，很容易产生迷茫或困惑，不知道如何利用微课进行学习。因此教师需要设计学习任务单指导学生如何运用微课进行学习。学习任务单需明确学生的学习目标、设计相应的学习任务，给学生提供学习方法指导，帮助学生更好地利用微课进行自主学习。

学习考核

<table>
<tr><td rowspan="6">考核要点</td><td colspan="2">考核内容</td><td>标准分</td><td>计分</td></tr>
<tr><td colspan="2">（1）了解国内微课的发展与现状</td><td>2</td><td></td></tr>
<tr><td colspan="2">（2）掌握微课的定义、特征等</td><td>3</td><td></td></tr>
<tr><td colspan="2">（3）掌握微课制作的常见方式</td><td>2</td><td></td></tr>
<tr><td colspan="2">（4）掌握微课制作的关键技术</td><td>3</td><td></td></tr>
<tr><td colspan="2">小计</td><td>10</td><td></td></tr>
<tr><td>评价方式</td><td>自我评价</td><td>小组评价</td><td colspan="2">教师评价</td></tr>
<tr><td>考核得分</td><td></td><td></td><td colspan="2"></td></tr>
<tr><td>存在问题</td><td colspan="4"></td></tr>
</table>

练习与思考

一、填空题

1. 微课程具有完整的________环节，包含课程设计、开发、实施、评价等环节。

2. 微课又名“微课程”，是“微型视频网络课程”的简称，它是以________为主要载体，针对某个学科知识点（如重点、难点、疑点、考点等）或教学环节（如学习活动、主题、实验、任务等）而设计开发的一种情景化、支持多种学习方式的新型网络课程资源。

3．微课是以阐释某一知识点为目标，以________的在线视频为表现形式，以学习或教学应用为目的的在线教学视频。

4．微课核心资源是“________”（教学视频片段），同时可包含与该教学视频内容相关的“________”（教学设计）、“微课件”（教学课件）、“微习题”（练习测试题）、“微反思”（教学反思）等辅助性教与学内容。

5．微课的时长一般为________分钟，最长不宜超过 20 分钟。

6．微课主要是为了突出课堂教学中某个________（如教学中重点、难点、疑点内容），或反映课堂中某个教学环节、教学主题的教与学活动，相对于传统一节课要完成的复杂且众多的教学内容，微课的内容更加精简，因此又可以称为“微课堂”。

7．慕课简称“MOOC”，也称“MOOCs”，是新近涌现出来的一种________开发模式，它发端于过去的那种发布资源、学习管理系统以及将学习管理系统与更多的开放网络资源综合起来的旧的课程开发模式。

8．按课堂教学主要环节（进程）来分类，微课可分为课前复习类、________、________、________、________类。

9．翻转课堂，也可译为“颠倒课堂”，是指重新调整________的时间，将学习的决定权从教师转移给学生。

10．一般微课的制作步骤为：确定选题－撰写教案－制作课件和微课学习任务单－________－后期制作－教学评价反思。

二、选择题

1．“微课程是指时间在 10 分钟以内，有明确的教学目标，内容短小，集中说明一个问题的小课程”是（　　）对微课的定义。

A．黎加厚　　B．焦建利
C．桑新民　　D．余胜泉

2．教师讲解微视频时的语速一般在（　　）。

A．100 字/分左右　　B．150 字/分左右
C．200 字/分左右　　D．250 字/分左右

3．微课程应用中错误的观点是（　　）。

A．从部分教师开始，内部分享的力量远比专家引领重要
B．由课程教学转到微课程的教学没有难度，不存在观念更新和技能提升等问题
C．需要多方协作，做好师生、各部门的沟通和协作
D．需要循序渐进，找准切入点，一步一步、一层一层地进行

4．微课程教学中推荐采用的教学方法包括（　　）。

A．讲授法　　B．案例教学法
C．练习法　　D．课堂讨论法

5．微课程以（　　）为核心。

A．教师的脚本　　B．微视频
C．面对面的主题活动　　D．教师的备课环节

6．微课程应用中正确的观点是（　　）。

A．微课程应该在所有课程中展开

B．微课程使得教师的作用淡化

C．需要形成微课程开发团队，找准切入点，循序渐进

D．需要采购大量的专家微课程视频才行

三、简答题

1．阐述微课的组成。

2．简述制作微课的基本过程。

第 5 章　Camtasia Studio 制作录屏式微课

【教学导航】

教学目标	熟悉 Camtasia Studio 的基本操作 熟悉 Camtasia Studio 制作微课的方法
本章重点	Camtasia Studio 的基本操作
本章难点	Camtasia Studio 制作微课的方法
教学方法	任务驱动法、分组讨论法
课时建议	4 课时

【知识结构】

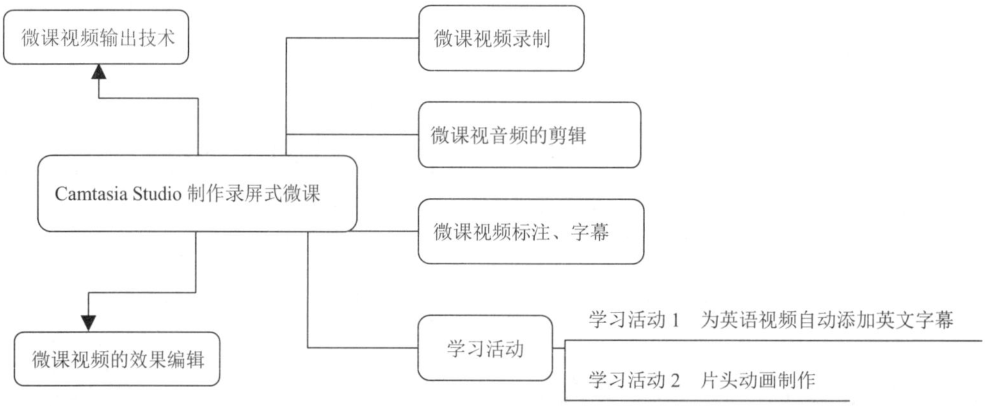

学习任务 1　微课视频录制

【任务描述】学习用 Camtasia Studio 8 录制教学微视频，学会 Camtasia Studio 8 的项目建立、保存等功能。

【任务实施】在一些课程的教学中，如很多计算机课程，涉及操作过程示范问题，如果能将操作过程以视频的形式记录下来，学生课后可随时播放观看进行学习，显然可以使教学效果大为提高。

录制视频可采用 Camtasia Recorder、SnagIt、屏幕录像专家、豪杰屏幕录像机、Total Screen Recorder Gold 等软件。在这里，主要介绍比较常见的 Camtasia Recorder 软件。

Step 1　在“开始”|“所有程序”|Camtasia Studio 8 文件里面会有 2 个快捷图标，一个是视频录制，一个是视频编辑。Camtasia Recorder 8 是视频录制，Camtasia Studio 8 是视频编辑，选择 Camtasia Recorder 8，界面如图 5-1 所示。

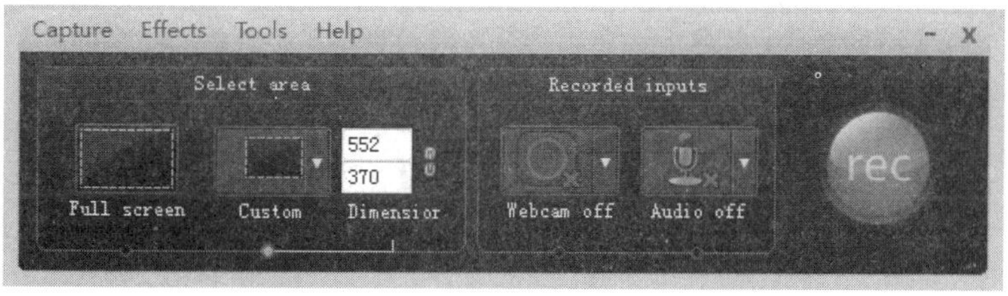

图 5-1　Camtasia Recorder 界面

Step 2 选择区域。

Full screen（全屏模式）：选择这个是指录制整个屏幕。启用这个模式会看到整个屏幕边缘就有绿色的虚线，这就是录制视频的范围。

Custom（常规）：这是指可以自由选择区域，选择之后会出现一个范围框，可以按住中间的按钮自由拖动，也可以设置范围大小，宽度和高度在右侧会有显示数字，比如图 5-1 中显示 370 宽和 552 高。

单击 Custom（常规）右侧三角按钮可以看到几个常用的尺寸，如图 5-2 所示。Widescreen (16:9)（宽屏）：1280×720、1024×576、800×450、640×3600。Standard(4:3)（标准）：1024×768、800×600、640×480。Recent areas 指最近使用的尺寸：552×370、1024×768、1440×900、627×564。Lock to application（锁定应用）：勾选这个选项之后视频录制范围就自动取消任务栏范围，比如计算机屏幕大小为 1920×1080，单击全屏后录制的就是这个尺寸，如果勾选 Lock to application（锁定应用），录制的尺寸就是 1920×1040。

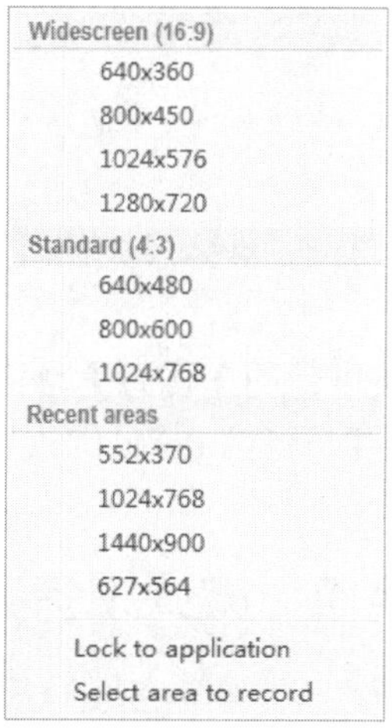

图 5-2　尺寸

Step 3 Recorded inputs（记录输入（设备））。

Webcam：摄像头，计算机安装了摄像头就会显示 Webcam on，如果没有安装就显示 Webcam off。

Audio：音频，计算机安装了摄像头就会显示 Audio on，如果没有安装就显示 Audio off。

Step 4 rec（录制）。

如果单击 rec 按钮，就会在 3 秒钟之后开始录制，并且提示按 F10 键就停止录制，如图 5-3 所示。

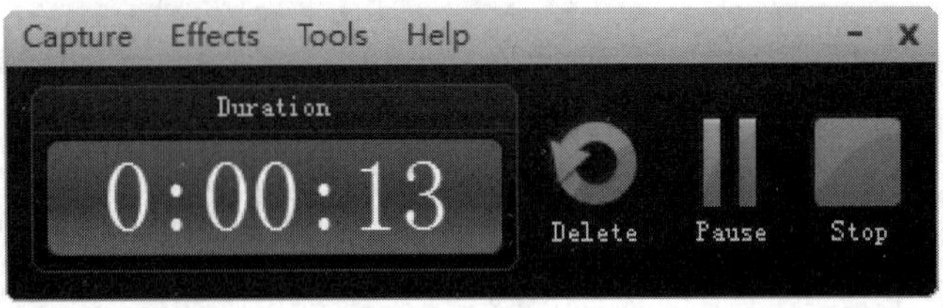

图 5-3 录制

Step 5 按 F10 键之后就停止录制了，会自动出现 Preview 视频预览窗口。

保存并编辑：弹出录制文件保存和命名窗口，单击“保存”后，自动打开 Camtasia Studio 软件，录像文件自动添加至剪辑箱，并被拖至 Camtasia Studio 软件轨道编辑区域，可以对录像文件进行进一步的编辑操作，对视频进行美化。

生成：弹出录制文件保存和命名窗口，单击“保存”后，自动打开 Camtasia Studio 软件，软件会跳过编辑过程，自动弹出视频生成界面。

删除：删除录制视频，开始新的录制过程。一般选择“保存并编辑”按钮，对录制视频进行编辑。

【拓展知识与训练】FastStone Capture 录屏软件的介绍

FastStone Capture 是一款抓屏工具，体积小巧、功能强大，不但具有常规截图等功能，还有从扫描器获取图像和将图像转换为 PDF 文档等功能。

主要功能包括：

截图功能：可以捕捉活动窗口、对象、矩形区域、手绘区域、整个屏幕、滚动窗口、固定区域等。

图像处理功能：可以裁切、标记、添加个性化边缘外框等。

屏幕录像器：输出格式为 WMV。

附带功能：屏幕放大器、屏幕取色器、屏幕标尺、将图像转换为 PDF 文件、发送到 PowerPoint 或 Word 等。

尤其值得称赞的是，截图后，其自带的图像查看/编辑器功能强大，可以满足对图像的各种标注、裁切调节等需求，其功能不亚于 Windows 的画图板。

学习任务 2 微课视音频的剪辑

【任务描述】学习 Camtasia Studio 8 对视音频进行的剪辑等操作。

【任务实施】

（1）项目新建

Step 1 启动 Camtasia Studio 8 软件。

Step 2 选择“文件”|“新建项目”命令，导入微课视频和其他相关媒体素材，如图 5-4 所示。

Step 3 选择“文件”|“保存项目”命令，保存项目并命名为“Word 2010 启动”。

图 5-4　主界面

（2）导入图片、视频和声音素材

视频进行编辑的过程中，可以通过导入媒体来添加视频、音频、图片等。具体操作步骤如下：

Step 1 进入 Camtasia Studio 8 软件，单击“导入媒体”按钮。

Step 2 弹出窗口，选择要添加的媒体文件，可添加的媒体文件格式包括：图像文件（*.bmp、*.gif、*.jpg）、音频文件（*.wav、*.mp3）和视频文件（*.camrec、*.trec、*.avi、*.mp4、*.mpg、*.swf）。

Step 3 选择需要添加的媒体文件后，单击“打开”按钮，选择的媒体文件会显示在软件的剪辑箱中，并按照图像、音频和视频分组显示。

如果需要对媒体文件进行编辑，可以通过拖拽操作将其拖入轨道中进行编辑操作。视频素材可以通过维堂软件下载，图片素材可以从网络上下载。Camtasia Studio 中插入的视频格式一般要求 MP4 格式或者 AVI 格式，所以若是添加其他格式的视频，需先将视频的格式进行转换，可通过狸窝全能视频转换器或者格式工厂将视频转换为 MP4 格式或者 AVI 格式，再对视频进行编辑。

（3）视、音频的分离和分割

使用时间线，可对视频和音频进行基本编辑，删除录制中的错误，根据音频缩短或延长剪辑等。原始文件或剪辑库中的剪辑不受时间线中的编辑的影响。

Step 1 启动 Camtasia Studio 8 软件。

Step 2 将已录制的视频文件和音频文件拖至剪辑箱。

Step 3 选择视频文件，按住鼠标左键不放，将视频拖至下面的时间轴中，会弹出“方案设置”对话框，单击“预设”右侧的下拉按钮，从列表中选择“录制尺寸”选项，然后单击“确定”按钮即可。

Step 4 在时间轴上右击选择“独立视频和音频”命令，可以将视频和音频分离在不同的轨道，方便独立编辑。

Step 5 当某段视频操作有误，或者在某处停顿时间过长时执行此操作：将播放控制条定位在某处，拖动控制条，选择需剪除的视频段，单击上方的“剪切”按钮即可，如图 5-5 所示。关于音频的剪切操作同视频一致。

Step 6 可将控制条定位至某句话的结束和下一句的开始处，单击上方的“分割”按钮，如图 5-6 所示。

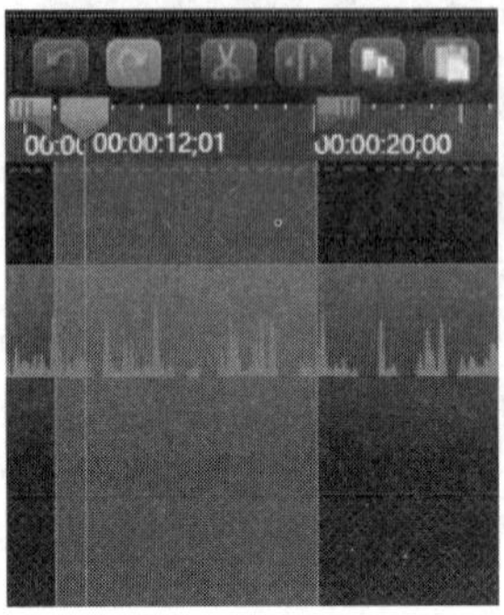

图 5-5　视频剪切

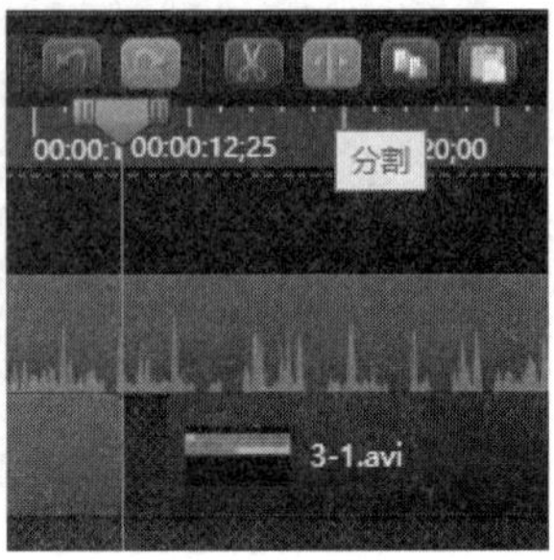

图 5-6　视频分割

（4）音量大小调整

音量大小可以通过“音频”面板中的“降低音量”和“增加音量”来调整，也可以通过上下拖动轨道中音频线来调整，整体音量大小应控制在 100%线左右为宜。

Step 1 使用鼠标左键单击选中音频轨道，选中后的音频轨道变为蓝色。

Step 2 在左侧功能区找到“音频”按钮，如图 5-7 所示。

图 5-7　音频编辑

Step 3 在编辑工具中选择相应的调整音量按钮：“降低音量”和“增加音量”。

（5）淡入、淡出、静音操作

可以用音频的淡入、淡出操作来设置声音的淡入、淡出效果。如果微课中需要静音效果，可以选取一段音频，对其进行静音操作。

Step 1 在音频轨道上使用“分割”功能选取需要设置淡入、淡出或者静音效果的区域。

Step 2 单击鼠标左键选中等待添加效果的区域后，选择左侧功能区的“音频”按钮，然后在“编辑工具”部分选择相应“淡入”“淡出”或“静音”即可，如图 5-8 所示。

图 5-8　淡入、淡出、静音

（6）语音旁白

在 Camtasia Studio 编辑中，如果要增加一段声音，可利用 Camtasia Studio 软件的语音旁白功能。用 Camtasia Studio 的语音旁白功能可以立即录制一段声音，保存声音并在剪辑箱中将刚录制的声音拖入编辑轨道的相应位置，完成声音的添加。

Step 1 在最上方菜单栏中单击“工具”按钮，选择“语音旁白”功能。

Step 2 运用时间线选择开始录制的音频时间点，单击“开始录制”，待时间线到达需要停止录制的区域，单击“停止录制”，一段完整的语音旁白就录好了。

Step 3 已经录制好的语音旁白会出现在其他暂无使用的轨道上，然后将其拖动到准备使用的编辑轨道上即可。

（7）视频画面覆盖

在 Camtasia Studio 轨道中，上面轨道的视频画面会覆盖下面轨道的视频画面，这可以通过视频轨道来调整，如图 5-9 所示。

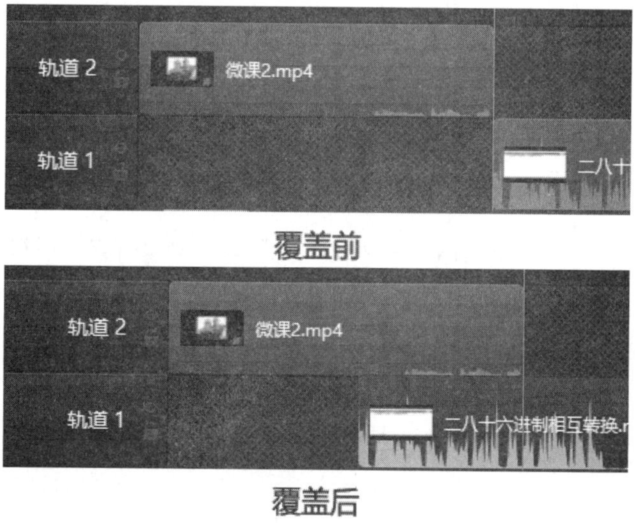

图 5-9　视频画面覆盖

【拓展知识与训练】Camtasia Studio 去噪声

如果碰到有噪声、杂音，可通过“启用噪声去除”功能进行处理，启用噪声去除，单击“高级”，拖动轨道上绿色和红色滑块，选取有噪声、杂音部分的轨道，调整灵敏度，自行把握灵敏度高低，选择手动噪声修整，可反复修改灵敏度，以达到最佳降噪处理，但是降噪处理应慎用，可能会损坏原来的音质。操作过程如下：

Step 1 分离视频、音频之后，单击鼠标左键选中音频轨道栏。

Step 2 在左侧功能区内选择“音频”按钮，单击“启用噪声去除”复选框，通过这一步可以实现整体降噪效果。

Step 3 为了更好地控制音频修整的质量，可以使用鼠标左键单击“高级”，出现“调整灵敏度”及“自动噪音修整”和“选择手动噪声修整”选项。

Step 4 选择适当的灵敏度，单击“自动噪音修整”，实现整体音质的优化。

Step 5 针对整体音频中部分音频噪音突出的现象，可采用“选择手动噪声修整”功能。

学习任务3 微课视频标注、字幕

【任务描述】在视频教学中，经常需要对视频中的重难点进行提示，在视频制作中需要添加标注、字幕。

【任务实施】Camtasia Studio 轨道上能添加图片、音视频等素材并进行各种编辑操作，除此之外，轨道上还能加入标注、字幕等。

（1）标注

标注分为文本型标注（Shapes with Text）、静态单一型标注（Shapes）、动态绘制轮廓型标注（Sketch Motions）、特殊型标注（Special）四大类。

文本型标注：如果想要在视频画面上加入带文字的箭头、圆形、矩形、对话气泡或其他图案，就选用文本型标注，其最大的优势就是可以像文本框一样使用。

静态单一型标注：这类标注仅仅提供静态的箭头线条等，比较单一。

动态绘制轮廓型标注：这类标注包括一些圆形、矩形的轮廓线及对钩等。其优势是会有自带的绘制动画功能，能够模拟用笔框选内容的效果。

特殊型标注：包括模糊、聚光灯、高亮、文本、热点、马赛克、快捷键等，能够实现一些特殊的效果。

教师在应用 Camtasia Studio 录制好微课后，为了让教学内容呈现得更加清晰，并在关键位置提醒学生注意，需要在适当的地方添加标注，添加标注的方法如下：

Step 1 启动 Camtasia Studio 8 软件。

Step 2 将已录制的视频文件或者导入的图片拖至剪辑箱，并将视频或图片添加在轨道上。

Step 3 将播放指针移动到需要添加标注的地方，单击“标注”，在“形状”区域中选择对应的标注图，如图 5-10 所示。

Step 4 选中轨道上的标注，单击“标注”即可进行编辑（一般双击标注素材也可以快速切换到“标注”面板进行编辑）。如果是文本型标注，在“标注”面板的下方会有文本输入区域，可以输入文字，还可以通过工具来设置字体、字号、颜色、加粗以及对齐方式等。

图 5-10　添加标注

（2）字幕

在微课制作时，需要对视频添加文字解说，文字解说就是需要添加的文字字幕。具体方法如下：

Step 1　启动 Camtasia Studio 8 软件。

Step 2　将已录制的视频文件或者导入的图片拖至剪辑箱，并将视频或图片添加在轨道上。

Step 3　将播放指针移动到需要添加文字解说的时间轴对应的位置，单击“字幕”，如图 5-11 所示。

图 5-11　添加字幕

Step 4　单击“添加字幕媒体”，然后添加相应的解说文字，右方会显示效果。在“字幕”栏的上方有文字工具，可以设置字体、颜色等样式，字幕对应的时间轴可调整字幕显示时间。

Step 5　双击字幕可以进行修改编辑，然后按 Enter 键可试听视频内的声音与字幕同步情况。

（3）添加测验

好的微课，不仅要高效简洁地将知识信息呈现、传递给学生，还要有好的交互和反馈，让学生观看时主动地去记忆、思考。如果在视频中对关键的知识点设置一些小问题，可以加强学生的有意注意，检验学生的学习效果，有效地促进学生的学习，如果学生回答不出来，可通过反复观看来寻求答案，这样学生的学习就会更加有效。在 Camtasia Studio 中可以通过测验实现交互。

Step 1 单击“测验”，弹出“测验”对话框，如图 5-12 所示。

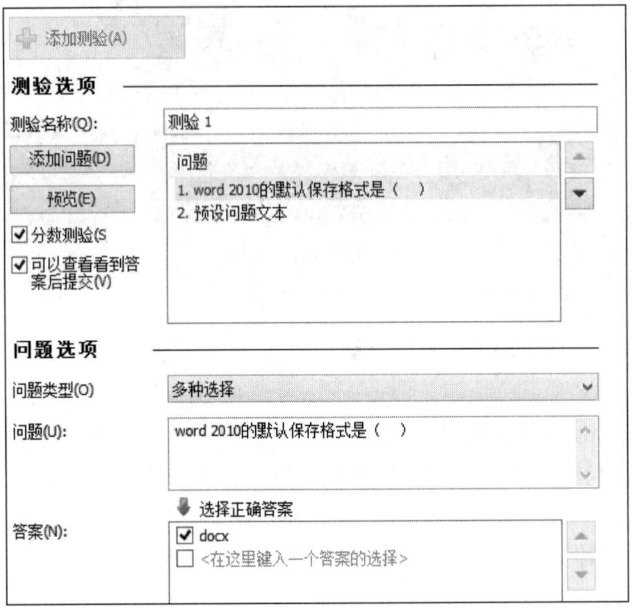

图 5-12 测验选项

Step 2 在对话框中单击“添加问题”来增加问题，然后双击“预设问题文本”，在“问题选项”区中修改问题题干和问题类型，如图 5-13 所示。

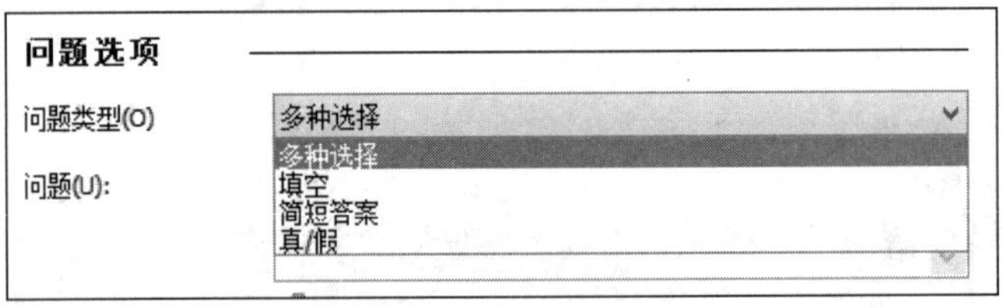

图 5-13 问题选项设置

Step 3 在“答案”框中输入对应的答案和正确答案，如图 5-14 所示。

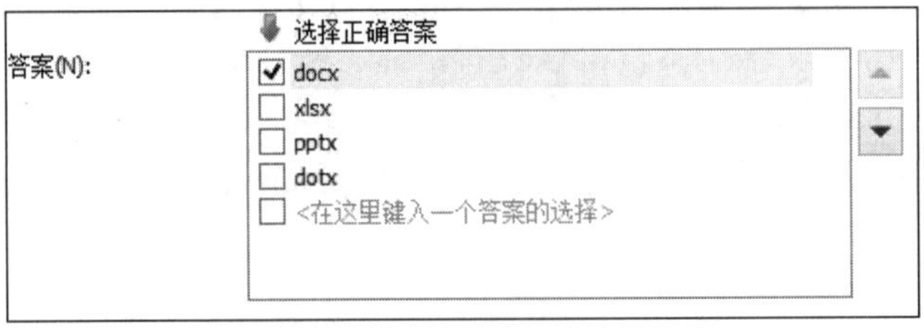

图 5-14 答案设置

Step 4 同步骤 1～3 一样可以设置多个问题，最后输出为 MP4 视频，可以在视频中看到测验题，如图 5-15 所示。

图 5-15　测验预览

【拓展知识与训练】Camtasia Studio 制作同步字幕

Step 1　准备好字幕文本，一般是一句一行的形式，保存为纯文本格式，如图 5-16 所示。

图 5-16　字幕文本

Step 2　打开 Camtasia Studio 8 软件，在素材区中插入视频素材，并将视频素材拖到时间轴轨道上。

Step 3　导入字幕语音文件，并将语音文件拖到时间轴轨道上。

Step 4　单击功能区中的“字幕”，粘贴上述字幕文件，如图 5-17 所示。

Step 5　单击“同步字幕”按钮，进行同步字幕设置，如图 5-18 所示。

Step 6　然后一边听，一般单击对应的文字字幕语句，实现字幕与语音同步，直至完成字幕同步，在“高级”那里有两个按钮，一个是“暂停”，一个是“完成”，可以实现字幕同步的暂停和完成。

Step 7　当提前单击“完成”字幕时，字幕同步完成，然后重复播放一次视频，看看字幕是否对齐声音，可以适当调整。

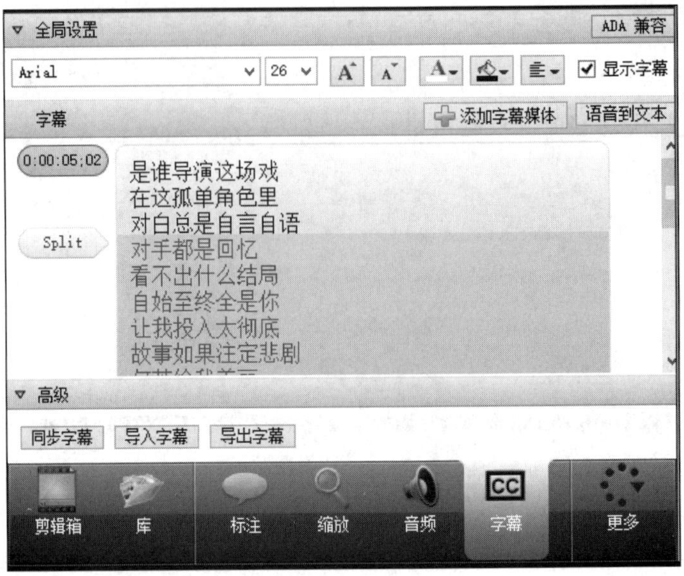

图 5-17 粘贴字幕

图 5-18 同步字幕

学习任务 4 微课视频的效果编辑

【任务描述】在视频展示等过程中，为了实现视频画面自然过渡，经常需要对视频进行画面切换，设置视频视觉属性。

【任务实施】Camtasia Studio 轨道能够实现不同视频片段之间的转场效果设置、视频展示尺寸设置、视频背景更换等操作。

（1）转场

在用 Camtasia Studio 制作微课时，通过设置转场过渡，可以让视频在开头、结束或者两个小视频片断间出现一种可视的效果，提示位置或内容的变化，或者让两个视频间出现一种平滑的过渡。

Step 1　打开 Camtasia Studio 项目文件。

Step 2　将鼠标放在两个视频连接处单击，选择“转场”，如图 5-19 所示。

图 5-19　转场效果

Step 3　在打开的项目组中，任选一种转场效果，按住鼠标左键拖动到指针处即可或者在选中的效果上单击鼠标右键，选择“添加到选中的媒体”命令将选中的“转场”效果添加到对应的视频。还可以在“转场”效果上双击，在右边的演示窗口可以预览效果。

Step 4　单击视频播放按钮，可以看到“转场”效果。

（2）缩放

在用 Camtasia Studio 制作微课时，为了让学生看得更清晰，有时候需要将画面放大，具体步骤如下：

Step 1　打开 Camtasia Studio 8 软件，在素材区中插入视频素材，并将视频素材拖到时间轴轨道上。

Step 2　单击功能区中的“缩放”按钮，然后出现一个调整比例的滑动条，视频的缩放效果就是通过滑动条来实现的，如图 5-20 所示。

Step 3　将时间轴上的播放指针移动到需要添加缩放的位置，然后改变缩放的比例。

Step 4　在时间轴轨道的视频上会出现一个蓝色的箭头标记，把鼠标放在上面按住左键可以移动它的位置，也可将鼠标移至箭头的边缘按住左键拉伸它的长度，从而控制缩放的时间，如图 5-21 所示。

Step 5　播放后如果对效果不太满意，可对缩放的比例、位置以及时间进行调整。

（3）光标效果

在视频制作中，为了在关键的重点知识处引起学生的注意，有时根据需要将鼠标光标改成特殊效果，制作方法如下：

Step 1　打开 Camtasia Studio 8 软件，在素材区中插入视频素材，并将视频素材拖到时间轴轨道上。

图 5-20 缩放效果

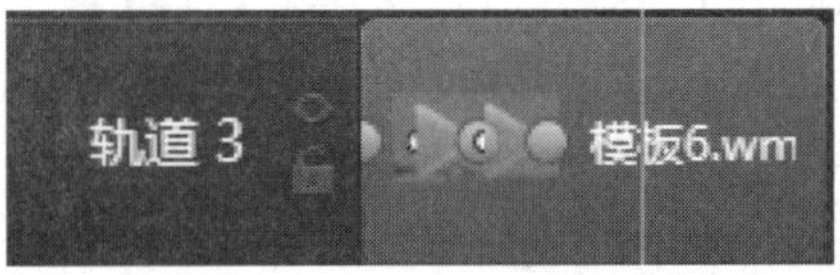

图 5-21 “缩放”箭头标记

Step 2 将光标移到时间线上需要添加鼠标特效的地方，用鼠标在当前编辑的视频所在轨道的时间线上单击一下，让时间线上放置了视频的当前轨道变为蓝色。

Step 3 单击功能区中的“光标效果”按钮，然后出现一个光标效果设置面板，如图 5-22 所示。

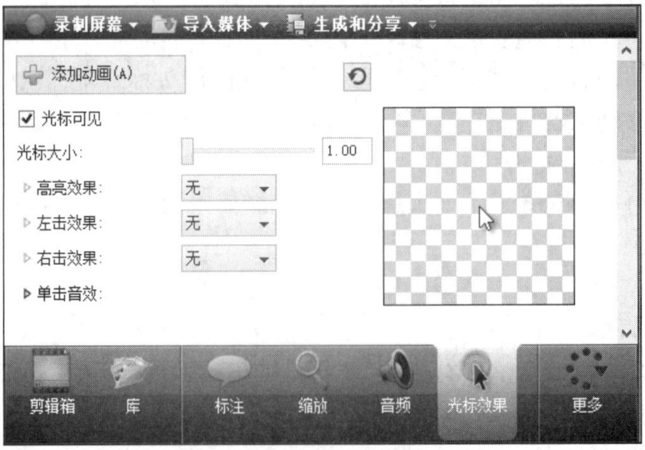

图 5-22 光标效果

Step 4 选择光标效果，默认的效果都是“无”，单击“左击效果”“右击效果”可设置相应的效果，还可以选择“光标大小”设置光标的显示大小，也可以通过恢复按钮，将光标的设置恢复为默认值。

Step 5 播放后如果对效果不太满意，可以重新修改效果。

【拓展知识与训练】 Camtasia Studio 视觉属性

通过 Camtasia Studio 的视觉属性，能够更改可视素材的一些属性值，例如尺寸、不透明度、位置及视觉效果（如清除一个颜色可简单完成绿幕抠屏/像效果）。

Step 1 选中轨道上的某段可视素材，如图片、标注或视频等。

Step 2 单击左上方的“视觉属性”，会看到面板中有很多值可以设置，如图 5-23 所示。

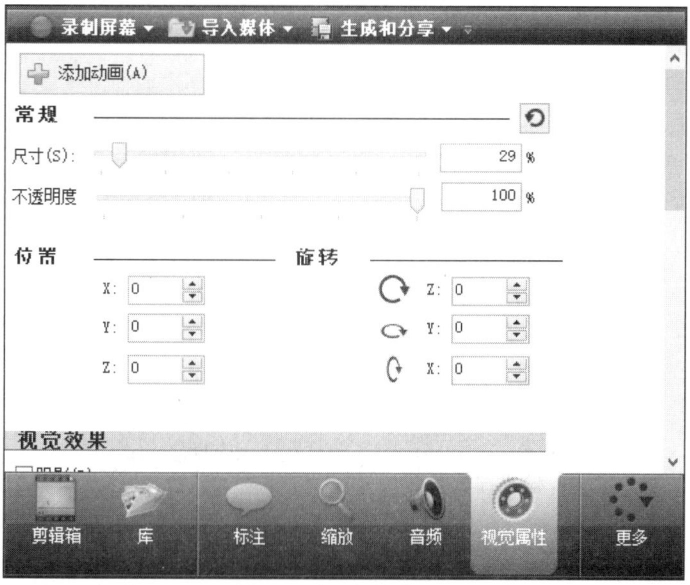

图 5-23　视觉属性

Step 3 常规设置中包括尺寸和不透明度，原始默认值都是 100%。不透明度为 0 时，素材就完全透明看不见了；尺寸为 0 时，素材也就小到看不见了。

重置按钮可快速恢复原始状态，包括尺寸、不透明度、位置及旋转。在“视觉属性”面板中调节尺寸，跟在右侧预览编辑窗中调节素材四个角的控制点效果类似。当在预览编辑窗中改变素材尺寸时，在“视觉属性”面板的尺寸值会随之变化。实际上调节可视素材尺寸有个快捷操作：Ctrl+滚轮，将鼠标移动到软件右上方预览编辑窗中，按下 Ctrl 键并滚动滚轮，会发现能快速放大或缩小轨道上已经选中的素材尺寸。

Step 4 改变 X、Y、Z 的值能够移动可视素材（左上角）相对原点的位置。预览编辑窗中画布（黑色矩形区域）左上角为坐标原点，可以沿着 X、Y、Z 轴移动可视素材，如图 5-24 所示。

Step 5 视觉效果包括阴影、单色、边界（边框）、清除一个颜色。可以设置出一些特殊的效果，如绿幕抠屏，同样重置按钮可快速恢复原始状态，如图 5-25 和图 5-26 所示。

图 5-24 位置属性

图 5-25 抠像前

图 5-26 抠像后

学习任务 5 微课视频输出技术

【任务描述】微课视频编辑完成后，需要将视频生成完整的视频文件，目前一般需要输出为高清视频文件。

【任务实施】视频编辑完成后，通过“生成并共享”可以生成 MP4、AVI、FLV 等格式的视频文件。视频输出的方法如下：

Step 1 单击“生成并共享”按钮，弹出“生成向导”对话框，如图 5-27 所示。

图 5-27 生成向导

Step 2 选择“自定义生成设置”，单击“下一步”按钮，如图 5-28 所示。

图 5-28 自定义生成设置

Step 3 选择“MP4”，单击“下一步”按钮，进行其他项目设置，如图 5-29 所示。

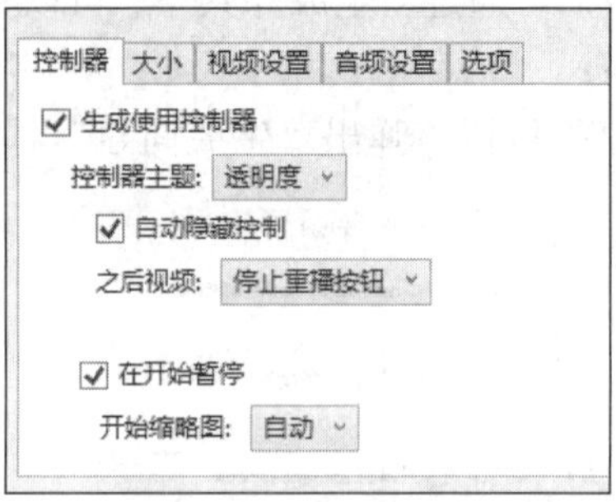

图 5-29 各项目选项

Step 4 单击“下一步”按钮，在项目名称中输入“Word 2010 操作”，选择好输出路径，单击“完成”按钮。

在这一步中还可以对生成的视频文件进行命名，且可以选择文件保存的文件夹，单击“完成”按钮，会出现进度条窗口，根据计算机系统性能的差异，渲染时长会有所差异，请耐心等待。渲染结束后，会弹出提示窗口，提示视频制作完成，单击“完成”，提示窗口会自动关闭。渲染成功的视频文件，可以在文件保存的文件夹中找到。

【拓展知识与训练】Camtasia Studio 生成优酷/土豆高清、超清视频

Step 1 单击“文件”|“生成并共享”命令。

Step 2 选择“自定义生成设置”，单击“下一步”。

Step 3 在弹出的对话框中选择默认设置。如果要发布到优酷、土豆这些视频网站则去掉播放控件选项，这个选项通常是用于发布到自己网站上，当然也可以选择播放器样式。

大小：不要改变，不然画面会变形。

视频设置：帧速率为 30，编码模式为“比特率”，滑块拖到大于 18000 的位置，关键帧参数设为 1，其他设置默认。

音频编码：128kbps。

完成设置后选择“下一步”。

Step 4 进行视频信息设置，填写相关信息，然后生成视频。

Step 5 等待进度条读写完成，将视频上传至优酷/土豆网站。

学习活动

学习活动 1 为英语视频自动添加英文字幕[①]

当我们在使用 Camtasia Studio 处理外国视频、添加字幕时可能忽略了一个功能“语音到文本（speech-to-text）”，使用该功能可以将视频中的语音转化成文字，并且还可以自动切分字幕，省去了人工的劳动。步骤如下：

① http://blog.csdn.net/esri_govindtec_hb/article/details/9376297

Step 1 查看软件语音信息。单击“工具”|“语音”|“语音属性”，弹出“语音属性”对话框，如图 5-30 所示。

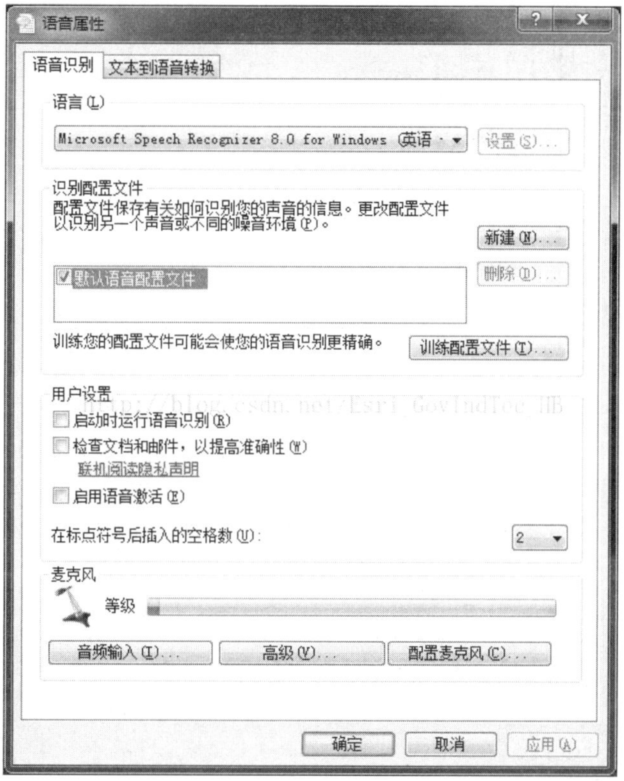

图 5-30 语音属性

Step 2 在最上面的“语言（L）”栏中如果显示的是英语，表明它可以识别英语了，但是如果没有下载语音库仍识别不了英语，只能识别中文，如图 5-31 所示。

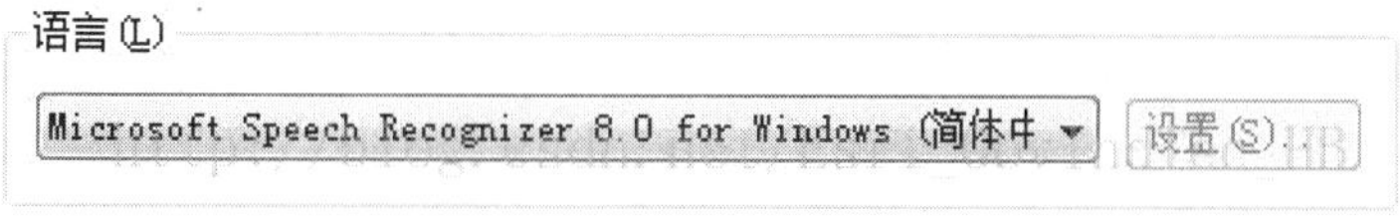

图 5-31 中文语言

Step 3 下载语音包。打开“控制面板”|“时钟”|“语言和区域”|“区域和语言栏”对话框，在“键盘和语言”选项卡中单击“安装/卸载语言”按钮，如图 5-32 所示。

Step 4 在弹出的对话框中单击“安装显示语言”并启动 Windows Update 更新语音库，在语音包里面找到英语语音包，只需单击安装更新，等待下载完成，如图 5-33 所示。

Step 5 改善前试验识别功能，选择“语音属性”对话框中的英语语言，如图 5-34 所示。

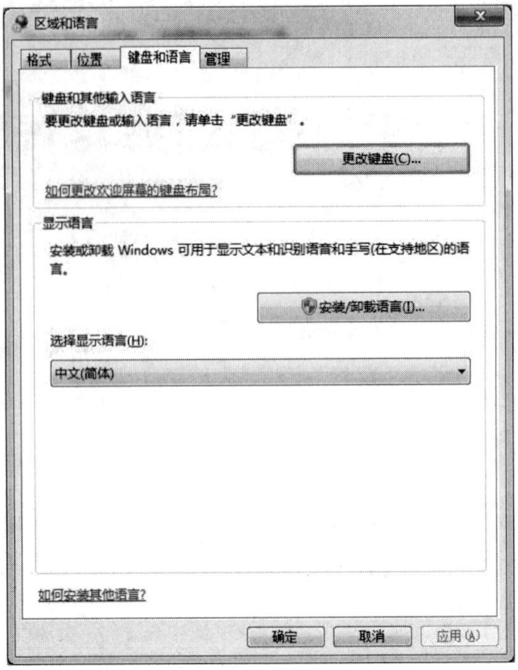

图 5-32　安装/卸载语言

图 5-33　语音库更新

Step 6　选择功能区中“字幕”，单击“语音到文本”按钮，就可以出现英文字幕了，如图 5-35 所示。

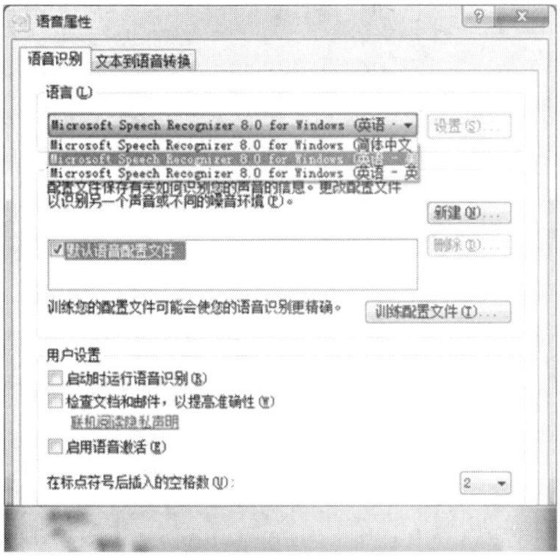

图 5-34　语言选择

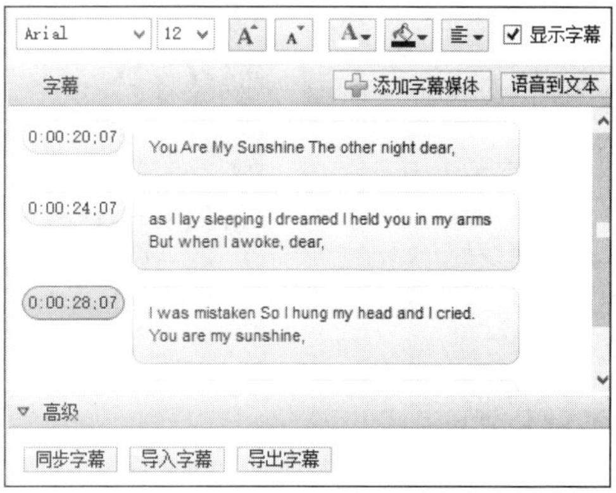

图 5-35　英文字幕

学习活动 2　片头动画制作

片头时长一般设定 5 秒左右，应与教学内容相关联，制作步骤如下：

（1）选取素材

Step 1 选取系统内自带素材。Camtasia Studio 软件自带库中有大量视频和音频素材，选取合适的素材拖拽至时间轴编辑轨道，或者选中素材单击鼠标右键选择“添加到时间轴播放”。

Step 2 通过“文件”|“导入媒体”将准备好的片头素材添加至剪辑箱中，然后将其拖拽到时间轴编辑轨道上进行编辑。

（2）编辑片头

Step 1 设定片头时长。将时间轴滑块拖至 5 秒钟位置，鼠标移至视频剪辑尾部，左右拖动使其与秒钟的时间轴线对齐，时间轴线显示为黄色时，说明已经对齐，如图 5-36 所示。

图 5-36　时间设置

Step 2 修改片头尺寸。在预览窗口选中片头画面，拖动四边的编辑点使四边与预设的播放尺寸对齐，完全对齐时用鼠标单击画面会呈现 6 条黄线，如图 5-37 所示。

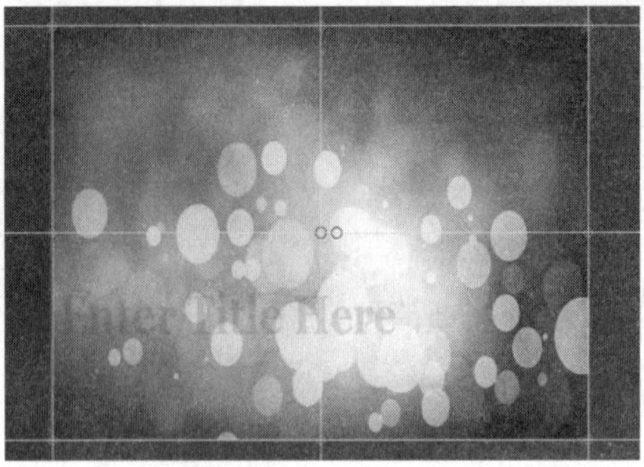

图 5-37 修改片头尺寸

（3）编辑文本信息

Step 1 从系统自带的库中插入的动画素材，有默认的标注编辑框，可以通过单击视频编辑轨道中的“+”来展开剪辑组。

Step 2 双击“动画标题”，即可打开标注编辑区。

Step 3 在标注编辑区，输入适当的标题，同时可以设置字体大小、颜色，以及淡入淡出效果。

Step 4 在“转场”面板中单击过渡效果，选中一种转场效果拖放至编辑轨道的剪辑中，可以增加片头的动画效果。

学习考核

<table>
<tr><td rowspan="6">考核要点</td><td colspan="2">考核内容</td><td>标准分</td><td>计分</td></tr>
<tr><td colspan="2">（1）Camtasia Studio 的基本操作</td><td>2</td><td></td></tr>
<tr><td colspan="2">（2）Camtasia Studio 视频的剪辑</td><td>3</td><td></td></tr>
<tr><td colspan="2">（3）Camtasia Studio 视觉效果的处理</td><td>4</td><td></td></tr>
<tr><td colspan="2">（4）Camtasia Studio 视频的输出</td><td>1</td><td></td></tr>
<tr><td colspan="2">小计</td><td>10</td><td></td></tr>
<tr><td>评价方式</td><td>自我评价</td><td>小组评价</td><td colspan="2">教师评价</td></tr>
<tr><td>考核得分</td><td></td><td></td><td colspan="2"></td></tr>
<tr><td>存在问题</td><td colspan="4"></td></tr>
</table>

练习与思考

一、填空题

1. 在录屏区域中 Custom（常规）是指可以自由选择区域，选择之后会出现一个范围框，可以按住中间的按钮自由拖动，也可以设置_______，宽度和高度在右侧会有显示数字。

2．微课制作中，根据需要可以在视频中添加文字。在 Camtasia Studio 中使用_______添加文字。

3．使用 Camtasia Studio 软件进行 PPT 录制时，录制区域有两种方式：_______和自定义区域录制。

4．Camtasia Studio 录制完视频后弹出“保存并编辑”对话框，设置保存路径并重命名，单击“保存”后，自动打开 Camtasia Studio 软件，录像文件自动添加至_______。

5．Camtasia Studio 对视频进行编辑的过程中，可以通过导入媒体来添加视频、_______、图片等。

6．拖入轨道的视频文件，一般包含视频和音频信息，且两者处于同一轨道中，可以用视频和音频分离功能：右击视频轨道，选择“_______视频和音频”操作，分离音频、视频至不同的轨道。

7．拖入轨道的视频文件，对于暂时不操作的轨道，可用“_______”功能锁定轨道，避免误操作。

8．将鼠标置于素材轨道，单击右键选中“独立视频和音频”，单击鼠标左键选中音频轨道一栏，会出现_______的音频线，上下拖动波浪线即可完成声音大小调整。

9．如果有噪声、杂音，可通过“_______”功能进行处理。

10．Camtasia Studio 中视频编辑完成后，选择“_______”可生成视频文件。

二、选择题

1．Camtasia Studio 录制屏幕时，停止录制的快捷键是（　　）。

A．F1　　B．F2　　C．F10　　D．F3

2．预览从全屏模式转换回窗口模式的快捷键是（　　）。

A．Esc　　B．Shift　　C．Enter　　D．Backspace

3．工程项目文件的扩展名是（　　）。

A．ZIP　　B．PPT　　C．TREC　　D．CAMPROJ

4．录像前需要做的准备工作不包括（　　）。

A．清理桌面上无关的内容　　B．使用弹出窗口阻挡器

C．准备文字稿　　D．以上内容都有

5．在麦克风属性增强选项中（　　）功能不能设置。

A．偏移消除　　B．噪音抑制　　C．回声消除　　D．麦克风加强

三、简答题

1．阐述视频、音频分离的步骤。

2．简述标注的类型。

第 6 章　万彩动画大师制作动画式微课

【教学导航】

教学目标	（1）掌握万彩动画大师软件的使用 （2）了解场景与镜头的内涵 （3）学会使用万彩动画大师制作微课 （4）学会使用万彩动画大师制作教学动画
本章重点	（1）万彩动画大师软件的使用 （2）使用万彩动画大师制作微课
本章难点	（1）使用万彩动画大师制作微课 （2）使用万彩动画大师制作教学动画
教学方法	任务驱动法、分组讨论法
课时建议	6 课时

【知识结构】

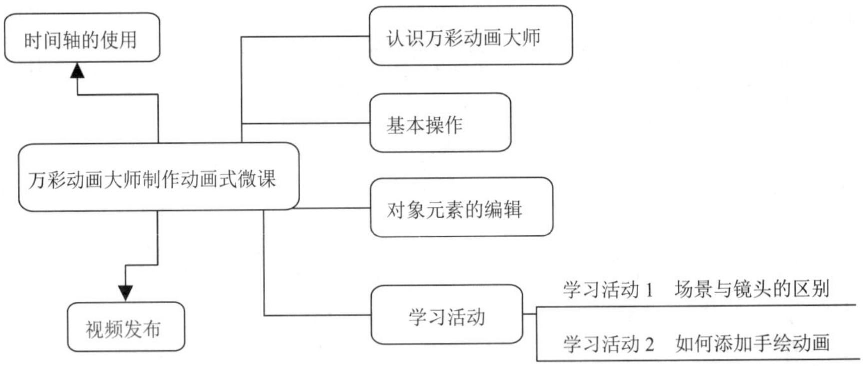

学习任务 1　认识万彩动画大师

【任务描述】万彩动画大师是一款好用的动画制作工具，操作简单易上手，可用来制作企业宣传片、产品介绍短片、趣味课件视频、微课视频、演示演讲动画视频等。

【任务实施】作为一款免费的 MG 动画视频制作软件，万彩动画大师操作简单、功能多样，非常适合用来制作微课。

万彩动画大师的操作界面主要由菜单栏、工具栏、快捷工具栏、场景编辑栏、元素工具栏、画布编辑/预览区域和时间轴组成，如图 6-1 所示。

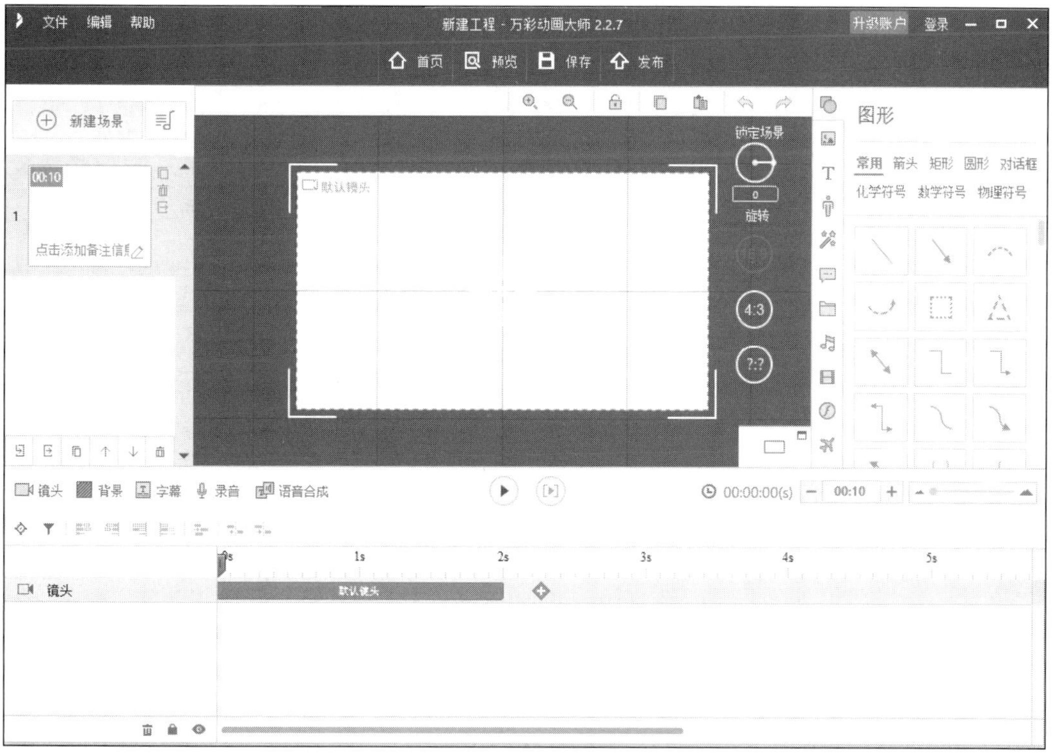

图 6-1　工作界面

（1）菜单栏：包括“文件”“编辑”以及“帮助”菜单。

文件：可以从中新建工程、打开工程、关闭工程、保存工程以及发布动画视频等。

编辑：可以预览动画视频，导出或导入选中的场景，撤销、重做、复制、剪切以及粘贴内容等。

帮助：在这个栏目下，可以跳转到万彩动画大师的帮助中心，了解当前软件的版本信息，检查软件更新。

（2）工具栏：包含有以下几部分。

首页：单击可回到开始界面。

预览：预览整个动画视频效果。

保存：快速保存动画视频内容与设置等。

发布：发布输出主要有两种形式。输出到云：将动画视频输出到云服务器，得到一个在线链接以及二维码，然后便可分享链接或二维码到微信或其他网站中。输出成视频：可以输出成多种格式的视频，比如 MP4、WMV、AVI、FLV、MOV、MKV，还可以选择视频大小以及帧频。

（3）场景编辑栏：能够看到场景的缩略图，可以复制场景内容，增加/删除场景以及调整场景播放顺序，如图 6-2 所示。

（4）元素工具栏：可以通过元素工具栏来添加各种多媒体内容到动画视频中，比如图片、图形、视频和音乐等。选择相应的元素，然后单击便可将其添加到画布中，接着还可以自定义元素的设置等，如图 6-3 所示。

图 6-2　场景编辑栏

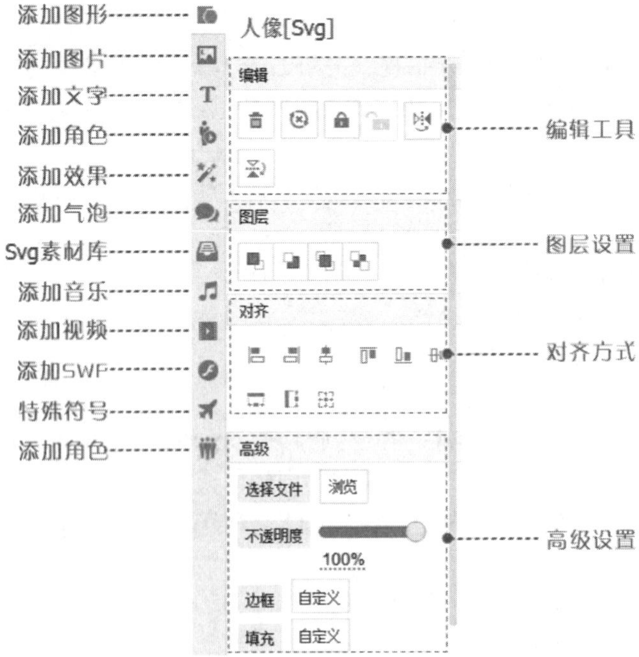

图 6-3　元素工具栏

【拓展知识与训练】万彩动画大师软件的安装

Step 1　访问 http://www.animiz.cn/网站下载“万彩动画大师”最新版本。

Step 2　双击已下载好的万彩动画大师程序开始安装。

Step 3　弹出“欢迎进入万彩动画大师 安装向导”，单击“下一步”继续安装，如图 6-4 所示。

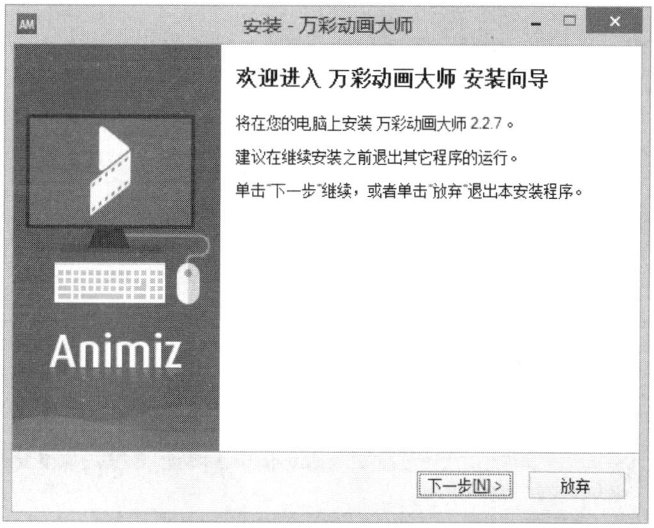

图 6-4　安装向导

Step 4　弹出“用户许可协议”窗口，选择“我接受协议”，然后单击“下一步”继续安装，如图 6-5 所示。

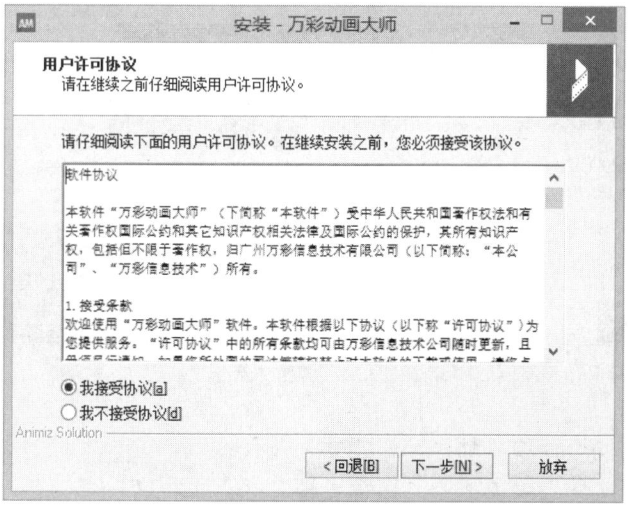

图 6-5　安装协议

Step 5　弹出“选择目标位置”窗口，选择软件的安装目录，单击“下一步”继续安装。

Step 6　选择开始菜单文件夹，创建程序快捷方式，单击“下一步”继续安装。

Step 7　弹出“选择一个附加任务”窗口，选择要执行哪些附加任务，此处可根据自身需求选择，单击“下一步”继续安装。

Step 8 准备开始安装万彩动画大师，单击“安装”。正在安装软件时，请勿关闭窗口。软件安装完成后会弹出“万彩动画大师安装完成”窗口，单击“结束”，计算机会自动运行万彩动画大师。

学习任务 2　基本操作

【任务描述】学习“万彩动画大师”工程管理方法、场景的管理、对象元素的基本操作。

【任务实施】

（1）新建工程文件

万彩动画大师提供两种方式来创建新工程文件，一种是“新建空白项目”，另一种是通过“在线模板”来创建和编辑项目。

Step 1 启动“万彩动画大师”软件。

Step 2 选择“新建空白项目”或者一个在线模板创建项目，如图 6-6 所示。

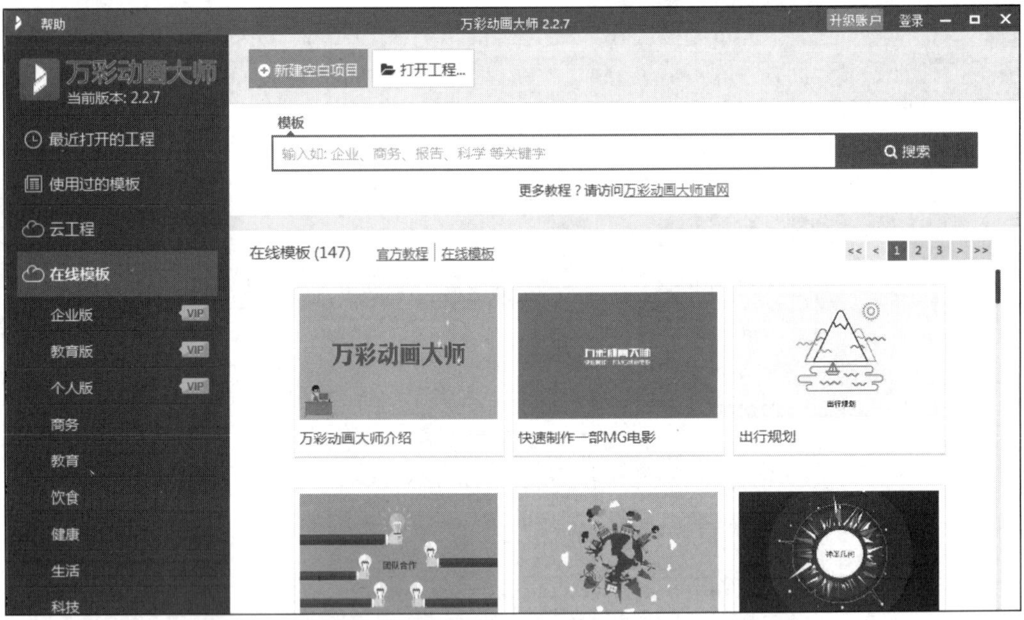

图 6-6　新建工程

Step 3 依据需要进行项目制作，如图 6-7 所示。

Step 4 选择“文件”菜单下的“保存工程”保存工程文件。

（2）场景的管理

万彩动画大师提供多种类型的场景，每种分类下还包含大量的场景模板。

新建场景：单击“新建场景”按钮弹出“新建场景”对话框，选择“添加一个空白场景”，这样就创建了一个空白场景，或者选择一个场景分类，从中选择一个合适的场景模板，添加一个新场景，如图 6-8 所示。

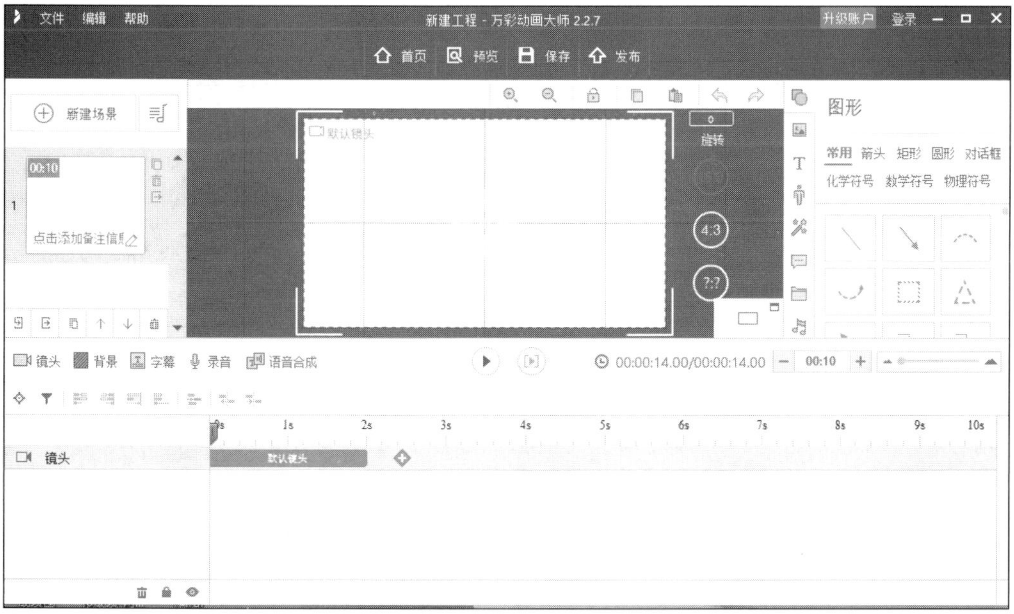

图 6-7　编辑界面

图 6-8　新建场景

改变场景顺序：在万彩动画大师当中，“改变场景顺序”这一功能为动画视频制作提供了不少方便。已经做好的场景，可根据实际情况需要，轻松地改变其顺序。有两种方法可改变场景的顺序，具体操作如下：

①直接用拖放的方法改变场景顺序，用鼠标选中目标场景，拖动到合适排序位置即可。

②首先选中目标场景，然后单击场景编辑栏底部的“上移”“下移”按钮调整场景顺序，如图 6-9 所示。

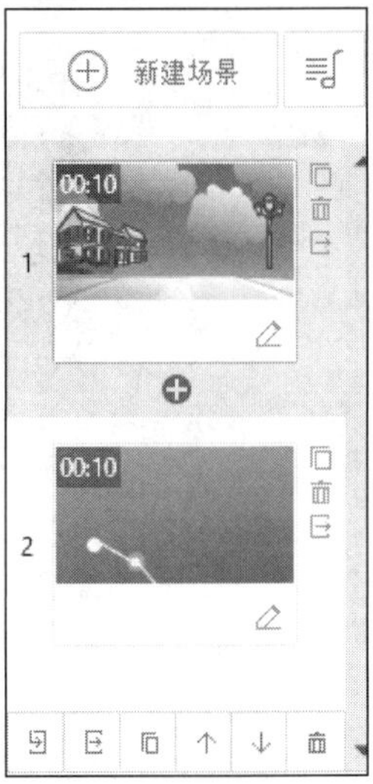

图 6-9　场景栏

复制场景：在万彩动画大师中，能够轻松地复制场景，从而提高动画视频制作的效率。选择需要复制的场景，再单击场景编辑栏左下角的“复制场景”，便可轻松复制当前场景。

删除场景：精简的动画视频是颇受大众青睐的，万彩动画大师提供了两种方法，可轻松删除不必要的场景。具体操作如下：

①选中目标场景，单击场景缩略图右边的“删除场景”来删除场景。

②选中目标场景，单击场景编辑栏右下角的“删除场景”按钮删除场景。

场景过渡动画效果：不同的场景过渡动画效果能让动画演示变得更加富有层次感和画面感。在万彩动画大师中，可以添加不同的场景过渡动画效果，包括左移、渐入、溶解、展开、手型拖动等。单击场景之间的“+”，之后选择过渡动画效果列表中任意一种效果应用即可，如图 6-10 所示。

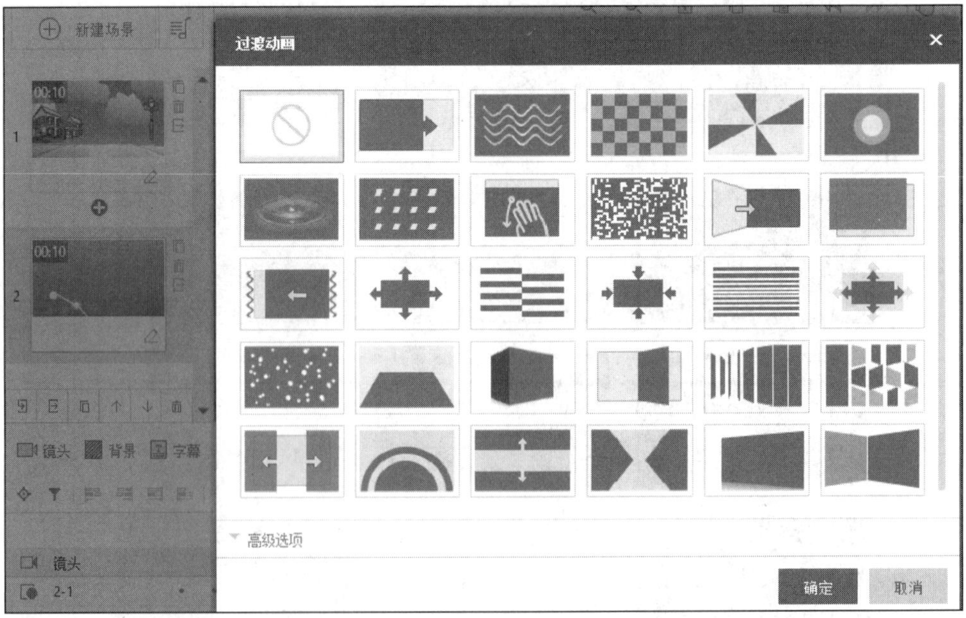

图 6-10　场景过渡动画效果

（3）对象元素的基本操作

选中和编辑对象：当时间轴上的进度条停留在动画效果上时，物体会被锁定无法编辑，可以通过单击元素侧边栏“编辑”按钮即可再次进行编辑，如图 6-11 所示。

图 6-11　编辑对象

滚动到并选择该对象的时间轴：单击“滚动到并选择该对象的时间轴”按钮可定位到该物体所在的时间轴，如图 6-12 所示。

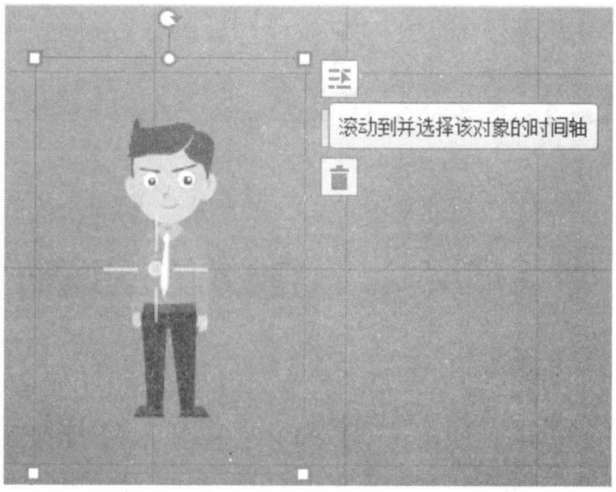

图 6-12　滚动到并选择该对象的时间轴

旋转舞台以适应对象角度：单击“旋转舞台以适应对象角度”按钮可旋转画布预览物体摆正后的效果，如图 6-13 所示。

图 6-13　旋转画布

删除对象：单击“删除”按钮可直接删除物体。

【拓展知识与训练】调整显示比例

万彩动画大师支持轻松调整视频输出的显示比例为 16:9 或者 4:3，也可以按照设计需要自定义视频输出的显示比例。具体步骤如下：

Step 1 单击“16:9”按钮即可按 16:9 的比例显示视频。

Step 2 单击“4:3”按钮即可按 4:3 的比例显示视频。

Step 3 单击“?:?”按钮可自定义视频显示比例，如图 6-14 所示。

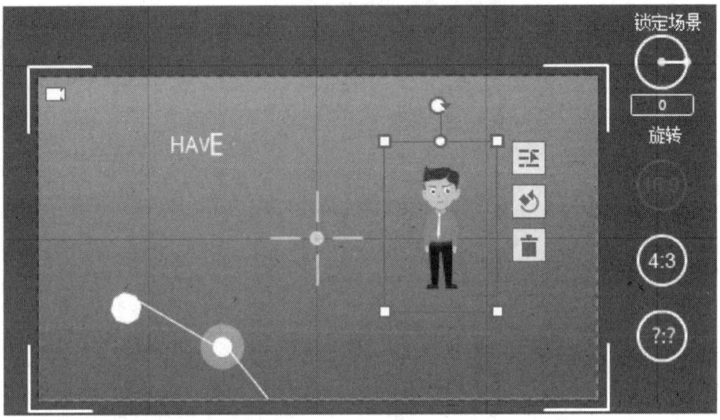

图 6-14 显示比例

学习任务 3 对象元素的编辑

【任务描述】学会添加图形、文本、角色等，并对添加的元素进行效果和样式修改。

【任务实施】可以通过元素工具栏来添加各种多媒体内容到动画视频中，比如图片、图形、视频和音乐等。选择相应的元素，然后单击便可将其添加到画布中，接着还可以自定义元素的设置等。

（1）添加图形、自定义图形

单击“图形”图标按钮，选中图形再将其拖动到画布（或直接拖动到画布），还可以用现有的图形组合成各种所需的图形，然后再自定义图形属性，如样式、图层、对齐方式、颜色、大小、透明度等。在动画视频制作的过程中，可以根据需要添加图形或自定义图形，操作如下：

Step 1 添加图形。单击“图形”图标按钮，然后单击所需要的图形类型，选中合适的图形，在画布中单击自动添加所需图形。

Step 2 添加图形后，选中对象，便可以自主编辑图形，如图 6-15 所示。

Step 3 编辑完图形形状后，可编辑其属性（如样式、旋转角度、图层、透明度、颜色、填充等），如图 6-16 所示。

（2）添加文本

单击“文本”图标按钮，然后在画布中相应位置添加文本。可以对图层显示设置，还可以调整文本的颜色、字体、大小、行距、字距等。

Step 1 添加文本。依次单击“文本”|“添加文本”，单击画布输入文本。

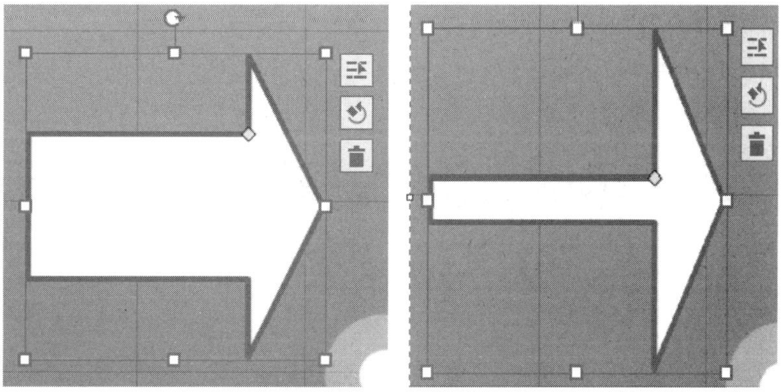

图 6-15　编辑图形

图 6-16　编辑图形属性

Step 2　编辑文本属性：文字大小、颜色、字体、透明度等。可以通过文本框上端的文本编辑栏进行编辑，也可以通过元素栏里的文本设置选项进行编辑，如图 6-17 所示。

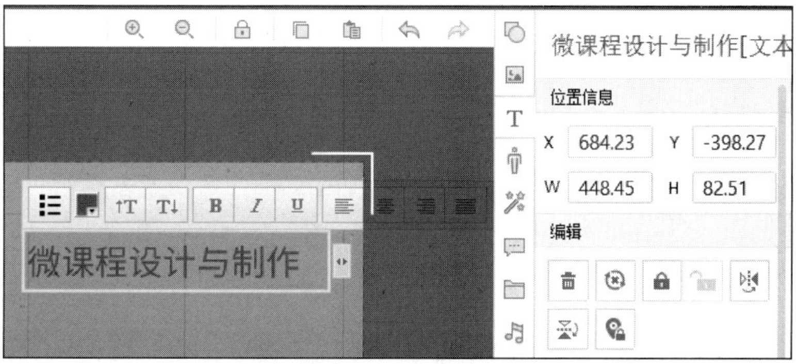

图 6-17　编辑文本属性

（3）添加角色

在动画视频编辑的过程中，添加合适的动画角色能让视频更具有吸引力。万彩动画大师提供了多种动画角色，随时可以丰富视频内容。

Step 1 单击“角色”图标按钮，单击“浏览”，打开角色选择页面，如图 6-18 所示。选择一个角色种类并单击进入该角色种类的选择页面。

图 6-18 添加角色

Step 2 进入该角色的选择页面后，即可挑选需要的角色动作，单击并添加到场景，如图 6-19 所示。

图 6-19 角色动作

Step 3 选中对象，便可编辑角色的属性（删除、清除物体旋转角度、水平垂直翻转、改变图层等）。

（4）添加效果

效果包括了下雨、下雪等类型，选中所需元素类型，单击所需的元素便可开始添加，如图 6-20 所示。

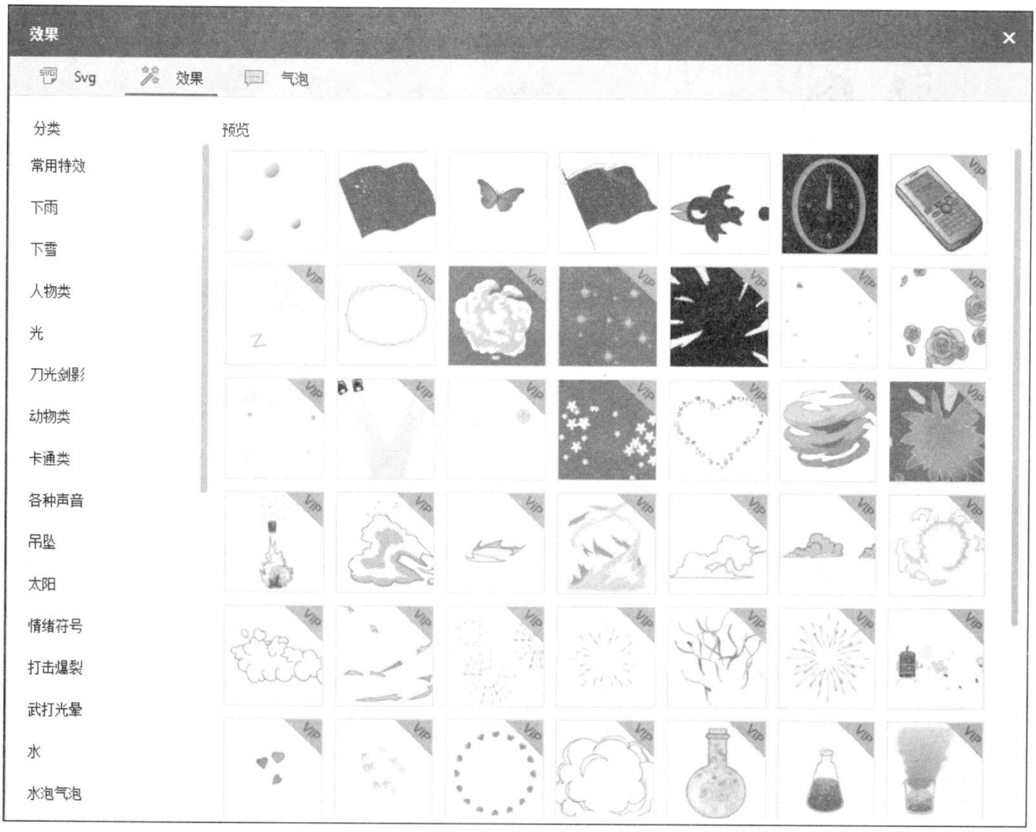

图 6-20　效果

（5）添加气泡对话框

气泡对话框可以使动画场景更加生动形象。万彩动画大师提供了大量的气泡对话框供选择，可以根据编辑需要自行选择使用。

Step 1 单击“气泡”图标按钮，单击“浏览”进入气泡列表，再从列表中选择合适的气泡对话框，单击便可将其添加到画布中，如图 6-21 所示。

Step 2 选中对象，便可对气泡对话框进行属性编辑（图层、不透明度等）。

（6）Svg 库

万彩动画大师提供了大量的 Svg 图片，并且以不同主题进行了分类，这更加方便了在动画视频编辑过程中对 Svg 图片的选择和使用。

Step 1 单击元素工具栏里的“Svg 库”图标按钮，在弹出的对话框中选择 Svg 类别，然后单击任意 Svg 图片便可将其添加到画布中，如图 6-22 所示。

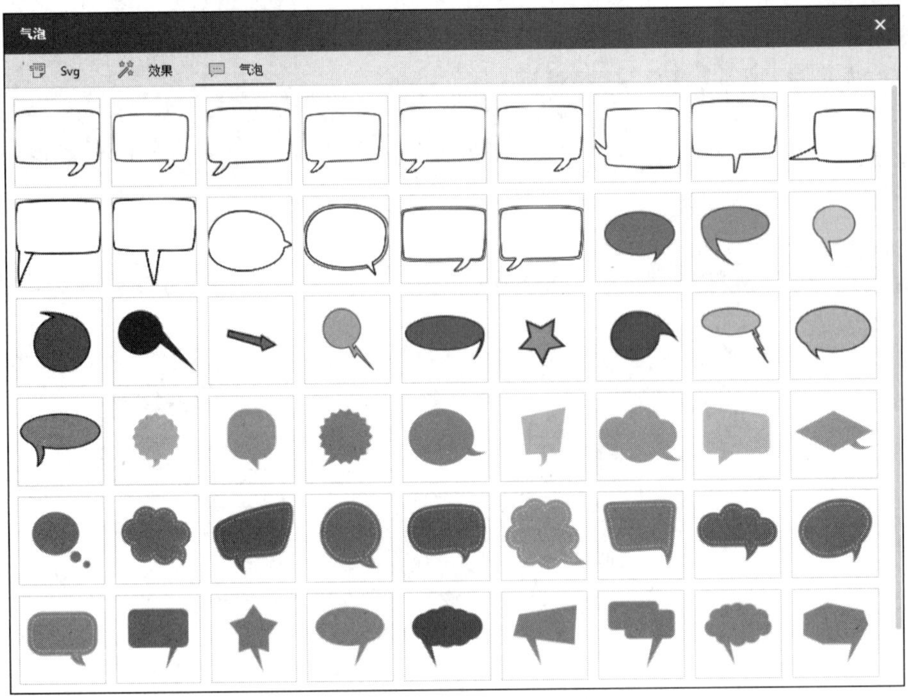

图 6-21　气泡对话框

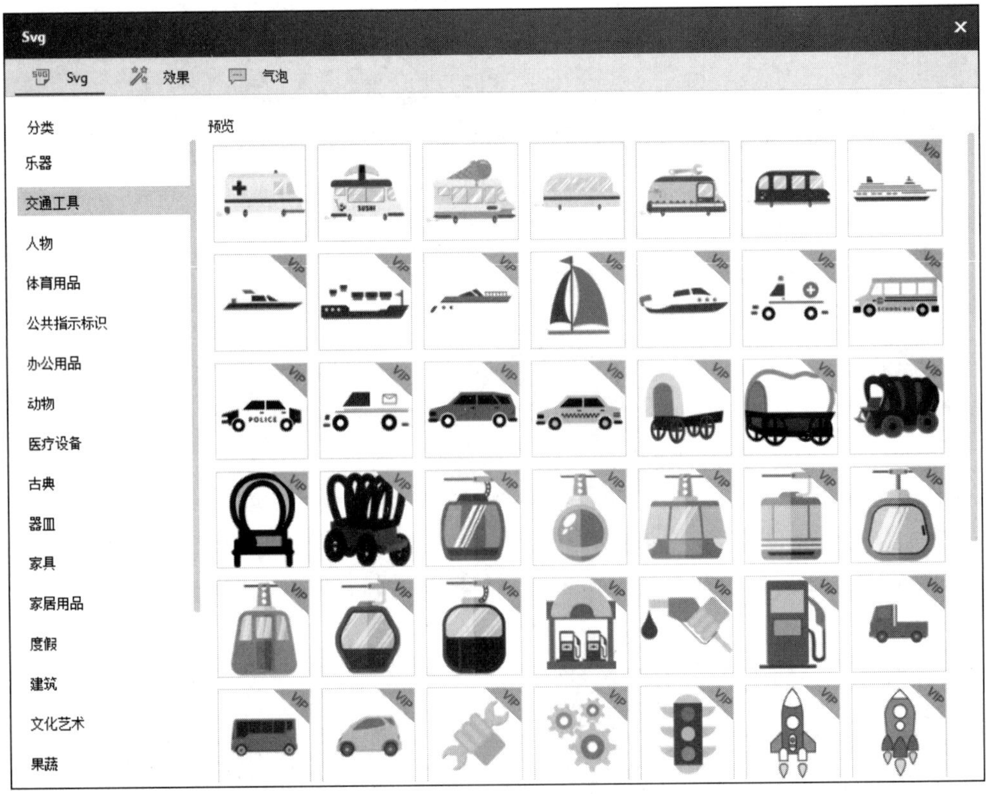

图 6-22　Svg 库

Step 2　选中对象，便可编辑 Svg 图片，包括水平垂直翻转、自定义图层等。

（7）添加音乐

添加音乐可以让动画视频更加生动，我们可以在编辑的过程中，根据内容或场景的需要，自行添加音乐。操作如下：

Step 1　单击“音乐”图标按钮，可添加本地音乐、自带音乐，如图 6-23 所示。

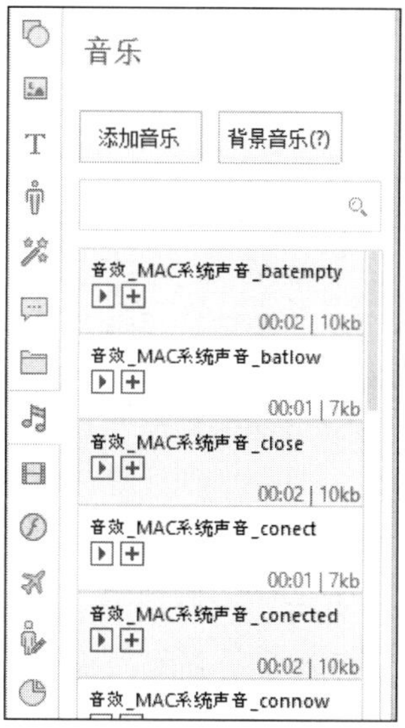

图 6-23　添加音乐

Step 2　设置音乐插入效果，在时间轴音乐轨道上右击选择“裁剪音频”命令，如图 6-24 所示。

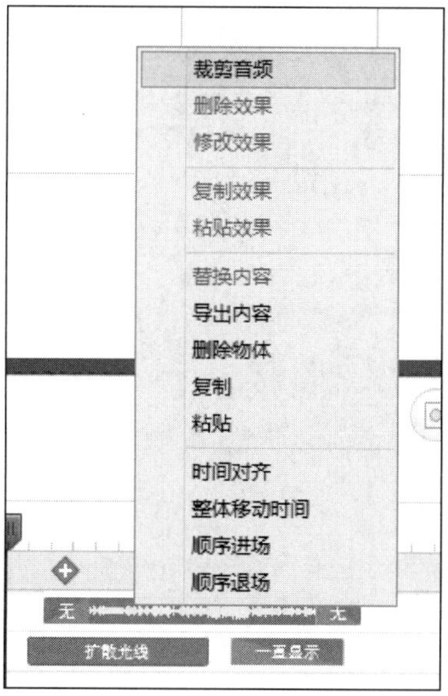

图 6-24　音乐编辑

Step 3　裁剪音频，调节音量，如图 6-25 所示。

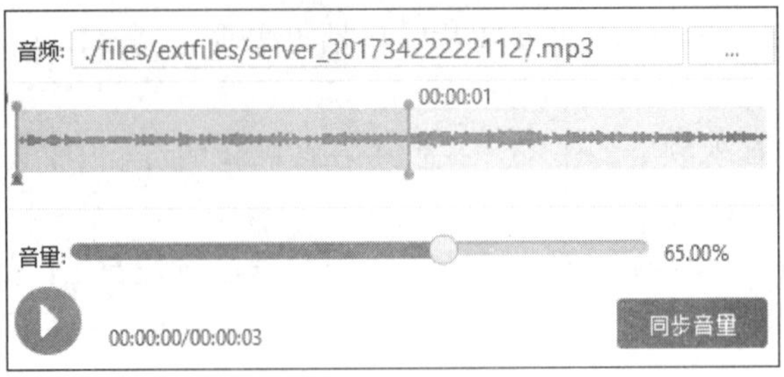

图 6-25　音乐编辑

（8）添加本地视频

在动画视频编辑的过程中，有时会根据内容的需要添加本地视频，让动画更具视觉效果，更有吸引力。操作如下：

Step 1　单击“视频”图标按钮，添加本地视频到画布中。

Step 2　选中视频对象，便可编辑视频属性，包括清除对象的旋转角度，水平垂直翻转对象，自定义图层，设置不透明度等。

（9）添加 SWF 动画

合适的 SWF 素材能让编辑的内容更加生动形象，更具吸引力。万彩动画大师提供大量不同主题的 SWF 素材，极大方便了在动画视频制作的过程中对 SWF 素材的选择。

Step 1　添加本地 SWF 素材。在元素工具栏里单击 SWF 图标按钮，选择“添加本地 SWF”，添加本地 SWF 素材到画布中，如图 6-26 所示。

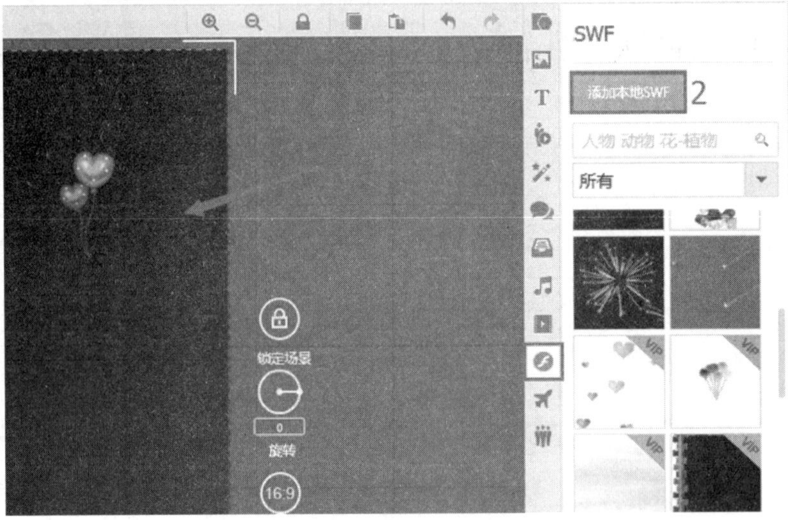

图 6-26　本地 SWF 素材

Step 2　添加在线 SWF 素材。单击 SWF 图标按钮，之后搜索在线素材，单击任意素材应用即可，如图 6-27 所示。

Step 3　编辑 SWF 素材。选中对象，便可编辑 SWF 素材属性（清除物体旋转角度、自定义图层、设置不透明度等）。

图 6-27　在线 SWF 素材

（10）添加特殊符号

添加特殊符号能让内容变得更丰富，能更好地表达动画视频的主题。可以在编辑的过程中根据需要添加特殊符号到画布中，自定义特殊符号的颜色，调整大小等。

Step 1　单击“特殊符号”图标按钮，从列表中选择合适的特殊符号，单击便可将其添加到画布中，如图 6-28 所示。

图 6-28　特殊符号

Step 2　选中对象，便可对特殊符号进行属性编辑，包括水平垂直翻转、自定义图层、设置不透明度等。

（11）添加图片

万彩动画大师支持多种图片格式。添加后还可以编辑图片，自定义图层设置、对齐设置以及进行一些高级自定义设置等。

Step 1 添加本地图片。在元素工具栏里单击“图片”图标按钮，单击“添加本地图片”，在弹出的对话框中选择本地图片添加至画布中。

Step 2 添加在线素材。在元素工具栏里单击“图片”按钮，单击任意在线素材即可将其添加至画布中。可以单击“所有”选项，在下拉列表中选择一个在线素材的种类，然后单击任意物体即可将其添加至画布中。还可以在搜索框中输入物体的关键词快速找到相应物体，然后单击并将其添加至画布中，如图 6-29 所示。

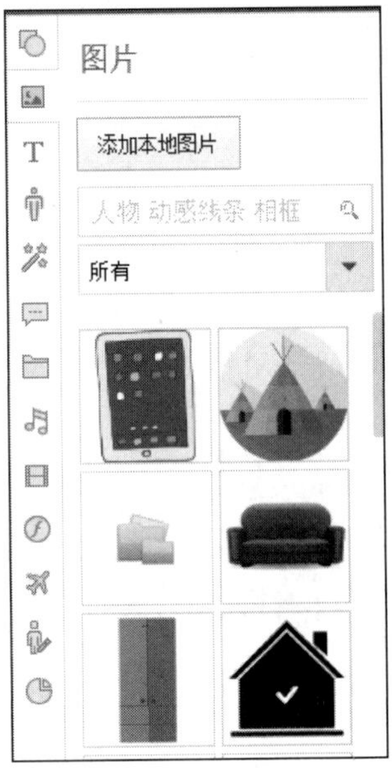

图 6-29 添加图片

Step 3 单击选中所添加的图片，便可自定义图片属性（如图片的图层、旋转角度、透明度、形状、效果、图片编辑等）。

【拓展知识与训练】图片编辑器

当添加本地图片后，可以利用图片编辑器来编辑本地图片，包括裁切图片，修改图片尺寸，旋转图片和添加图片特效（去除背景色、锐化、模糊、黑白、翻转、油画、素描、扭曲、拼缀图、噪点、毛玻璃、像素画等），具体的操作步骤如下：

Step 1 添加本地图片。依次单击元素工具栏上“图片”|“添加本地图片”按钮，选择并打开任意一张本地图片。

Step 2 单击图片，在右边编辑栏中找到“图片编辑器”选项，单击其右边“编辑”按钮进入图片编辑器界面，如图 6-30 所示。

图 6-30 图片编辑

Step 3 裁切图片。单击“裁切”按钮，可以通过拖动图片四周的节点来控制图片裁切范围，也可以自定义图片裁切的宽和高，之后依次单击“应用”|“保存”按钮即可，如图 6-31 所示。

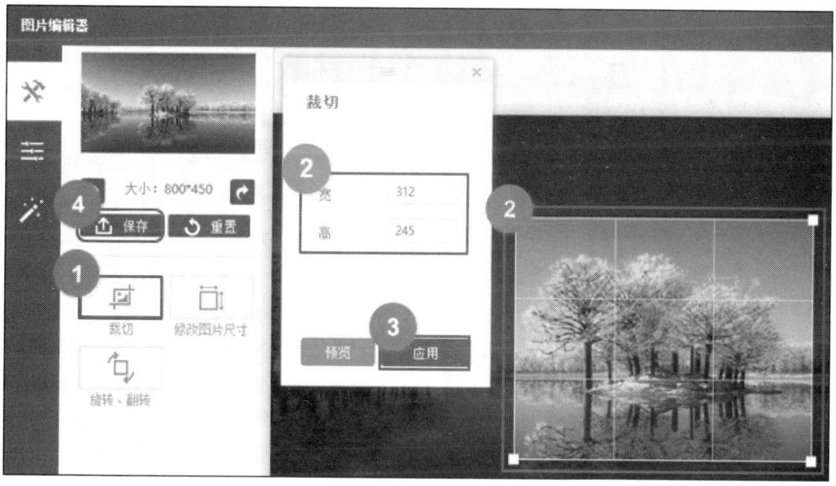

图 6-31　图片裁切

Step 4　修改图片尺寸。单击“修改图片尺寸”按钮，自定义图片的宽和高，之后依次单击“应用”|“保存”按钮即可。

Step 5　旋转/翻转图片。单击“旋转、翻转”按钮，之后选择“左”“右”“垂直”或“水平”选项，依次单击“应用”|“保存”按钮即可实现图片的左旋/右旋/垂直旋转/水平旋转。

Step 6　去除背景色。单击“去除背景色”按钮，编辑图片的容差和选择背景颜色之后，依次单击“应用”|“保存”按钮即可，如图 6-32 所示。

图 6-32　图片特效编辑

学习任务4　时间轴的使用

【任务描述】学会通过万彩动画大师添加视频镜头、背景、字幕、录音、动画效果，调整物体播放顺序，调整场景播放时长等。

【任务实施】在时间轴上，可以添加视频镜头、背景、字幕、录音、动画效果，调整物体播放顺序，调整场景播放时长等。

（1）镜头

移动、缩放、旋转的镜头特效让动画视频更富有镜头感，让观众拥有更好的视觉享受。添加别出心裁的镜头效果，可让动画视频更加出彩。操作如下：

Step 1 单击时间轴上的“镜头”按钮，再单击镜头轨道上的绿色“+”按钮添加新的镜头，然后可以调整镜头大小、方向及显示时长，如图6-33所示。

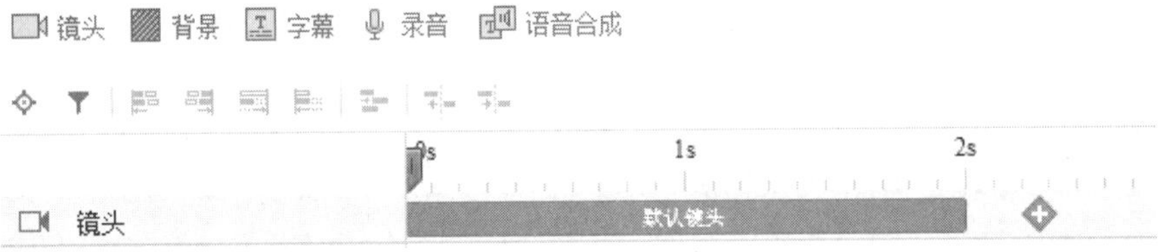

图6-33　镜头

Step 2 添加平移镜头。单击“+”添加镜头，设置多个镜头的大小相似或相同，角度保持一致，呈现平行状态，自定义镜头的显示时长，如图6-34所示。

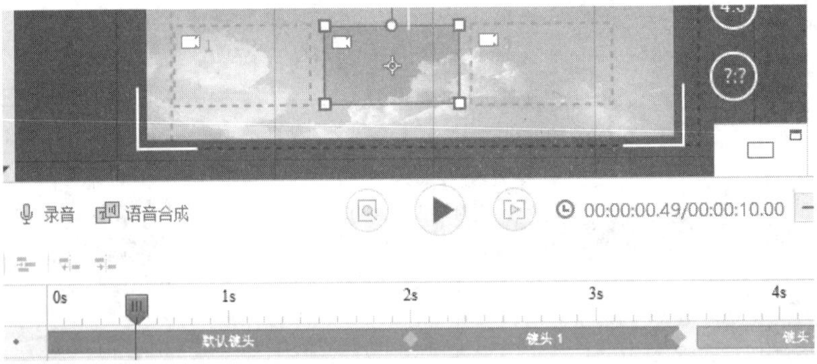

图6-34　平移镜头

Step 3 添加旋转镜头。单击“+”添加镜头，设置镜头的大小、旋转角度及显示时长，如图6-35所示。

Step 4 添加缩放镜头。单击“+”添加镜头，调整镜头成一大一小的缩放效果，设置镜头显示时长，如图6-36所示。

（2）背景

万彩动画大师提供了大量简洁大气的背景资源，可以根据自身需要自定义个性化的背景，使动画视频呈现出无可替代的精美视觉效果。操作如下：

Step 1 添加图片背景。单击时间轴上的“背景”按钮，再单击背景轨道上的“+”添加背景，选择“图片背景”，根据需要选择预设中简约、风景、人物、视频、线条或其他类型，单击图片即可添加该图片背景，如图 6-37 所示。

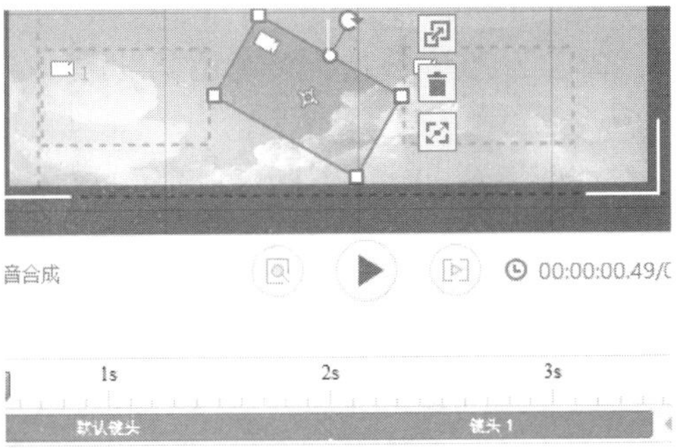

图 6-35　旋转镜头

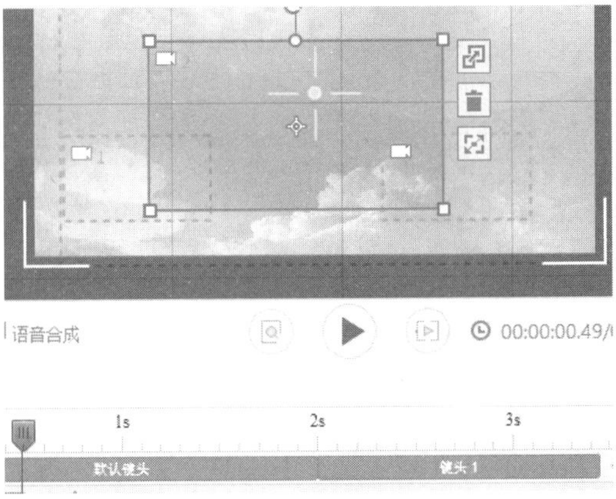

图 6-36　缩放镜头

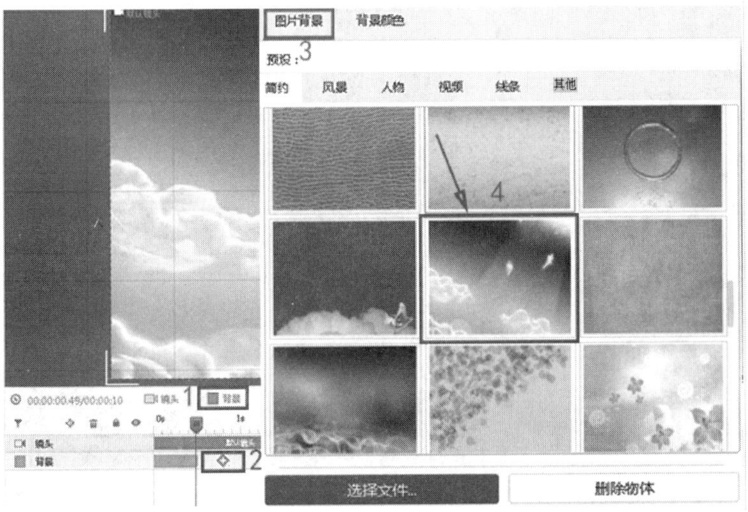

图 6-37　图片背景

Step 2 自定义背景图片。单击时间轴上的“背景”按钮，再单击背景轨道上的“+”添加背景，选择“图片背景”，单击“选择文件”，在弹出的对话框中选择一张图片作为背景图片。

Step 3 自定义纯色背景。单击时间轴上的“背景”按钮，再单击背景轨道上的“+”添加背景，选择“背景颜色”，单击一个纯色背景，自定义其颜色后，单击“应用”按钮即可，如图 6-38 所示。

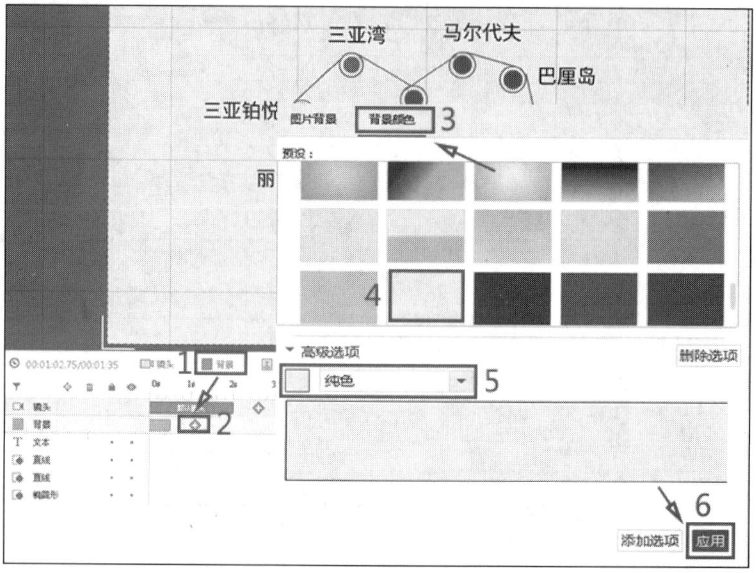

图 6-38　颜色背景

Step 4 自定义线性渐变颜色背景。单击时间轴上的“背景”按钮，再单击背景轨道上的“+”添加背景，选择“背景颜色”，单击一个线性渐变颜色，然后调节渐变角度并修改渐变颜色，单击“应用”按钮即可，如图 6-39 所示。

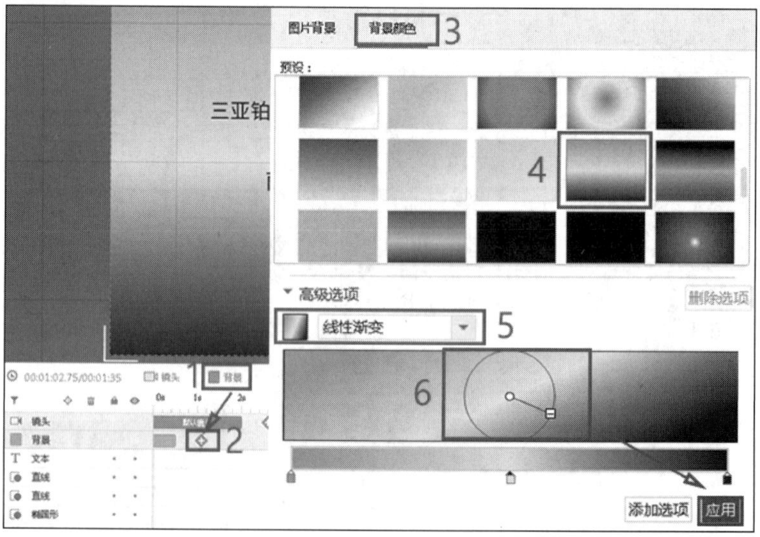

图 6-39　渐变颜色背景

（3）字幕

在动画视频里添加字幕有利于营造动画影视效果。字幕演示以一种生动有趣、专业逻辑的方式传递信息，可加深观众视觉印象。操作如下：

Step 1 单击时间轴上的“字幕”按钮，再单击背景轨道上的“+”添加字幕，然后可以设置字幕的字体、大小、颜色，如图 6-40 所示。

图 6-40　字幕

Step 2 设置字幕显示时长，预览字幕效果。移动鼠标至字幕条处，左右拖动设置字幕显示时长，然后单击“预览”查看字幕添加效果。

（4）录音

在动画视频中添加录音能增强动画视频的说服力。万彩动画大师支持轻松添加录音，用生动的语言和形象的表达传递用户的想法。具体操作如下：

Step 1 开始录音。单击“录音”按钮，倒计时开始后进行录音，如图 6-41 所示。

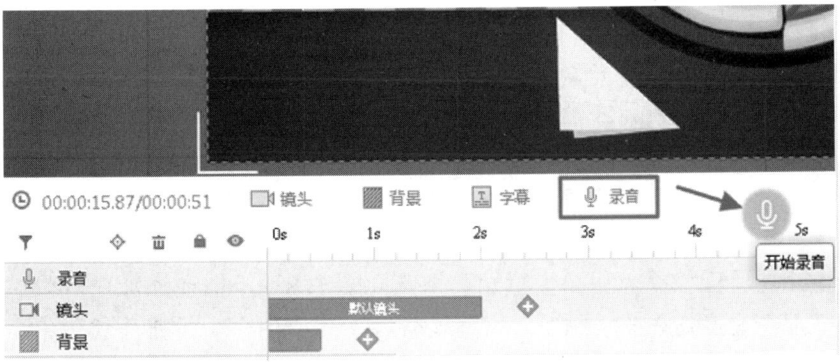

图 6-41　开始录音

Step 2 录音完成后，单击“停止录音”按钮暂停录音，然后选择该录音直接播放、重新录音或直接应用到场景中，如图 6-42 所示。

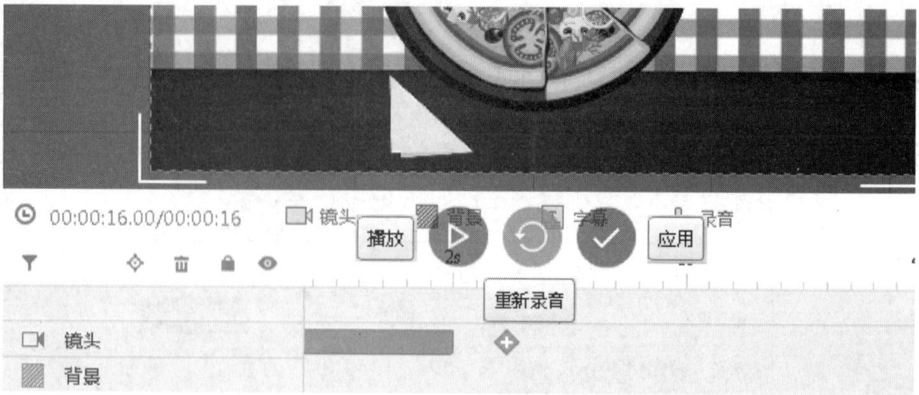

图 6-42　录音预览

Step 3 应用录音。单击“应用”按钮应用录音，把鼠标放到录音音频上，左右拖动可改变音频时长。双击音频条或者右击音频条，选择“裁剪音频”，在出现的小弹窗中，拖动音频长短可截取该部分音频，如图 6-43 所示。

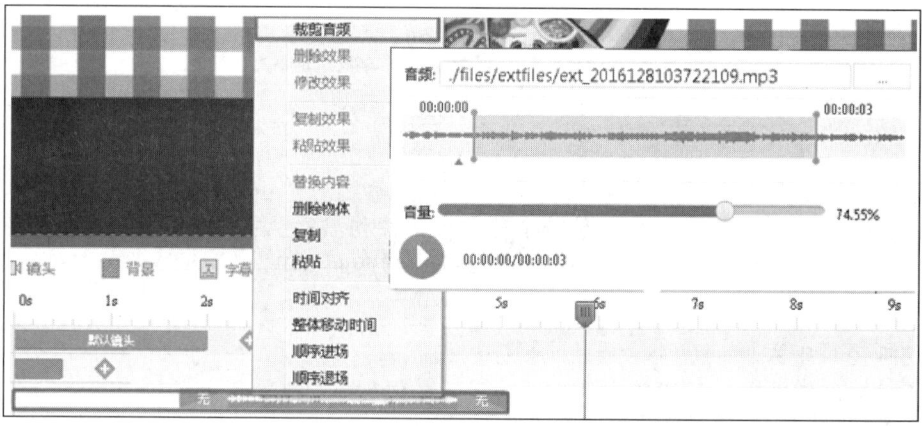

图 6-43　录音应用

（5）动画效果

万彩动画大师支持自定义元素动画效果，可轻松添加元素进场、强调、退出动画，生动传神的动画效果可让动画视频魅力极致。具体操作如下：

Step 1 选中物体，双击其动画条便会出现动画列表，设置进入动画就双击“+”前面的部分，设置退出动画就双击“+”后面的部分，单击“+”则表示添加动画效果，如图 6-44 所示。

Step 2 添加特殊效果。想要设置元素物体直接进场而不需要添加任何动画效果时，可双击元素物体的动画条，设置其动画效果为“无”。添加手绘效果：双击元素物体的动画条，在“特殊效果”页面中设置其动画效果为“手绘”，生动的手绘效果让动画的演示更丰富有趣。添加移动效果：单击“+”，在弹出的页面中选择“移动”效果即可设置元素物体移动，如图 6-45 所示。

在画布中单击要移动的元素，出现箭头指向元素复制体，可拖动元素复制体设置元素直线移动路径或直接拖动虚线部分来调整移动路径，如图 6-46 所示。

图 6-44　添加动画效果

图 6-45　特殊效果

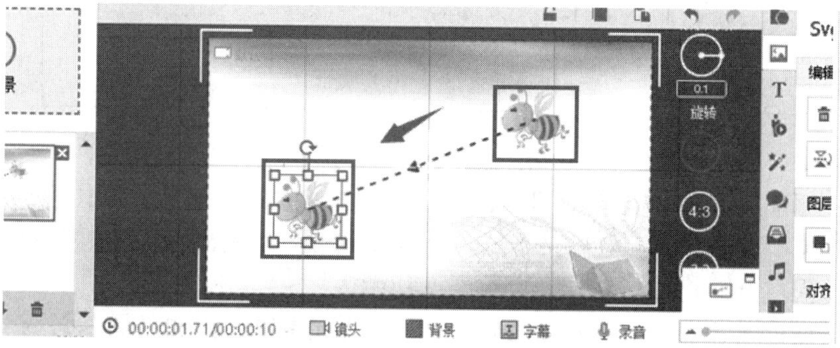

图 6-46　移动路径

单击元素和元素复制体中间的虚线，出现圆点，可拖动圆点设置物体移动的弧度，使元素曲线移动，如图 6-47 所示。

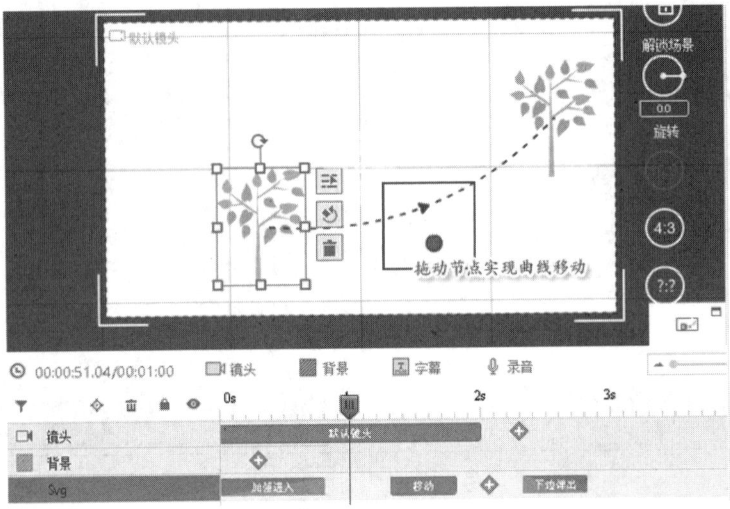

图 6-47　曲线移动

Step 3 添加一般效果。在场景中添加元素物体后，双击其动画条即可轻松设置动画效果。可以设置元素物体的一般动画效果，如百叶窗、展开、伸展、手型推出、旋转进入、盖章、滑动等，如图 6-48 所示。

图 6-48　一般效果

Step 4 添加文本效果。单击“T”图标按钮添加文本后，可以为文本设置精美的动画效果。单击文本，选中文本的动画条并双击，添加文本的动画效果，选中动画效果后设置其高级选项，如图 6-49 所示。

Step 5 设置元素物体动画效果的显示时长。为元素物体添加进场、强调及退场动画效果后，可拖动其动画条设置其动画显示时长、进场及退场时间。

图 6-49　文本动画

Step 6 设置元素物体的播放顺序。新建场景，添加不同元素物体（形状、图片、音乐、特殊符号、视频等），时间轴上出现各个元素的进场、退场动画条。拖动不同元素的进场动画条到不同位置，即可设置元素播放的先后顺序，如图 6-50 所示。

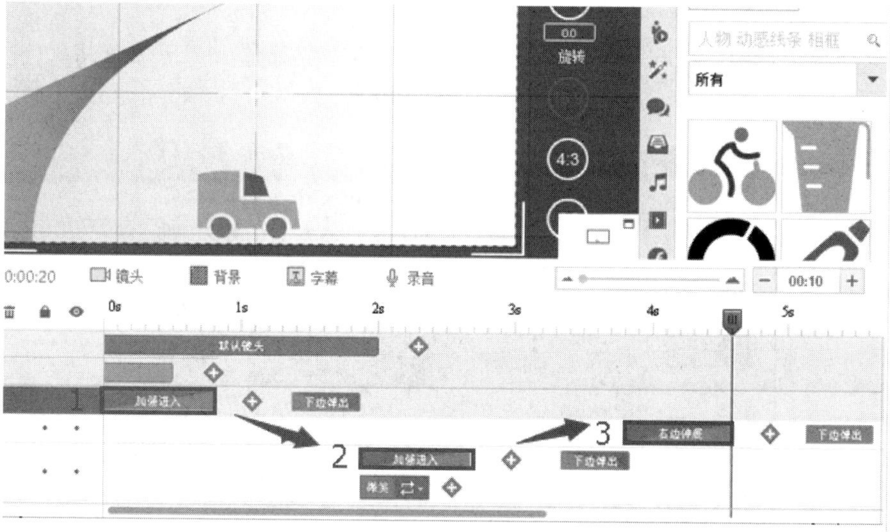

图 6-50　设置元素物体的播放顺序

【拓展知识与训练】自定义场景的播放时间

为每一个场景自定义适当的播放时间可使动画视频更加连贯、顺畅。万彩动画大师可轻松设置场景的播放时间，操作如下：

Step 1 在新建的场景中添加元素后，设置元素动画时长，根据需要自定义场景播放时间。

Step 2 在时间轴的右上方，单击“-”图标则从当前场景中删除一秒，单击“+”图标则增加一秒到当前场景，连续单击“+”或“-”可连续增减秒数，如图 6-51 所示。

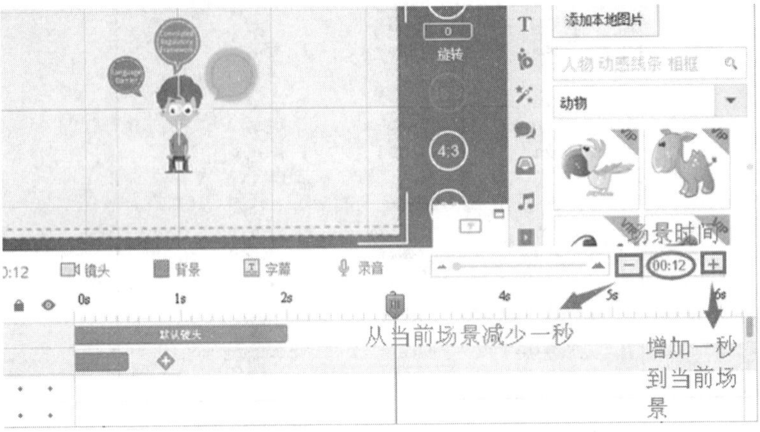

图 6-51 自定义场景的播放时间

学习活动

学习活动 1 场景与镜头的区别[①]

在万彩动画大师中，场景指的是软件左方的场景编辑界面。一个场景即是一组动画，每个场景之间可以用特效切换，形成镜头感，如图 6-52 所示。

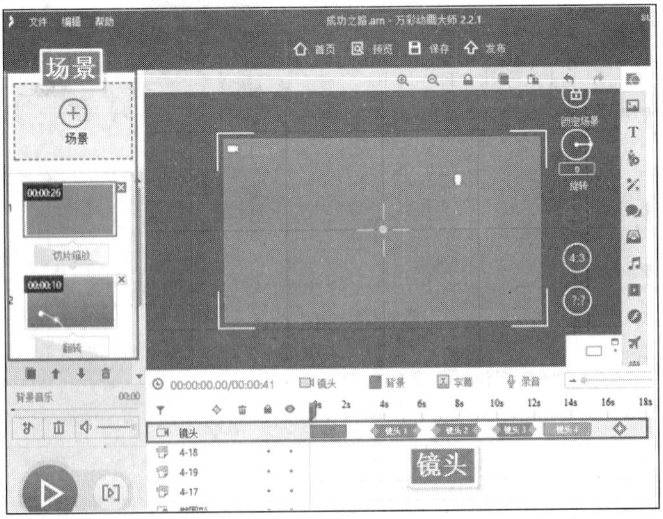

图 6-52 场景与镜头

① http://www.animiz.cn/kb/topic-1166.html

添加场景的具体步骤如下：

Step 1　打开软件后会默认添加第一个场景，可以单击“场景”框，之后可以添加一个空白场景或者选择任意场景模板来添加新场景，如图 6-53 所示。

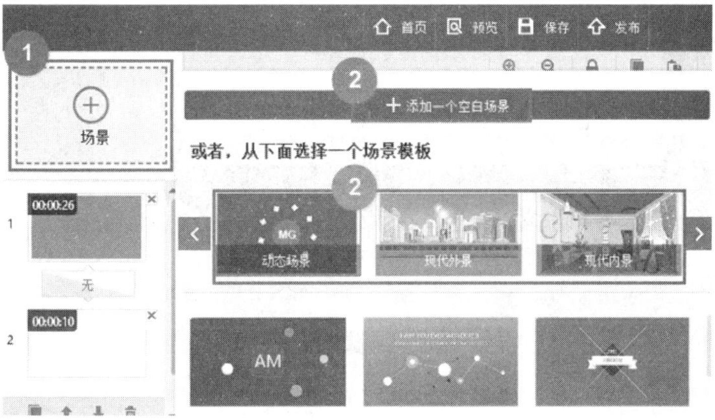

图 6-53　添加场景

Step 2　在场景与场景之间，可以添加场景切换效果。单击“无”按钮，之后单击任意切换效果即可，如图 6-54 所示。

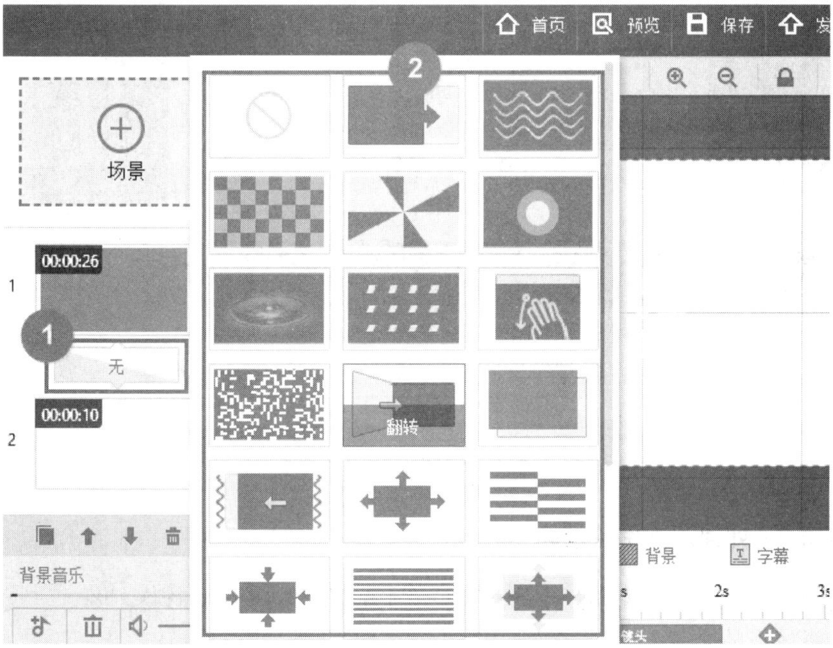

图 6-54　场景切换效果

添加镜头的具体步骤如下：

Step 1　打开软件会有一个默认镜头，单击默认镜头后的“+”按钮即可添加一个新镜头，如图 6-55 所示。

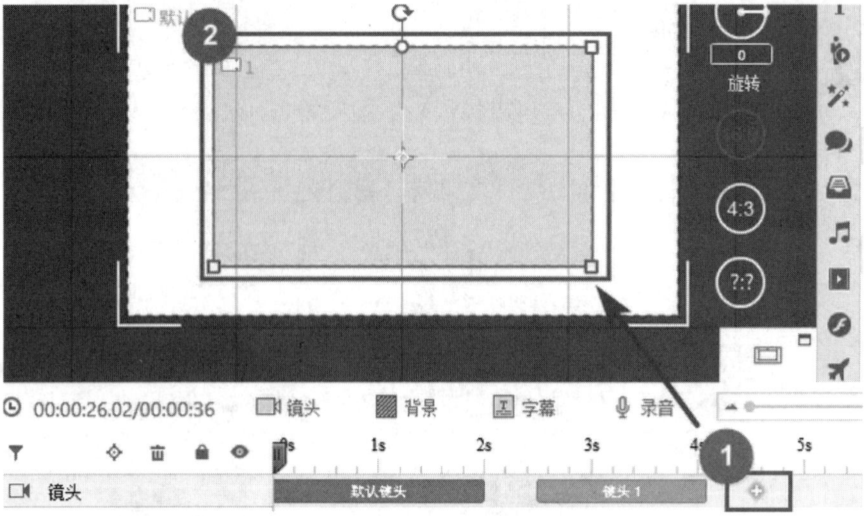

图 6-55　添加镜头

Step 2　可以通过平移/缩放/旋转镜头框来展示不同镜头切换效果，如图 6-56 所示。

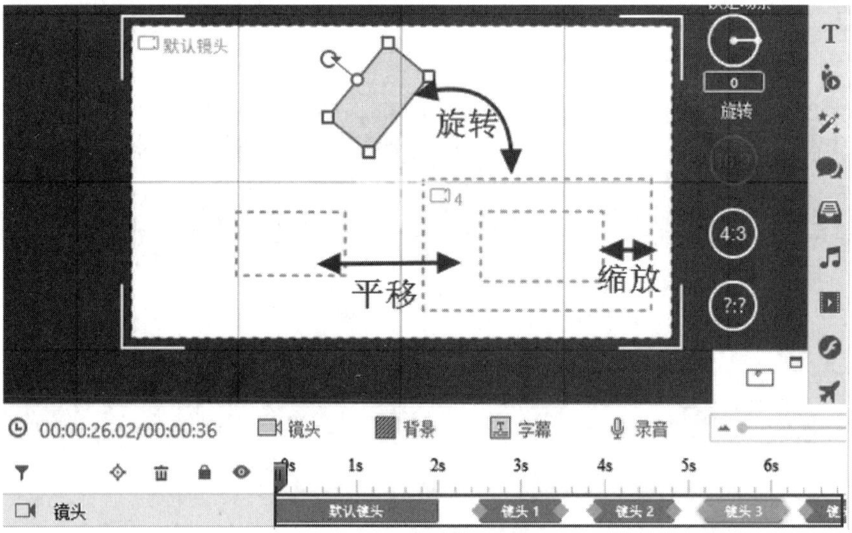

图 6-56　镜头切换效果

学习活动 2　如何添加手绘动画①

万彩动画大师可以为不同元素添加手绘动画效果，包括人物形象、图片、文本等元素。添加手绘动画效果的步骤如下：

Step 1　单击选中需要添加手绘动画效果的物体，之后单击物体侧边栏的“滚动到并选择该对象的时间轴”定位到该物体的时间轴，如图 6-57 所示。

① http://www.animiz.cn/kb/topic-1201.html

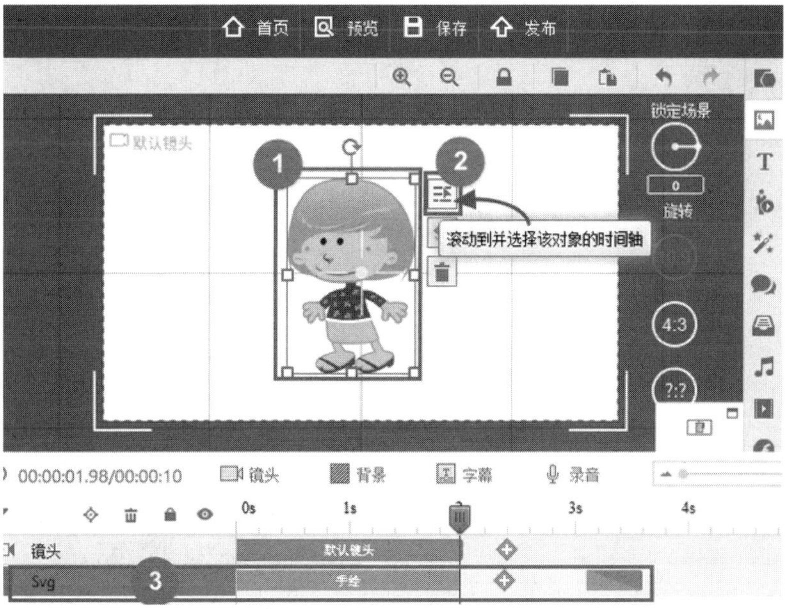

图 6-57　添加手绘对象

Step 2 在时间轴上修改物体的进场动画效果为手绘动画效果。将鼠标放在该物体的进场动画条上，单击鼠标右键，选择“修改效果”，如图 6-58 所示。

图 6-58　修改效果

Step 3 在弹出的页面中选择“手绘”效果，最后单击“确定”按钮即可，如图 6-59 所示。

Step 4 选择“动画图形”中手绘图形，如图 6-60 所示。

Step 5 预览手绘动画，如图 6-61 所示。

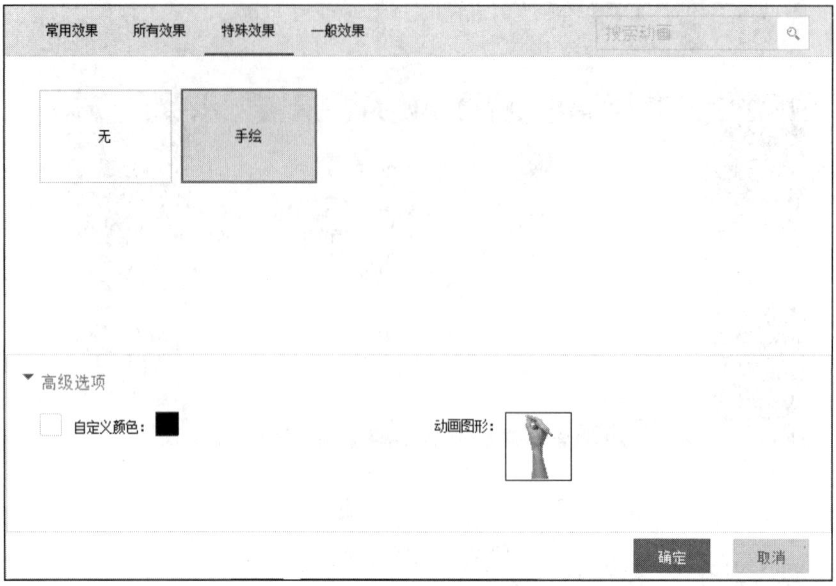

图 6-59　手绘效果

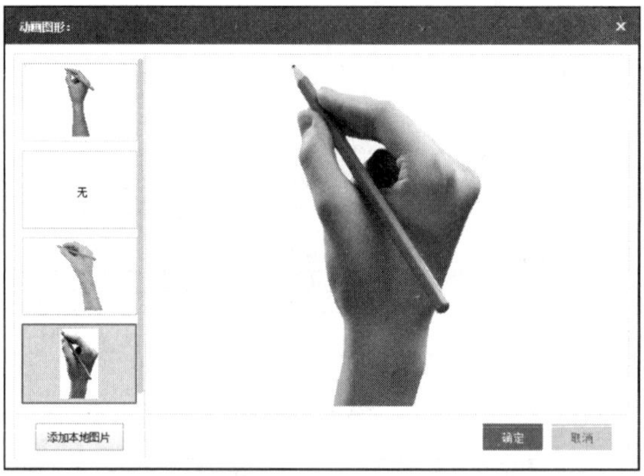

图 6-60　动画图形

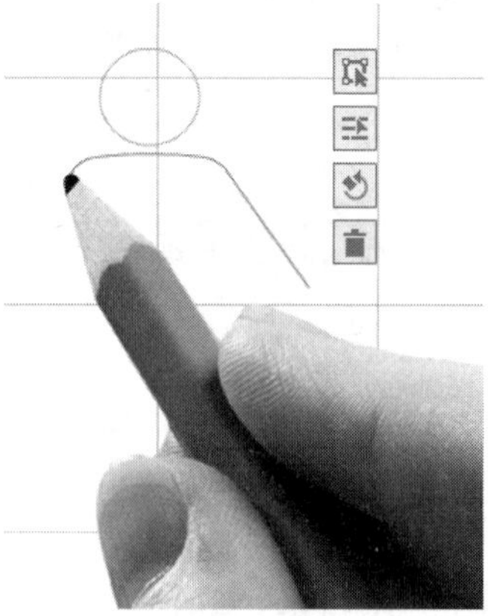

图 6-61　手绘动画

学习考核

	考核内容		标准分	计分
考核要点	（1）掌握万彩动画大师软件的使用		2	
	（2）了解场景与镜头的内涵		2	
	（3）学会使用万彩动画大师制作微课		3	
	（4）学会使用万彩动画大师制作教学动画		3	
	小计		10	
评价方式	自我评价	小组评价	教师评价	
考核得分				
存在问题				

练习与思考

一、填空题

1．万彩动画大师发布视频主要为两种形式：输出到云和________。

2．万彩动画大师添加图形的方法：单击“图形”图标按钮，选中图形然后再将其拖动到________（或直接拖动到画布），还可以用现有的图形组合成各种所需的图形。

3．当场景中的多个元素或对象都有添加动画效果时，为了方便操作或是为了达到某种特有的效果，可以设置进场对齐、________，还有时长对齐。

4．单击“气泡”图标按钮，单击“浏览”进入气泡列表，再从列表中选择合适的气泡，单击________便可将其添加到画布中。

5．当需要设置进场顺序时，再按住________键并单击鼠标左键选中多个元素，再根据需要设置动画的前后顺序。

6．在发布输出视频的时候，可以勾选________选项，该功能可以一定程度地解决视频卡顿问题，让视频看起来流畅。

二、选择题

1．以下选项不属于万彩动画大师的功能特点的有（　　）。

A．简单易操　　B．能添加镜头特效

C．拥有丰富的 3D 效果　　D．强大的时间轴控制

2．以下（　　）动画效果属于万彩动画大师的特殊效果。

A．手绘效果　　B．酷炫色彩　　C．手型推入　　D．飞入动画

3．以下不属于万彩动画大师时间轴上的是（　　）。

A．镜头　　B．背景　　C．字幕　　D．图形

4．万彩动画大师不可以发布为（　　）格式。

A．MP4　　B．AVI　　C．FLV　　D．RM

5．万彩动画大师去除图片背景颜色是通过（　　）。

A．图片编辑器　　B．抠像编辑器

C．图形编辑器　　D．SVG 图编辑器

三、简答题

1．如何实现动画曲折移动？

2．如何添加、编辑背景音乐？

第 7 章　Storyline 2 制作交互式微课

【教学导航】

教学目标	（1）掌握 Storyline 2 的安装方法 （2）掌握 Storyline 2 制作课件的方法，包括课件内容的创建、课件的交互设计、测试题的创建、播放器的设置等 （3）学会利用 Storyline 2 进行录屏的方法
本章重点	Storyline 2 制作课件的方法 Storyline 2 录屏方法
本章难点	Storyline 2 制作课件的方法
教学方法	讲授法、演示法、任务驱动法、自主学习法
课时建议	6 课时

【知识结构】

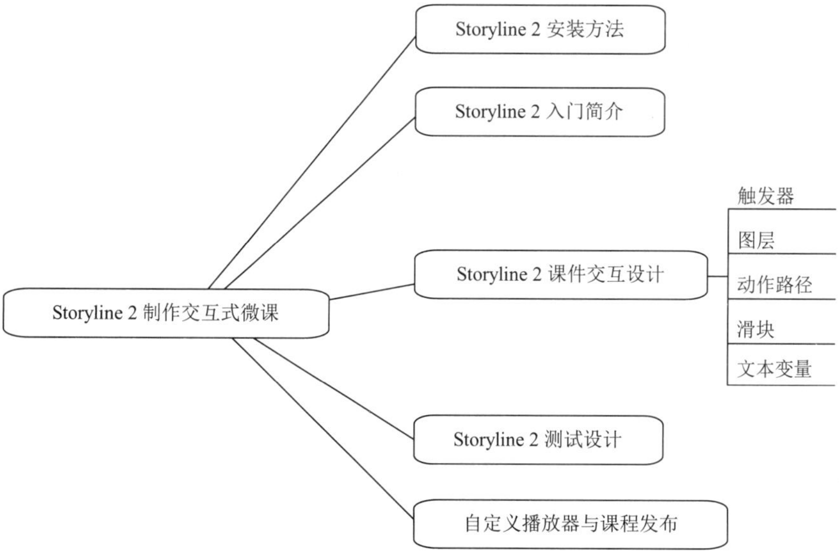

学习任务 1　Storyline 2 安装方法

【任务描述】掌握 Articulate Storyline 2（简称 Storyline 2）软件的安装方法。

【任务实施】Articulate Storyline 2 在原来国际排名第一的课件制作工具 Articulate Storyline 1 的基础上，做了非常大的改进与创新。其中最引人注目的是，此款软件同时推出了中文版。这对于企盼已久的中国广大用户来说，实在是一个大好消息。Storyline 2 不仅对操作界面进行了汉化，还正式支持双字节字符，制作中文课件将会更加顺利。

Step 1 双击 storyline-2.exe 可执行程序文件进行安装，如图 7-1 所示。

图 7-1 Storyline 2 安装程序

Step 2 出现 Articulate Storyline 2 安装对话框，提示程序将安装到自己的计算机上，这里要进行 3 步操作，如图 7-2 所示。

图 7-2 安装对话框

Step 3 程序开始进行安装，通过蓝色进度条显示安装进度，不需要进行操作，如图 7-3 所示。

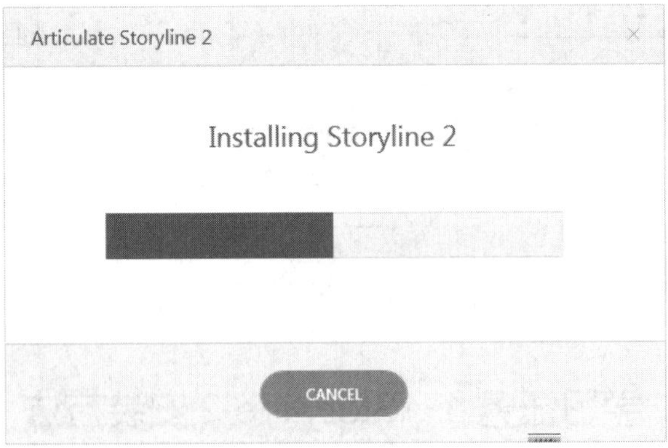

图 7-3 安装进程

Step 4 安装完成后，会默认选中自动上传错误统计信息帮助 Articulate Storyline 进行产品提升。此处单击 FINISH 结束本次程序安装，如图 7-4 所示。

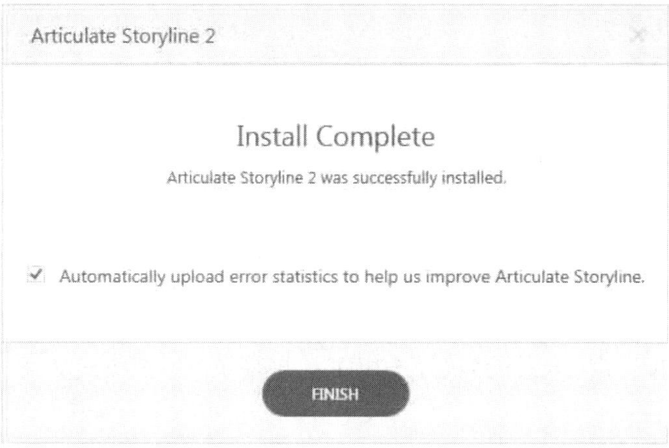

图 7-4　安装结束

【拓展知识与训练】Storyline 2 新功能。和 Storyline 1 相比第二代功能更为而强大，具体表现如下所述：

（1）易于操作。

- 人性化的用户界面：符合用户使用习惯，类似 PPT 操作，中文操作界面让用户能轻松地找到和使用工具，快速地创建课程。
- 革命性的互动功能：页面分层，在同一页面就可以创建多种互动。
- 触发器：选择要建立的互动和动作，对要发生动作的条件进行设置。
- 状态：通过设置对象的状态，对应学生的不同操作。
- 变量：让课程更加智能化，学生输入的内容或测试的结果可以运用到后面课程。
- 滑块：通过设置滑块互动，能够实现更多功能。
- 操纵数据，创造因果关系，控制对象和导航。

（2）灵活的测试评估。

- 测试题：表格式和页面式两种方式，可轻松创建 20 种不同类型的测试题，还可用页面上的任何元素创建自由形式类测试题。
- 拖拽式互动：可以通过 Storyline 2 直接创建这一类型的互动。
- 导入问题：可以从 Excel 和文本文件中导入测试题，从而更高效地与 SME（主题内容专家）协作，更快速地创建测试题。
- 倒扣分：可以更加准确地评估学生，在学生回答问题错误时倒扣分数。

（3）录屏不再是烦恼。

屏幕录制：录制计算机屏幕，可轻松实现添加字幕、添加人物、放大和变焦等效果。

软件模拟：一次录制，三种模式呈现，即查看模式、试用模式、测试模式。

动作微调：在原始录制文件基础上，微调录制效果，改变关键帧，让录屏课件更完美。

（4）发布。

HTML5、Flash、移动设备：发布的成品可运用在计算机、笔记本、邮件、互联网、学习管理平台、移动设备等。

（5）社区与资源支持。

Articulate 社区：这是所有 e-Learning 课件工具中最为强大的学习者支持社区。用户可以加入社区进行学习与交流。

免费模板：可以在 Articulate 社区，获得免费模板等资源支持。

学习任务 2　Storyline 2 入门简介

【任务描述】了解 Articulate Storyline 2 的页面布局，掌握创建幻灯片的三种方法和“插入”选项卡中几种主要媒体的插入方法。

【任务实施】Articulate Storyline 2 是一个强大的独立工具，具有无可比拟的交互功能，可帮助用户建立动态的、引人入胜的内容，如模拟、屏幕录制、拖放式交互、单击显示活动，以及测试和评估等。

（1）创建新的课件页面

双击打开 Articulate Storyline 2，新建项目后，双击无标题场景，即可进入如图 7-5 所示的画面。Storyline 2 和 Office 2013 风格相似，只是功能不同。

下面介绍几种不同的视图：

- 故事版视图：以后我们做的幻灯片的缩略图都会显示在这里，这相当于一张全局概览图，在这里面可以在不同场景中拖拽幻灯片进行交换，如图 7-5 所示。

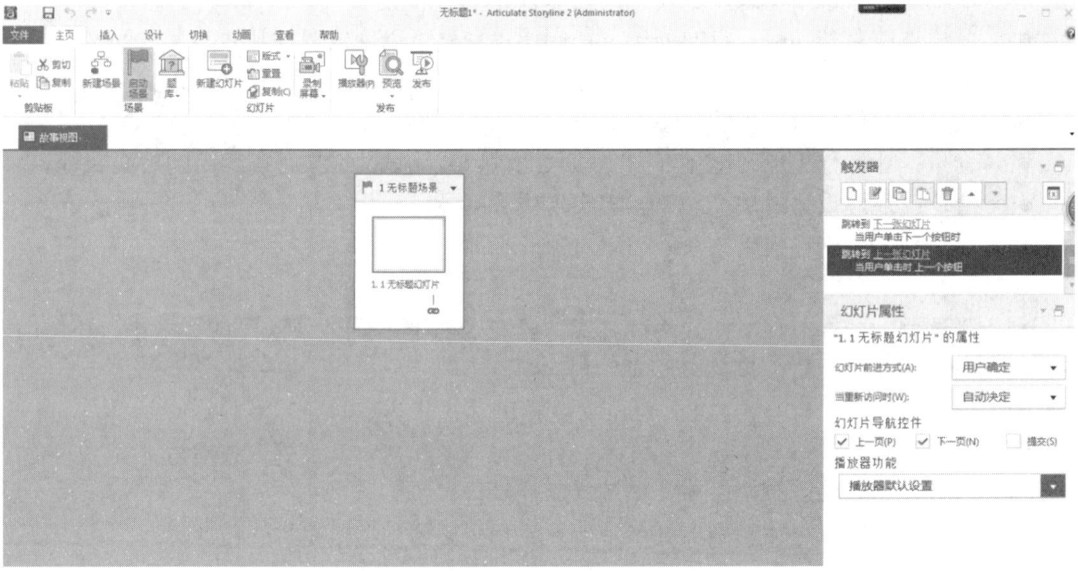

图 7-5　故事版视图

- 未命名场景视图：场景是一组相关幻灯片的组合，比如我们可以把讲解的幻灯片放到一个场景中，把测试的幻灯片放到另一个场景中。新建项目时会默认创建一个未命名场景，该场景序号为 1。
- 未命名幻灯片视图：Storyline 2 中的幻灯片和 PowerPoint 中的幻灯片概念基本相同，这里不多做介绍了。新建项目时会默认创建一个未命名幻灯片，该幻灯片序号为 1.1。
- 普通视图：普通视图就是幻灯片视图，是建立和自定义每张幻灯片内容的地方。在普通视图中可编辑特定幻灯片的任何事物，包括幻灯片上的对象、时间线和动画、状态、触发器等。在幻灯片上可创建和自定义图层，然后使用触发器去控制这些图层的显示出现，如图 7-6 所示。

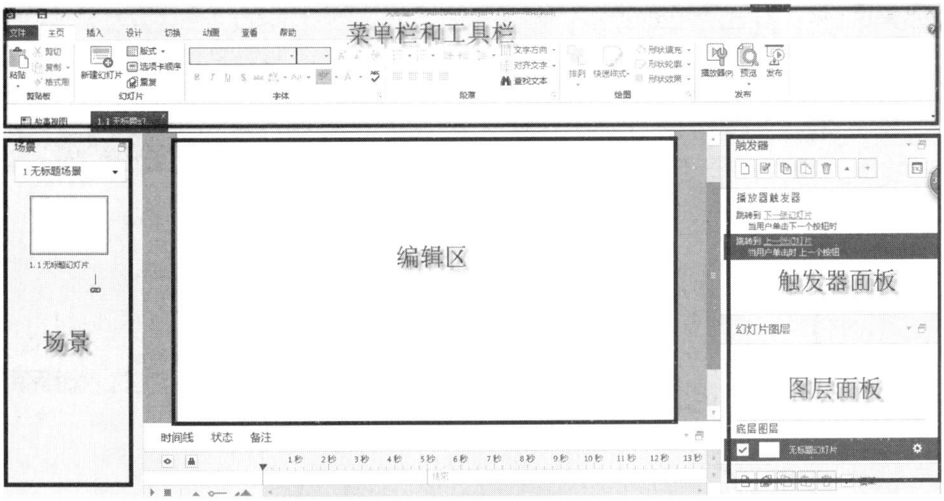

图 7-6　普通视图

（2）创建新幻灯片，添加内容

- 创建幻灯片

创建幻灯片的方法有三种：①通过单击“主页”选项卡>“新建幻灯片”；②通过单击“插入”选项卡，在工具栏上单击“新建幻灯片”；③使用快捷键 Ctrl+M。利用任何一种方式创建新幻灯片后都会出现“插入幻灯片”界面，如图 7-7 所示，其中包含：模板，有一些已经做好的模板幻灯片，用户可以直接使用；基本版式，指一些常用的界面布局方式；测验，指各种测试题型；屏幕录制，指屏幕操作录制；导入，可从外部导入支持的文档格式。这里选“基本版式”，然后选择“空白”，单击“插入”，效果如图 7-8 所示。

图 7-7　插入幻灯片

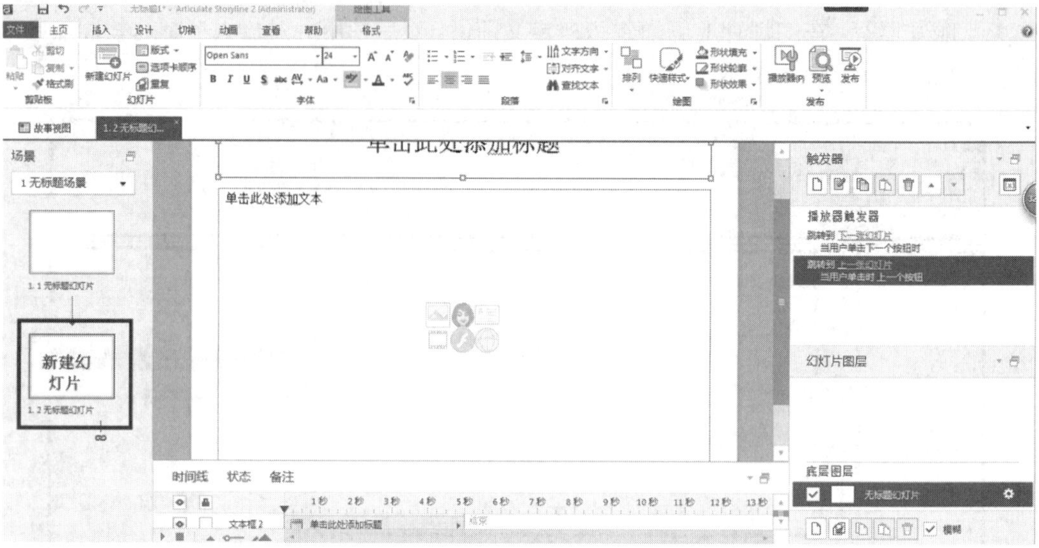

图 7-8 新建幻灯片

● 添加标注

Step 1 单击选择左侧场景栏中的“1.1 无标题幻灯片”，切换到这张幻灯片。

Step 2 单击“插入”选项卡>“标注”>选择“矩形标注”，此时光标会变成一个十字形，按下鼠标左键拖拽进行标注框绘制。

Step 3 绘制好标注框后，直接输入标题：Storyline 2 入门教程。可以在“主页”和“绘图工具”选项卡中对文字与标题背景进行美化设置。具体效果分别参考图 7-9 和图 7-10。

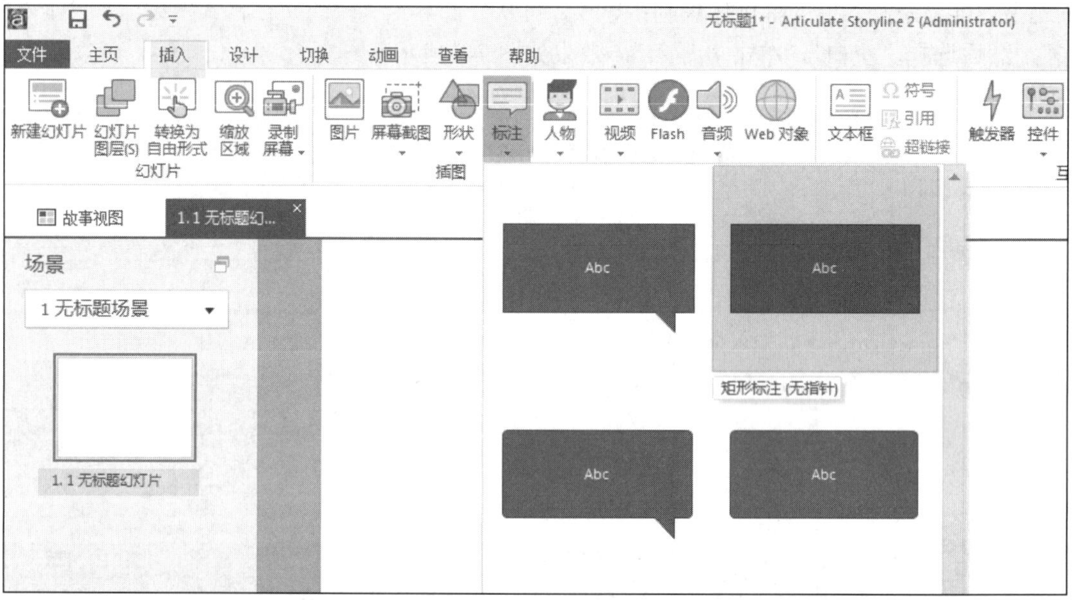

图 7-9 插入标注

图 7-10　标题最终效果

- 添加人物

Step 1　切换到“1.2 无标题幻灯片”中，再添加一个标题：交互示例，并美化。

Step 2　通过“插入”选项卡>“人物”>插图类人物，进入人物选择列表，这里有很多矢量图人物形象，且有三个选项：第一个是“人物”，系统默认 20 个人物，可根据需要选择相应角色；第二个是“表情”，共有 12 种，常用的是高兴和生气；第三个是“姿势”，分别有站立和坐两种，每种姿势都有前面、左侧和右侧三种类型。具体如图 7-11 所示。

Step 3　选择好表情、姿势后，单击“插入”即可插入人物。

图 7-11　插入人物

- 导入 PPT 文件

Step 1　选择“文件”>“导入”>PowerPoint，如图 7-12 所示，从计算机中找到要导入的 PPT 文件，进入“插入幻灯片”对话框。

Step 2　选择要导入的幻灯片，并且选择要导入的场景，单击“导入”即可，如图 7-13 所示。

图 7-12　导入 PPT 文件

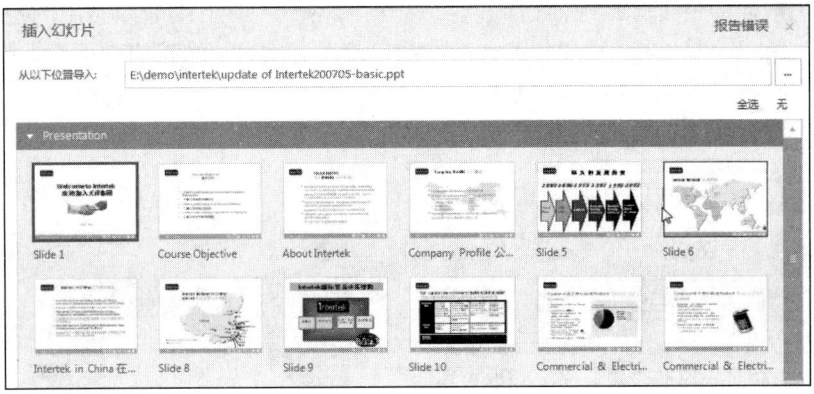

图 7-13　插入幻灯片

- 添加声音

Step 1　选择“插入”选项卡>“音频”，在“音频”下拉菜单中有两个选项，即“文件中的声音”和“录音麦克风”。选择“文件中的声音”可以插入计算机中的音频文件。选择“录音麦克风”可录制麦克风的声音。

Step 2　这里以“录音麦克风”为例，打开“录音麦克风”对话框后，单击录音按钮，开始讲解，完成后单击“保存”，声音就插入到了音频层，如图 7-14、图 7-15 所示。

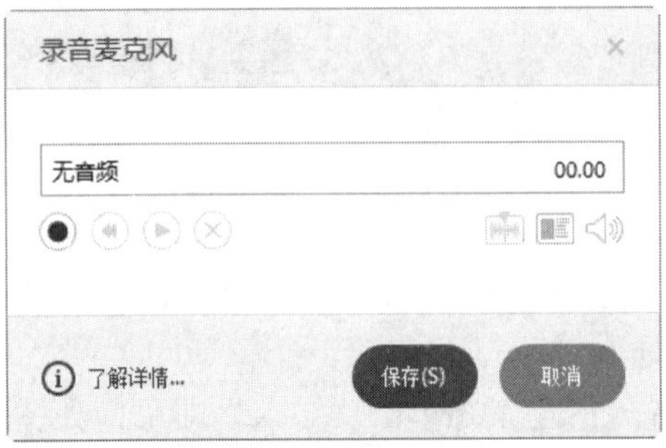

图 7-14　录音麦克风

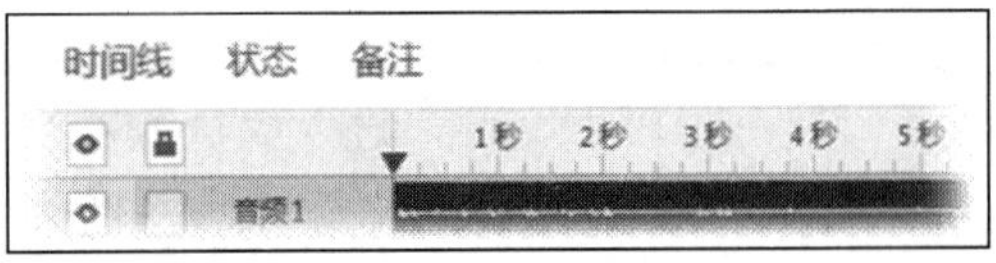

图 7-15　插入音频层

- 添加视频

Step 1　选择“插入”选项卡>“视频”，在“视频”下拉菜单中有三种插入视频的形式，分别为“文件中的视频”“网站中的视频”和“录音摄像头”。

Step 2　这里以“网站中的视频”为例，打开“从网站插入视频”对话框，在文本框中输入已经上传到网络中的视频网址，单击“插入”即可，如图 7-16 和图 7-17 所示。

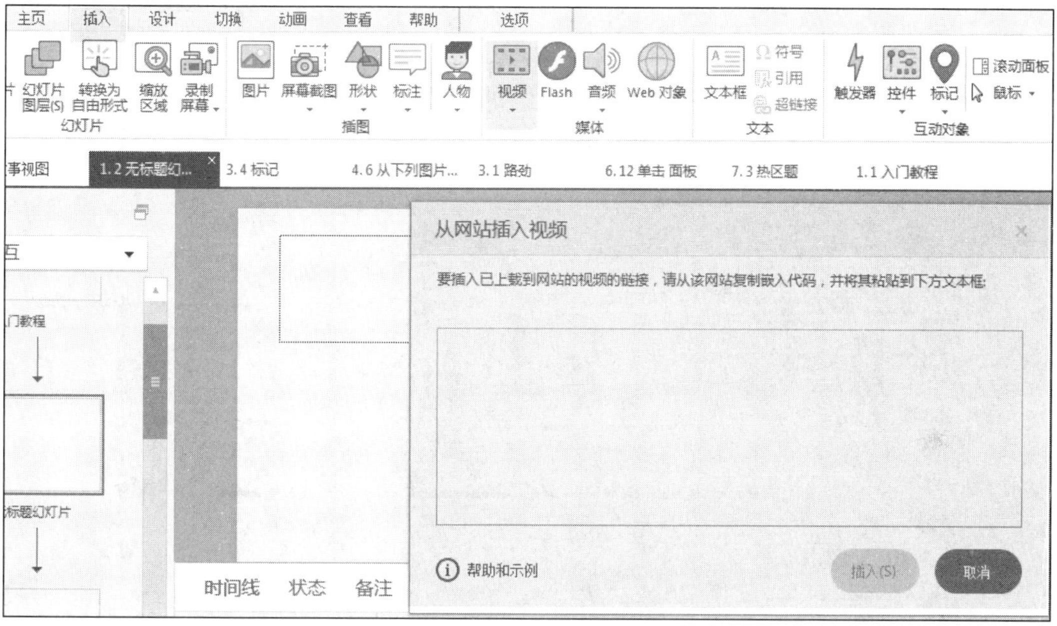

图 7-16　从网站插入视频

图 7-17　插入视频效果图

- 导入 Flash 文件

在网上可以找到很多漂亮的 Flash 文件，可将 Flash 文件导入到 Articulate Storyline 2 中来选择“插入”选项卡>Flash，选择需要导入的文件即可，如图 7-18 和图 7-19 所示。

图 7-18 导入 Flash 文件

图 7-19 导入 Flash 文件效果图

- 缩放区域

单击“插入”选项卡>“缩放区域”，可以实现放大或缩小效果。可通过调整缩放框的大小来确定是放大还是缩小，调整时间线来确定缩放的具体时间点，具体参考图 7-20。

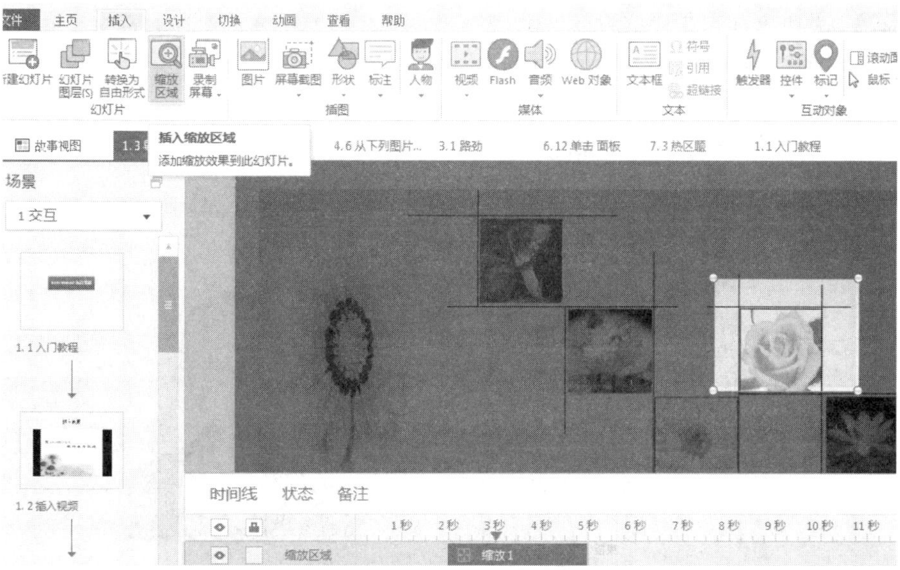

图 7-20　缩放区域

● 滚动面板

当要显示较大的图片、大量的文字或者置入超出显示区域的物件时，使用 Storyline 2 的滚动面板是不错的选择。“滚动面板”允许学习者垂直滚动面板，从而使其看到更多内容，在滚动面板中能包含下列物件：图片、屏幕截图、视频、图形、标题、标记、人物、网页、文本框、按钮、热区、数据输入项等。但滚动面板中不能包含滚动面板，还有就是幻灯片主页上的预置物件不能包含在其中。在幻灯片上可以添加许多滚动面板，也可以在图层中添加滚动面板或在幻灯片主页上添加滚动面板（在幻灯片主页上添加滚动面板后，只能在幻灯片主页上增加面板内容，不能在其他幻灯片上增加面板内容）。当页面中文字很多的时候，需要滚动文字。

Step 1　选择需要滚动的文字放到幻灯片编辑区。

Step 2　选择“插入”选项卡>“滚动面板”，调整滚动面板位置。

Step 3　单击文本区域，按下鼠标左键将文字拖拽到滚动面板中，如图 7-21 所示。

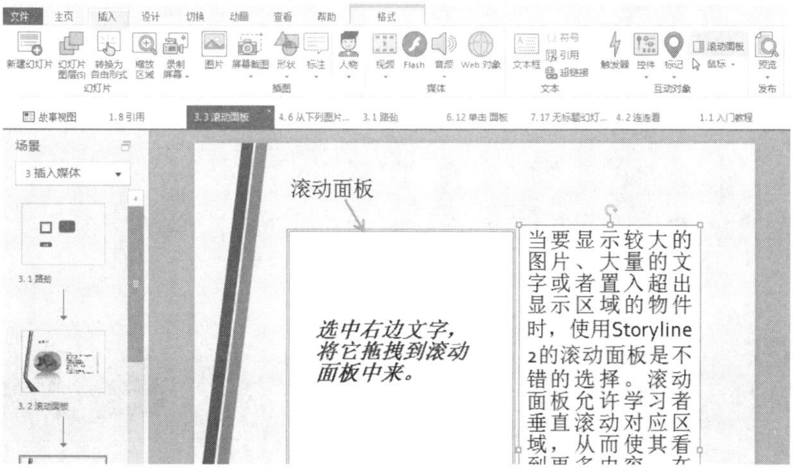

图 7-21　滚动面板

Step 4 选择“插入”选项卡>“图片”，将一张人物图片导入到编辑区，调整图片格式进行美化，效果如图 7-22 所示。

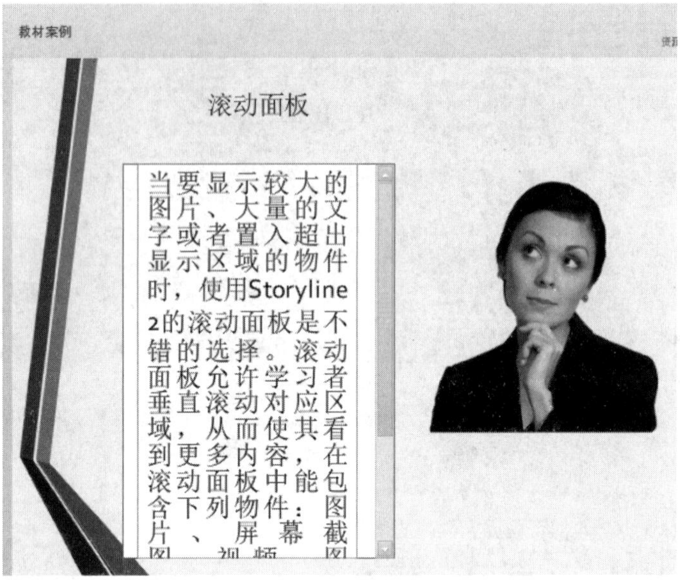

图 7-22 滚动面板效果图

- 添加 Web 对象

通过添加本机或者网络上的地址，可实现不同资源之间的跳转。选择“插入”选项卡>“Web 对象”，打开“插入 Web 对象”对话框，在地址栏中输入网页地址，如图 7-23 所示。

图 7-23 插入 Web 对象

【拓展知识与训练】给图片等对象添加标记

有些时候需对图片等对象进行文字说明，但是说明多处的时候大量文字出现在图片上显得不美观，通过标记来进行说明是一种好方法。

Step 1　选择“插入”选项卡>“标记”，选择一种标记，如图 7-24 所示。

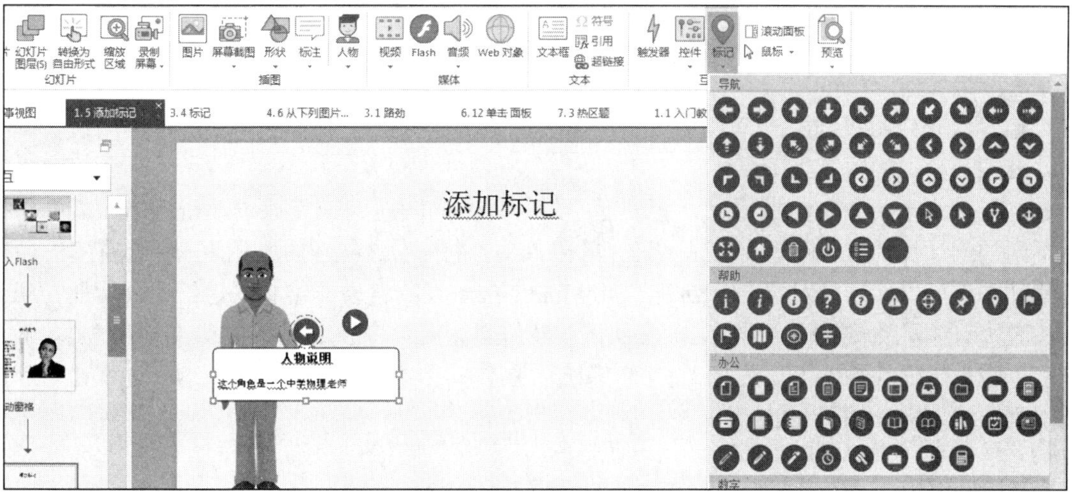

图 7-24　添加标记

Step 2　通过“标记工具”来对标记外观进行设置。

Step 3　预览，观察标记的显示方式，如图 7-25 所示。

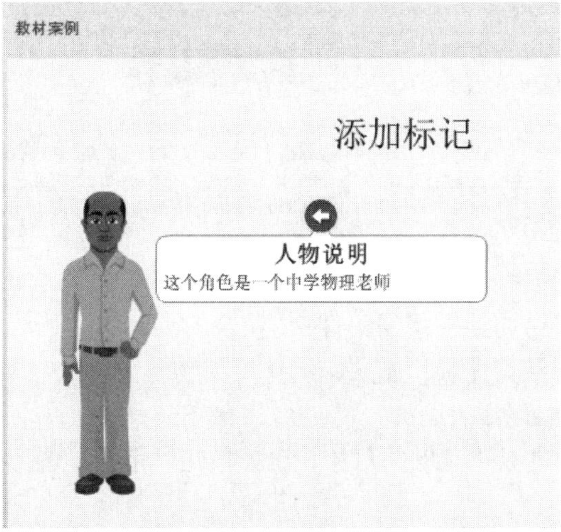

图 7-25　标记效果图

学习任务 3　Storyline 2 课件交互设计

【任务描述】掌握触发器、图层、动作路径、滑块、文本变量等词语的含义以及利用它们进行交互设计的方法。

【任务实施】随着网络技术、计算机技术等的飞速发展，课件设计必须体现出灵活的人际交互。即从教师的角度去看，教师能够控制课件的演示，能够以教师的意愿来呈现信息；从学生角度去看，学生能够根据自己已有认知水平自由选择需要学习的内容。如何让课件在整个教与学的过程中，能够灵活地、恰当地配合我们呢？那就是注重设计课件的交互性功能，特别是要做到能根据学生学习的实际情况、学生的思维反应等学生的一切活动来呈现学习内容等信息。Articulate Storyline 2 软件提供了强大灵活的交互设计功能。

● 触发器

触发器允许用户创建一个基于按钮、图片、文字等对象的动作，可通过单击按钮实现与学习者的互动，如图 7-26 所示。

例如：当学习者单击按钮时，想要显示幻灯片上的图层，或者通过单击按钮，需要切换至不同的幻灯片、打开超链接或显示灯光效果，或者鼠标滑过按钮时需出现声音效果等。所有这些动作都可以通过触发器向导创建。Storyline 2 的触发器将会非常容易地给课程增加互动效果，诸如幻灯层跳转、显示图层、改变状态，任何交互效果将会用到一个或多个触发器，触发器可以应用于任何物件上：按钮、字符、图形、图像、文本以及人物。完成这一过程通常需设置下列四项内容，如图 7-27 所示。

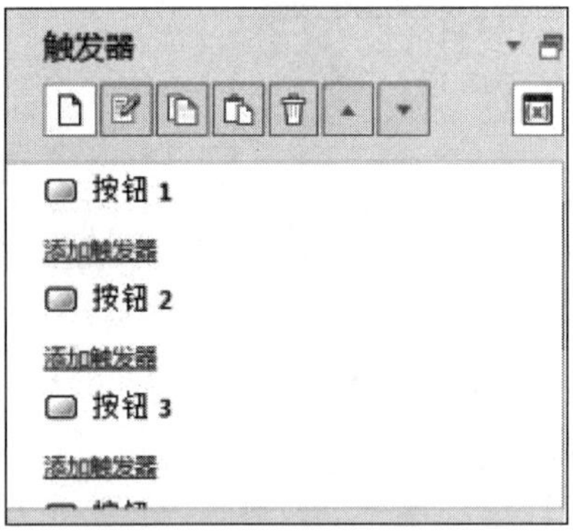

图 7-26 触发器面板

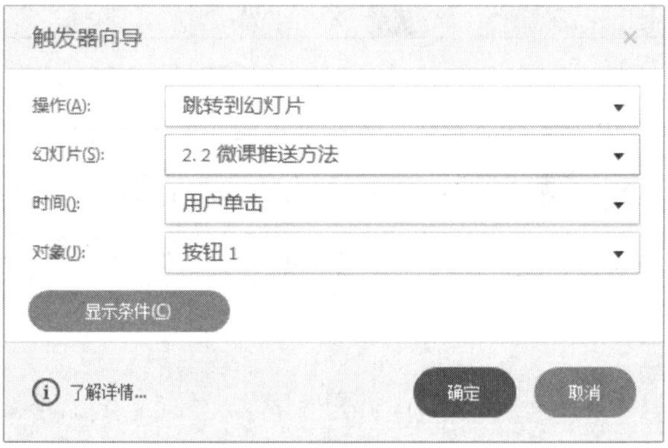

图 7-27 触发器向导

①操作（action），此项与幻灯层项的关系总是相关的。图 7-27 所示的设置中，可以这样理解：当单击按钮 1 时，跳转到指定的幻灯片层。

②幻灯片（where）：指幻灯层、图层、物件、人物等。

③时间（when）：有触发事件。

④对象（object）：指鼠标要接触的对象，比如按钮、字符、图形、图像、文本以及人物等人眼可以看到的东西。

● 图层

图层的使用是 Storyline 2 制作课件的一个重要的方法。插入图层后，默认并不能显示图层，这一点有利于一个幻灯片放置多个图层多个框架。图层是通过触发器来控制显示时间和显示顺序的，掌握好触发器的使用也就能打好图层灵活使用的基础。图层的内容及对象添加编辑完全同普通幻灯片一样，图层内部的对象也可以使用触发器和时间线来配合控制，以便制作出复杂丰富的效果。幻灯片图层如图 7-28 所示。

图 7-28　幻灯片图层

触发器与图层案例：

Step 1　在“添加人物”的基础上建立一个简单的场景，即插入两个按钮，一个让人物变高兴按钮，一个让人物很生气按钮，并且创建对应的交互，当用户单击“高兴”按钮时，人物的表情会变得很高兴，当用户单击“生气”按钮时，人物的表情会变得很生气。

Step 2　建立第一个按钮，通过“插入”选项卡>“控件”>选择 Button 1 按钮，拖动鼠标画出矩形区域，并且单击右键，选择“编辑文字”，输入文字。

Step 3　通过复制的方式完成第二个按钮的制作，修改文字。注意：复选框、单选按钮以后都可以在“控件”列表中选择，如图 7-29 所示。

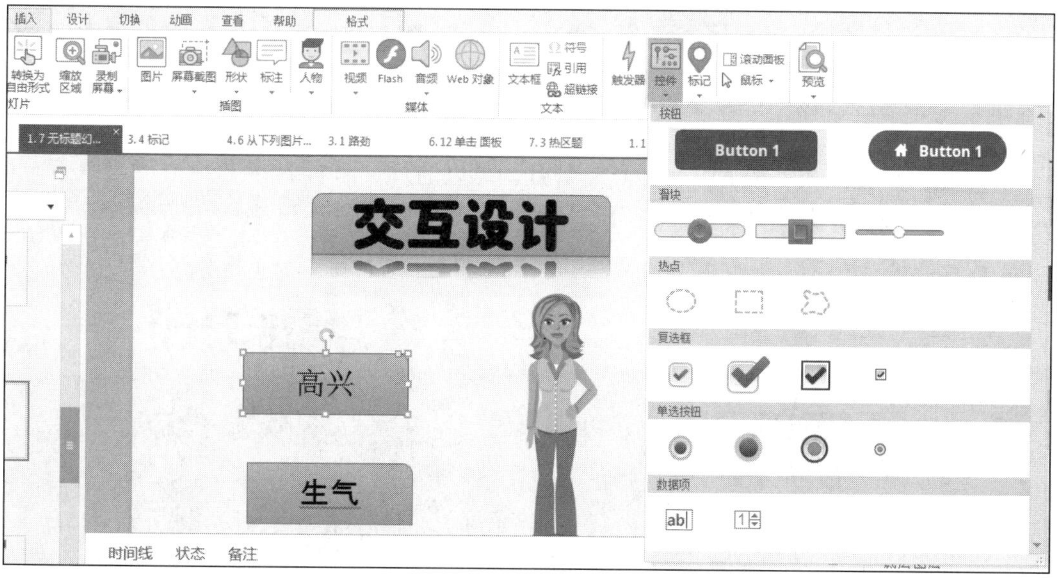

图 7-29　插入按钮

Step 4　选中右侧的“幻灯片图层”，单击左下角的“新建图层”按钮，分别建立“高兴”和“生气”两个图层。在“高兴”图层，将人物的表情修改成“高兴”，用同样的方法，修改“生气”图层。具体参考图 7-30。

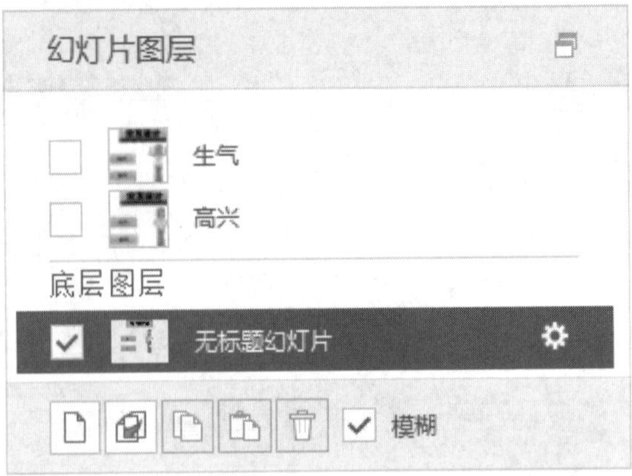

图 7-30　幻灯片图层

Step 5　选中“高兴”按钮添加交互动作。单击右侧的“触发器”，单击第一个按钮，选择“添加触发器”，按图 7-31 所示进行设置。第二个按钮按照图 7-32 设置。

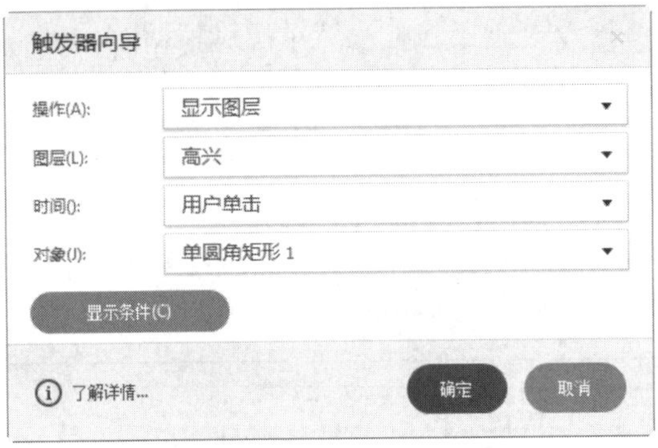

图 7-31　“高兴”触发器设置

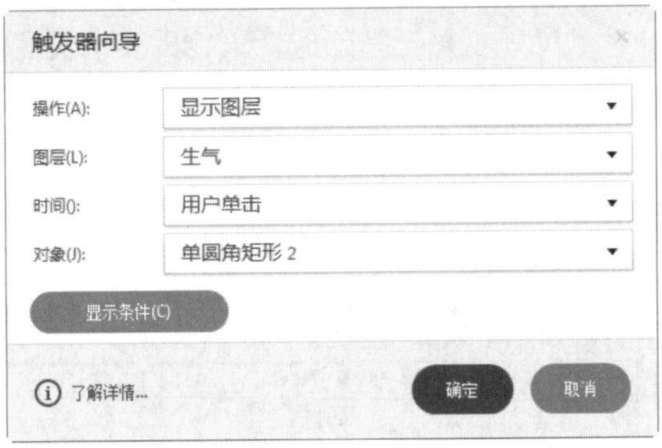

图 7-32　“生气”触发器设置

Step 6　设置完成后按 F12 键预览幻灯片。可以通过页面右下方的“上一个”“下一页”按钮和左侧“菜单”进行幻灯片切换。效果如图 7-33 至图 7-37 所示。

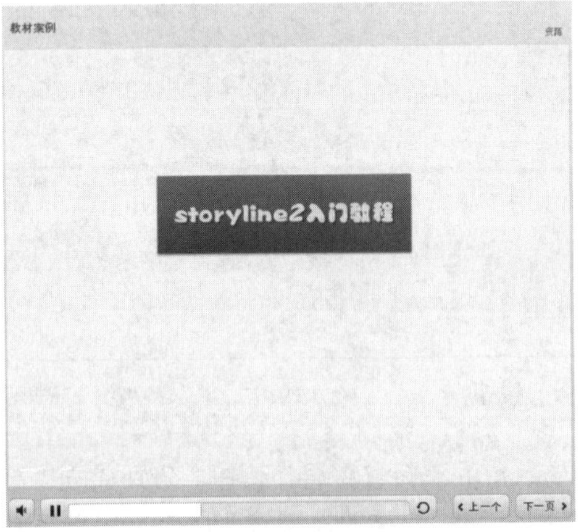

图 7-33　预览第一张幻灯片

图 7-34　预览第二张幻灯片

图 7-35　“高兴”效果图

图 7-36　“生气”效果图

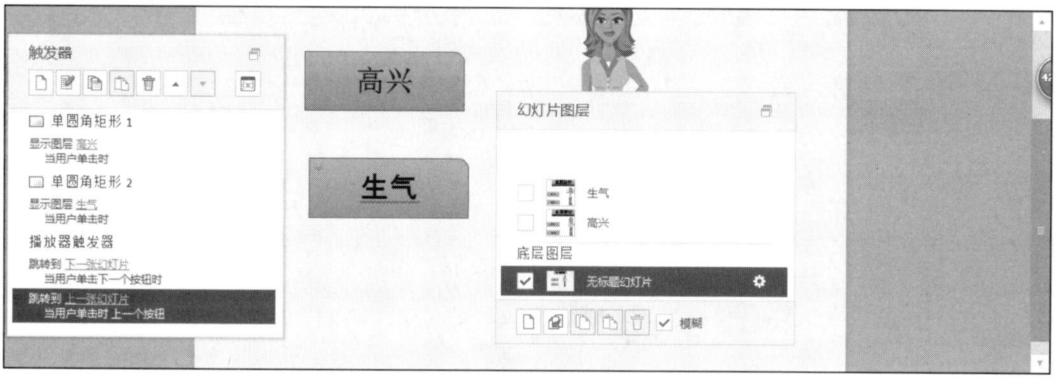

图 7-37　交互案例效果图

- 动作路径

Storyline 2 具有流畅的动画效果，支持几十种“进入”和“退出”的动画，且允许设置方向、形状、次数等，甚至可以按秒设置动作时间。动作路径是 Storyline 2 新增功能，有 10 种类型动作路径，可随意移动对象。下面通过一个案例来说明动作路径的工作原理。根据前面所学，完成底层图层页面设计，如图 7-38 所示。

选中人物，单击“动画”选项卡>“添加动作路径”，单击“线条”，添加直线动作路径，双击右侧“移动人物”触发器，进行如图 7-39 所示的设置。

这样就实现了人物在画面停留 1 秒后再向右移动。

- 滑块

滑块是 Storyline 2 新增功能，它与触发器结合可以灵活控制对象的运动与交互。

Step 1　单击“插入”选项卡>“控件”，选择一个滑块。

Step 2　创建两个立方体，分别为立方体 1 和立方体 2，单击立方体 2，右击选择“置于底层”，将两个滑块重合。效果如图 7-40 所示。

Step 3　单击视图下方时间线左侧的“立方体 1”的“显示/隐藏”按钮，将立方体 1 隐藏。

Step 4　选中滑块 1，单击视图右侧的触发器，单击“新建触发器”按钮，对触发器向导进行设置，如图 7-41 所示，其中触发条件的设置如图 7-42 所示。

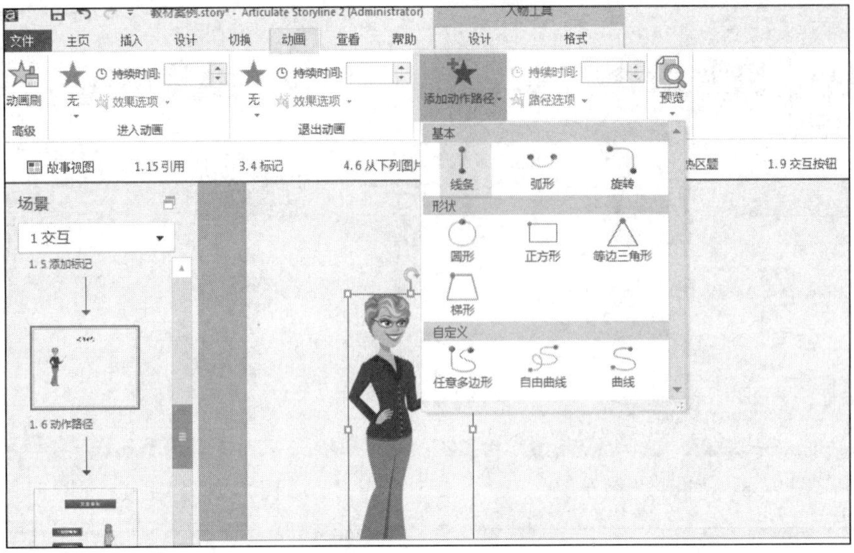

图 7-38　动作路径基本页面

图 7-39　动作路径触发器设置

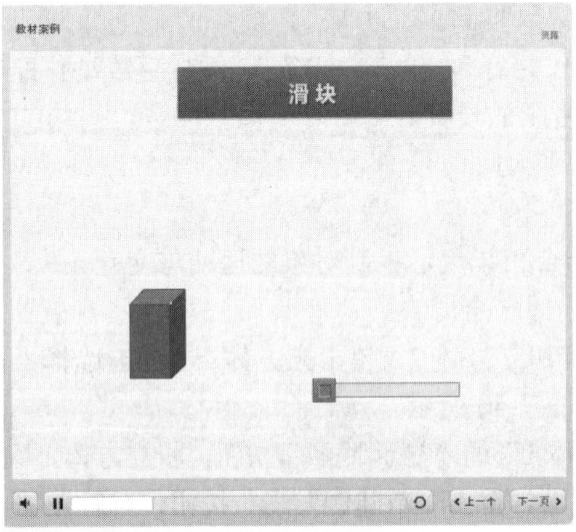

图 7-40　创建立方体

图 7-41　滑块触发器设置

图 7-42　滑块触发器条件设置

Step 5　设置完成后，在预览发布页面中拖动滑块，当滑块的数字为 3 时，显示如图 7-43 所示的画面。

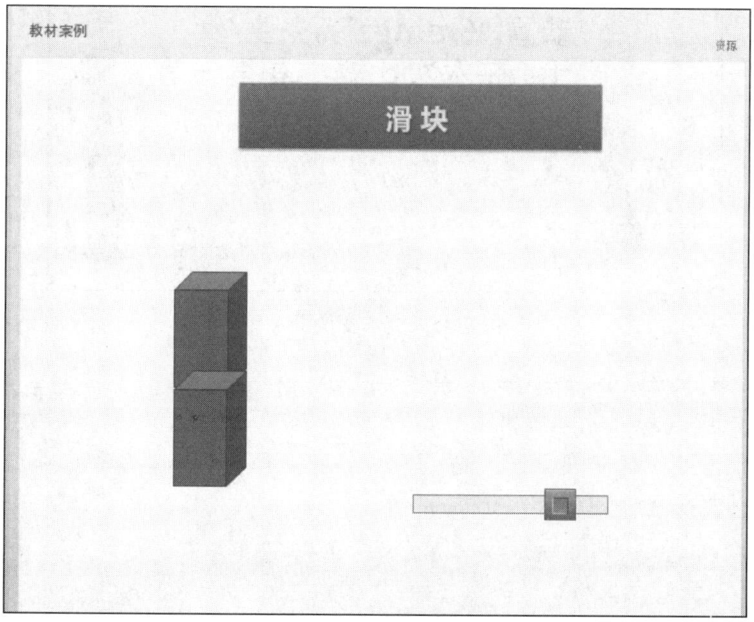

图 7-43　滑块效果图

【拓展知识与训练】通过文本变量来获得外部信息

Storyline 2 的数据输入项允许我们获得用户输入的动态信息，这些数据存储在变量中，触发器会使用到这些变量，可以使用变量指示值来显示这些变量。

Step 1　单击“插入”选项卡>“控件”，选择一种数据项操作来添加数据信息。

Step 2　利用前面所学完成两个幻灯片的页面设置，具体如图 7-44、图 7-45 所示。

Step 3　单击触发器右侧的变量管理器，新增一个“mingzi”变量，具体设置如图 7-46 所示。

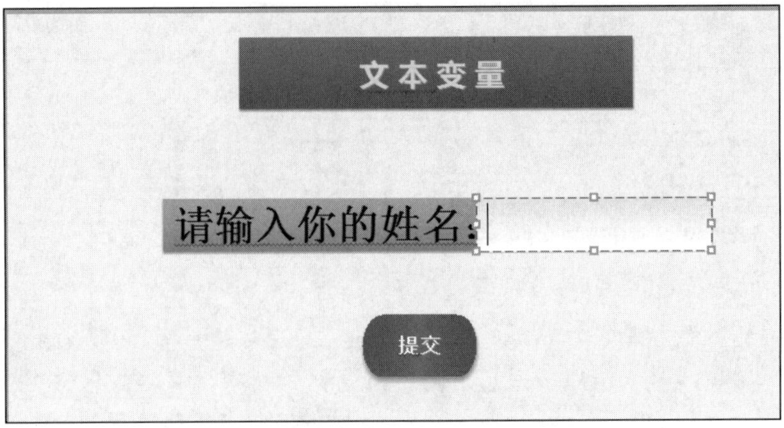

图 7-44　输入姓名

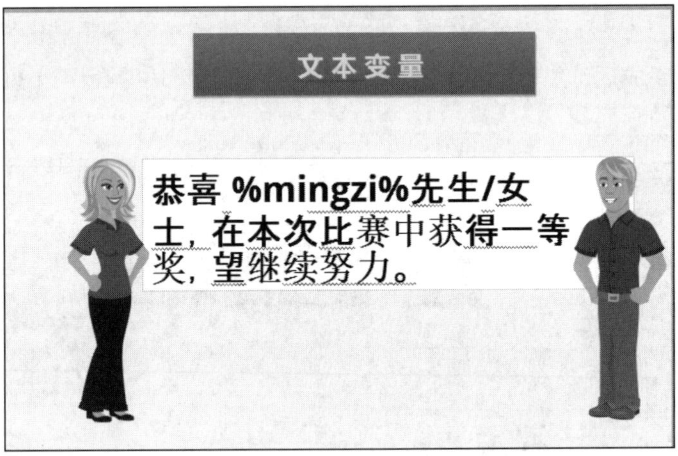

图 7-45　文本变量引入

图 7-46　文本变量设置

Step 4　单击“提交”按钮，单击右侧的触发器，双击按钮触发器，完成如图 7-47 所示的设置。

图 7-47　“提交”按钮触发器设置

Step 5　选中编辑区的文本数据项，双击右侧文本输入触发器，设置变量为“mingzi”。

Step 6　单击下一张幻灯片，将光标放到“恭喜”后面，单击“插入”选项卡>“引用”，选择“mingzi”变量。具体设置如图 7-48 所示。

图 7-48　引用设置

Step 7　预览效果如图 7-49、图 7-50 所示。

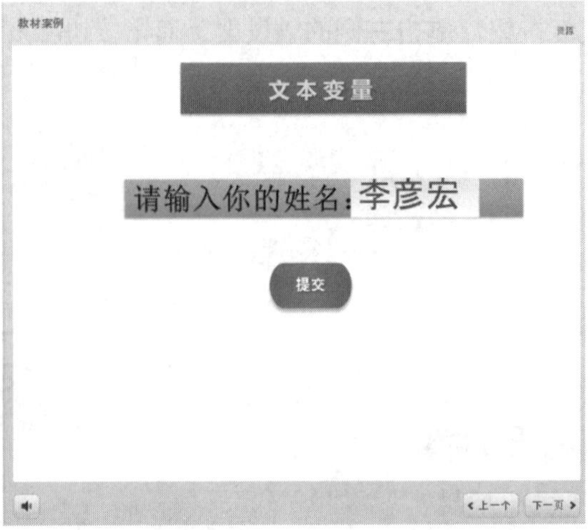

图 7-49　文本变量输入效果图

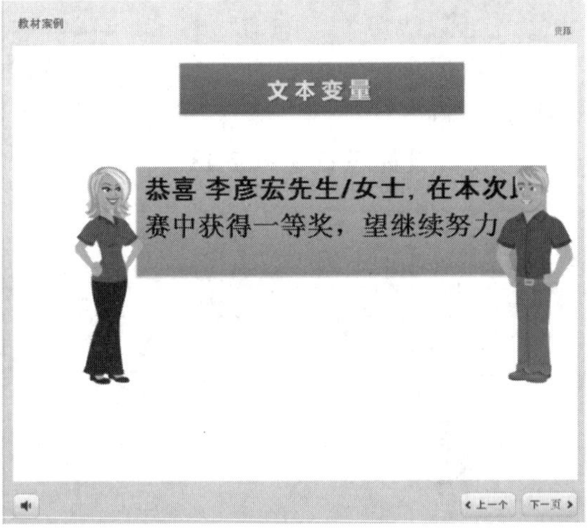

图 7-50　文本变量结果图

学习任务 4　Storyline 2 测试设计

【任务描述】掌握打分题型和自由式题型的制作方法。

【任务实施】在 Storyline 2 中的直观而强大的问答题功能给用户提供了创建评估的多种选项，如问卷调查及交互问答，其同时也会显示反馈与结果以让学习者知道他们自己测评的效果。在评估与问卷问题中有 20 种不同类型的题型；自由式问题有 5 种不同类型，包括拖放式、热区等。

（1）普通测试题的创建

Storyline 2 允许用户在课程中快速增加多种类型的问答题。普通测试题类型包括了单选、多选、填空、匹配和热区等题型。

Step 1　单击“主页”选项卡>“新建幻灯片”。

Step 2　当“插入幻灯片”对话框出现时，在左侧部位选择“测验”，根据需要选择类型，如图 7-51 所示。

图 7-51　测验类型

单击“打分”>“单选题”，依据提示输入题干、选项和设置反馈。在选项中正确答案的“更正”栏的圆圈处单击一下，表示该选项为正确答案，如图 7-52、图 7-53 所示设置。

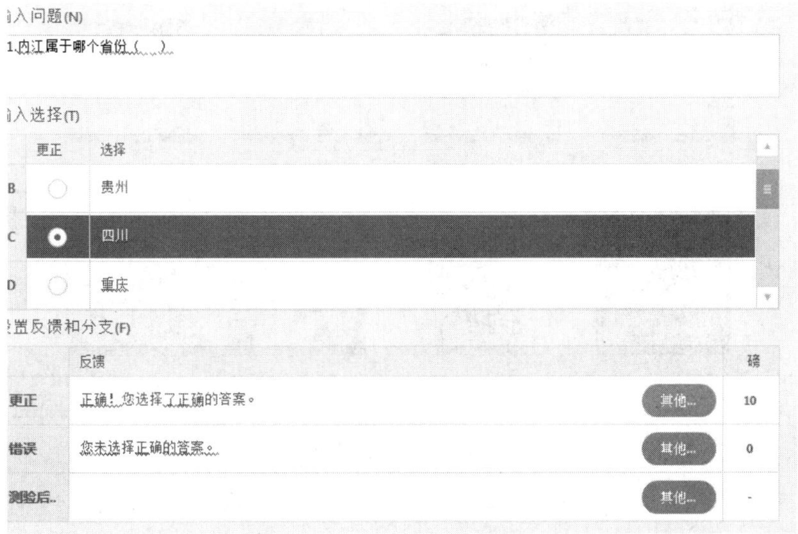

图 7-52　单选测验创建

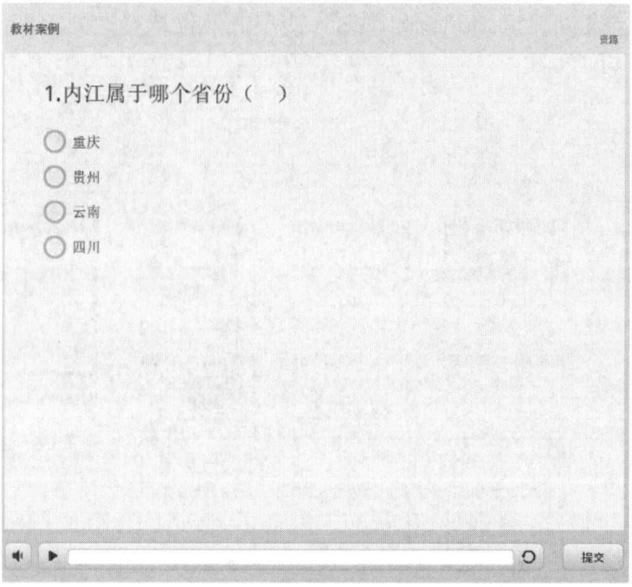

图 7-53 单选题效果图

（2）自由形式试题的创建

创建自由形式试题主要是指通过拖放式创建互动，主要方法有两种：一种是先创建普通幻灯片，然后单击“插入”选项卡>“转换为自由形式”>“拖放”；另外一种是单击“主页”选项卡>“新建幻灯片”>“自由形式”。创建一张普通幻灯片，在该幻灯片上输入如图 7-54 所示的页面元素。

图 7-54 拖放式题型

Step 1 单击“插入”选项卡>“转换为自由形式”>“拖放”，如图 7-55 所示。

Step 2 单击“拖放”后出现如图 7-56 所示的画面，在“拖动项目”部分中，选择狗图片，右边是放置目标，和狗对应的单词是 dog，选择“同侧圆角 3-"dog"”。

Step 3　其他三项也这样设置。完成后单击右侧的幻灯片视图，拖拽图片到相应单词上，图 7-57、图 7-58 分别代表拖放正确和不正确的反馈。

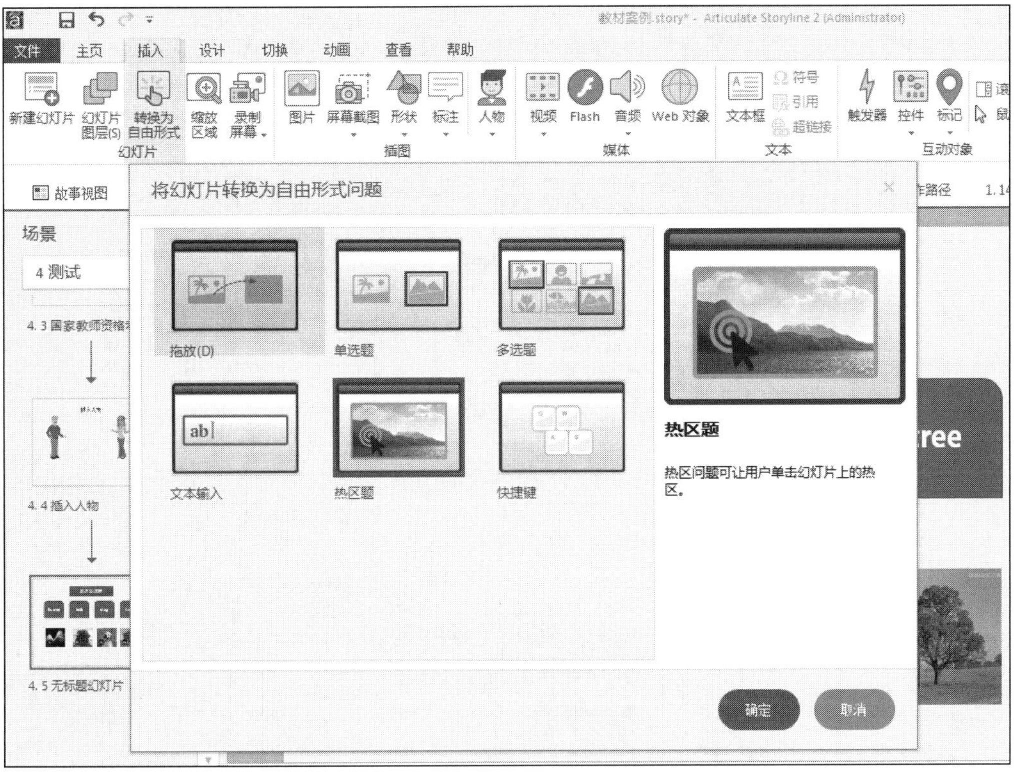

图 7-55　拖放

图 7-56　自由式拖放设置

图 7-57　自由式拖放错误反馈

图 7-58　自由式拖放正确反馈

【拓展知识与训练】结果页的设置

完成了知识点的学习并进行了测试后，需要有一个成绩单。这个成绩单由结果页生成。下面通过案例来说明。

Step 1　准备几张幻灯片，如图 7-59 所示，每张一道题，本案例分别准备了单选、多选、匹配和拖放四种题型。

Step 2　将鼠标放到最后一张幻灯片上，单击“插入”选项卡>“新建幻灯片”>“测验”>“结果幻灯片”，选择“打分结果幻灯片”，如图 7-60 所示。

图 7-59　题目预览

图 7-60　插入结果幻灯片

Step 3　在“结果幻灯片属性”对话框中，在要计算成绩的题后面打钩，确定通过分数的百分比，设置完成时间限制，如图 7-61 所示。

图 7-61　结果幻灯片属性

Step 4 在结果幻灯片属性设置完成后，预览本场景，完成每一道题目后，单击“提交”，计算机自动给出分数和结果，如图 7-62 所示。

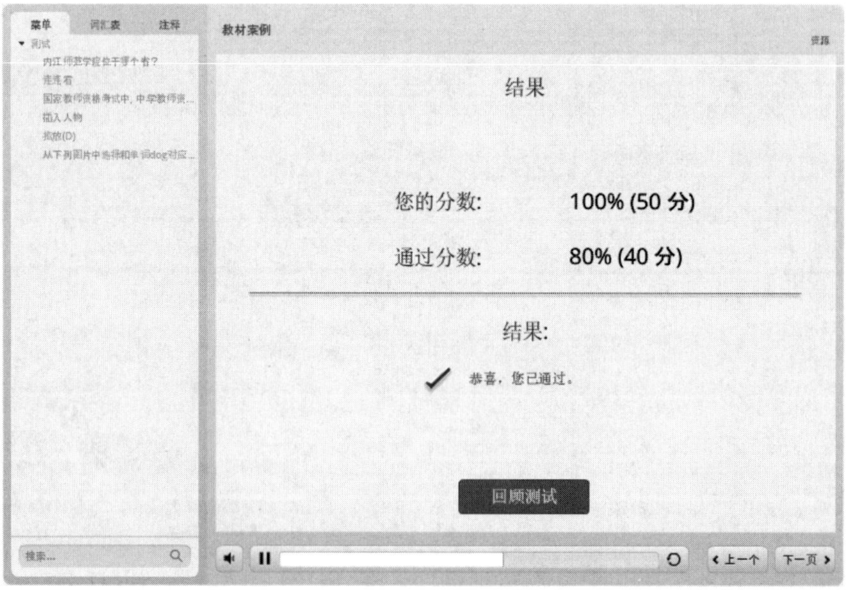

图 7-62　成绩单

学习任务 5　自定义播放器与课程发布

【任务描述】掌握自定义播放器与课程发布的方法。

【任务实施】

（1）自定义播放器

Articulate Storyline 2 的播放器是非常灵活的，我们可以根据课程类型的需要启用和禁用各种功能。若要定制播放器，我们可以单击“主页”选项卡>“播放器”，进入“播放器属性”对话框进行各种设置，如图 7-63 所示。

图 7-63　“播放器属性”对话框

“播放器属性”对话框中有几个主要选项，包括功能版式、菜单、资源和词汇表等，如图 7-64 所示。

图 7-64　播放器属性主要功能菜单

- 功能：该面板主要用来设置播放器选项卡，定义播放器左上栏、右上栏、边栏出现哪些元素，可通过向上或向下按钮确定每一栏具体的元素。比如默认播放器中边栏包含“菜单”“词汇表”和“注释”等。另外还能修改文件名称和文件所在位置，修改播放进程方式等。

- 菜单：该面板主要用来修改文件目录。可以新建标题或者从项目中插入标题等，如图 7-65 所示。
- 资源：课件发布后，可以在右上角看到“资源”文字。单击它后可以下载附件等。在“资源”面板上传文档即可。文档类型可以是声音、视频、图片和文字等，如图 7-66 所示。

图 7-65 “菜单”面板

图 7-66 “资源”面板

- 词汇表：对于课件中一些关键词语的解释，可以建立一个词汇表方便学习者随时查阅，如图 7-67 所示。

（2）发布课程

当课程内容制作完成，并且指定对应的播放器后，我们就可以发布课程了，可以单击“主页”选项卡>“发布”，如图 7-68 所示。

默认情况下，Storyline 2 会发布为动画文件，但也可以设置为 HTML5 和移动设备出版格式。根据“发布”对话框默认的选择，当从网站上运行一个课程时，Storyline 2 的工作过程是这样的：首先它会寻找 Flash Player，如果我们的设备不能用 Flash 播放，它将载入 HTML5 版本的课程。

在 iPad 上有两种方式可以运行课程：一种是用 Mobile Safari 浏览器在线运行一个课程，它将尝试去下载 Articulate 移动播放器；另一种是用 Articulate 移动播放器浏览。该播放器可以从 iTunes 免费下载。因为当前 Mobile Safari 浏览器对播放媒体和交互内容还是有一些限制的，因此我们推荐使用 Articulate 移动播放器。

图 7-67 “词汇表”面板

图 7-68 “发布”对话框

设置完成后，单击“发布”就正式发布课件了。发布成功后，会给出发布成功的界面，如图 7-69 所示。可以单击“查看项目”，去浏览正式发布后的项目。

图 7-69　发布结果页

【拓展知识与训练】Storyline 2 录屏功能强大，有三种模式满足不同需求，分别为查看模式、试用模式和测试模式。录屏方法有两种，一种是通过“插入”选项卡>“录制屏幕”，另外一种是通过新建幻灯片。当单击“录制屏幕”后，桌面上会出现一个虚框和“如何录音”的提示，如图 7-70 所示，然后单击红色录制按钮，就开始录屏了。

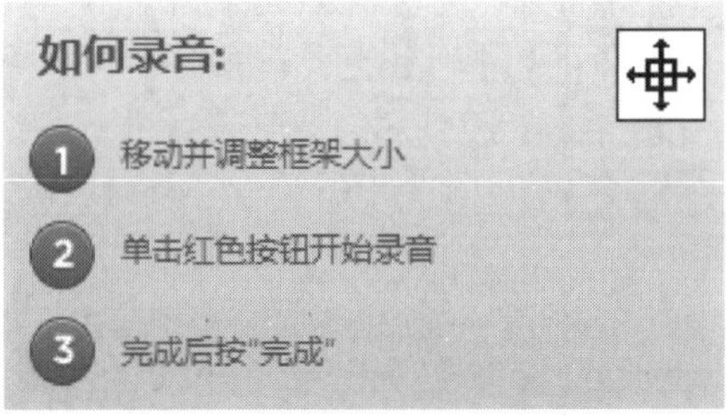

图 7-70　如何录音

结束录制后，单击“完成”，出现如图 7-71 所示的界面。

在“插入幻灯片”对话框中包含了以下几个部分：

- 名称：给录制的视频命名。
- 插入作为：“单张幻灯片上的视频”就是指录制的视频在一张幻灯片上，不能修改；“一步一步幻灯片”是最常用的模式，它把每一步操作记录为一张幻灯片，可以随意删减，它包含了以下三种模式。
  - 查看模式：这个模式记录了鼠标的轨迹和声音，如图 7-72 所示。
  - 试用模式：单击提示，看操作是否正确，它是通过大量触发器的使用来进行制作的，如图 7-73 所示。

图 7-71　录屏后选择界面

图 7-72　查看模式

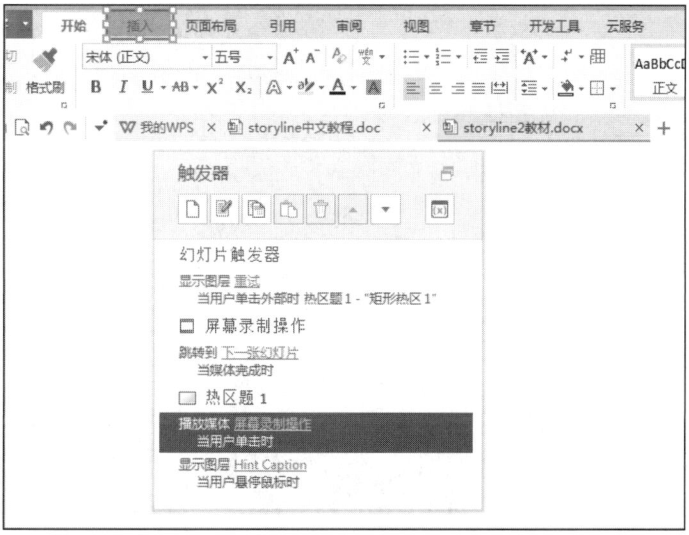

图 7-73　试用模式

➢ 测试模式：类似一道题目，它是通过热区来进行制作的，检验用户是否掌握了操作步骤，如图 7-74 所示。

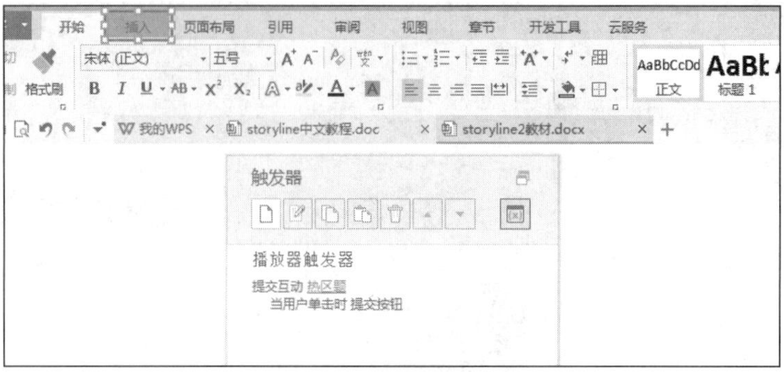

图 7-74 测试模式

以上是 Articulate Storyline 2 的入门教程，主要介绍了软件的安装、入门简介、如何建立课程交互内容、测试、播放器设置、发布课程和录制屏幕等内容。

学习活动

学习活动 1 插入一个热区问题

在 Storyline 2 里只需要设置“添加热区”和“编辑热区”，就可以创建热区测验题，这为灵活创建试题带来了极大方便。

Step 1 插入新幻灯片，在弹出的“插入幻灯片”对话框中选择“测验”>“任意多边形”>“热区”。

Step 2 回到编辑区后，从教材自带素材中插入如图 7-75 所示的三张图片，分别为“狗”“鱼”“花”，利用“主页”选项卡中“绘图”区域的“排列”工具，选择三张图片后，单击下拉菜单中的“顶对齐”>“横向分布”，将图片排列整齐。单击“插入”选项卡中的“图形”绘制椭圆，单击右键选择“编辑文本”，输入“dog”英文单词，如图 7-75 所示。

图 7-75 热区题目基本页面

Step 3 单击“窗体视图”进入试题编辑区，完成后再单击“幻灯片视图”回到普通视图状态，如图 7-76 所示。

图 7-76　窗体视图与幻灯片视图按钮

Step 4 进入窗体视图后，单击“添加热区”，给图片添加热区形状，并在右侧设置正确答案，如图 7-77 所示。

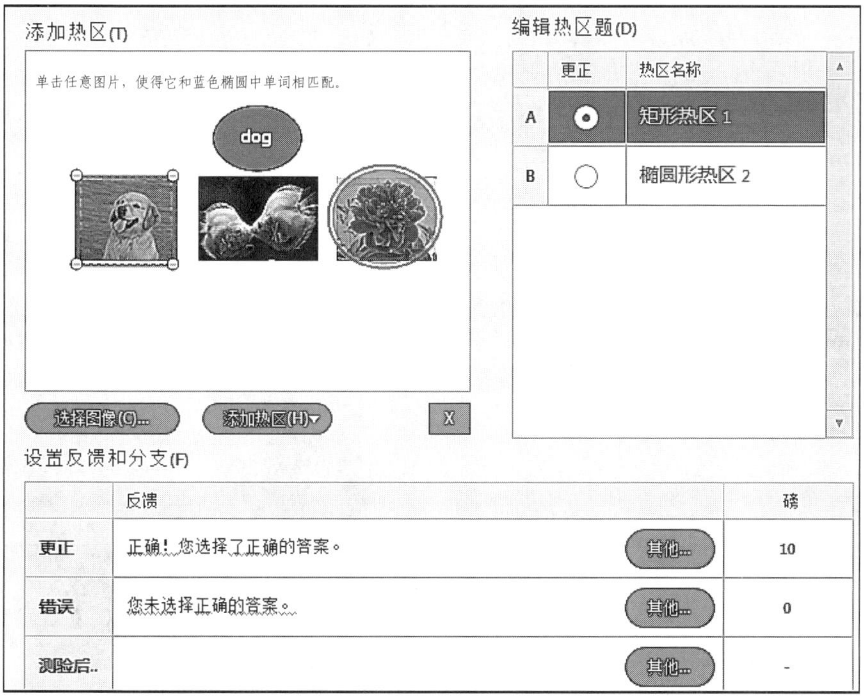

图 7-77　窗体视图设置

Step 5 单击“幻灯片视图”返回普通视图，单击“主页”选项卡中“发布”区域的“预览”>“此幻灯片”，在出现的界面中单击图片，如果选择正确，单击“提交”按钮后就出现如图 7-78 所示的界面，如果不正确就出现如图 7-79 所示的界面。

学习活动 2　灯箱幻灯片设置

灯箱幻灯片作用主要就是把一个幻灯片以高光突出显示的模式表现出来，以期达到强调的作用。当我们关闭灯箱幻灯片后它会跳转回到原来的页面，就相当于在 PowerPoint 里面打开其他程序运行完成关闭后，仍然处在幻灯片的播放状态。

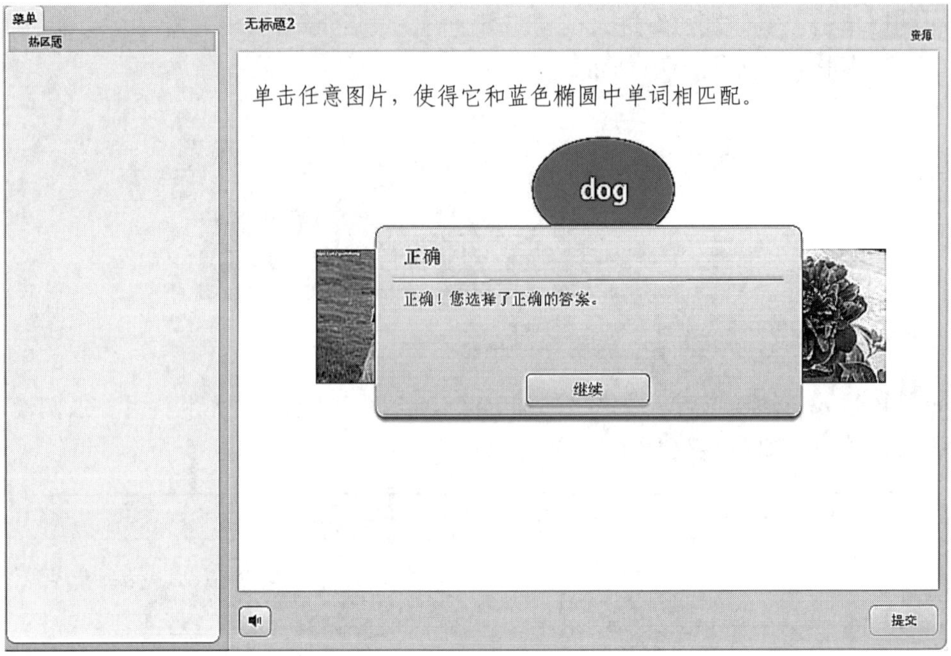

图 7-78　热区题正确反馈界面

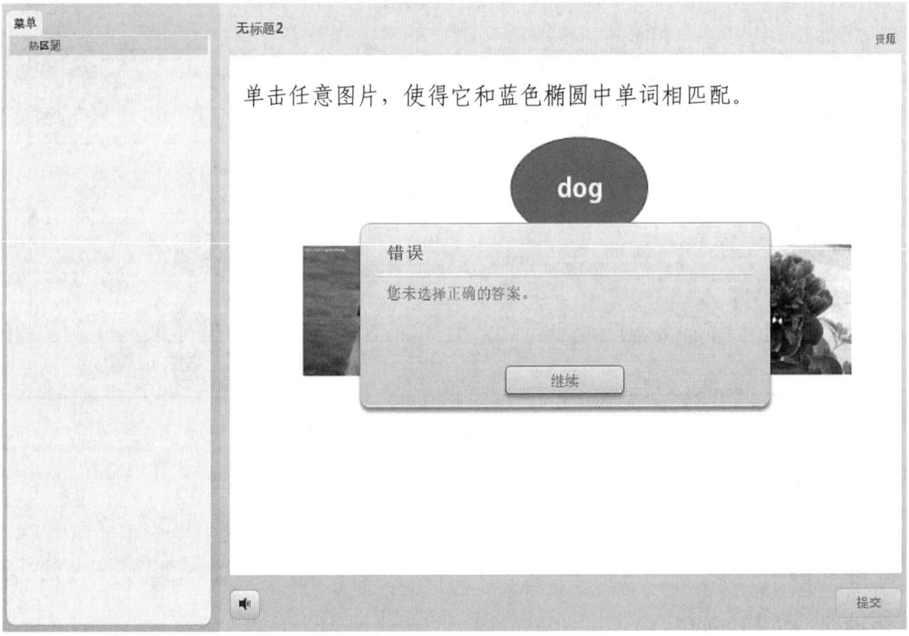

图 7-79　热区题错误反馈界面

Step 1　创建如图 7-80 所示的页面。

图 7-80　灯箱幻灯片基本页面

Step 2　单击橙色矩形框，单击右侧的“触发器”，新建一个触发器，在“触发器向导”设置中，“幻灯片（s）”下拉列表框里面可以设置本项目里面的任意幻灯片，如图 7-81 所示。

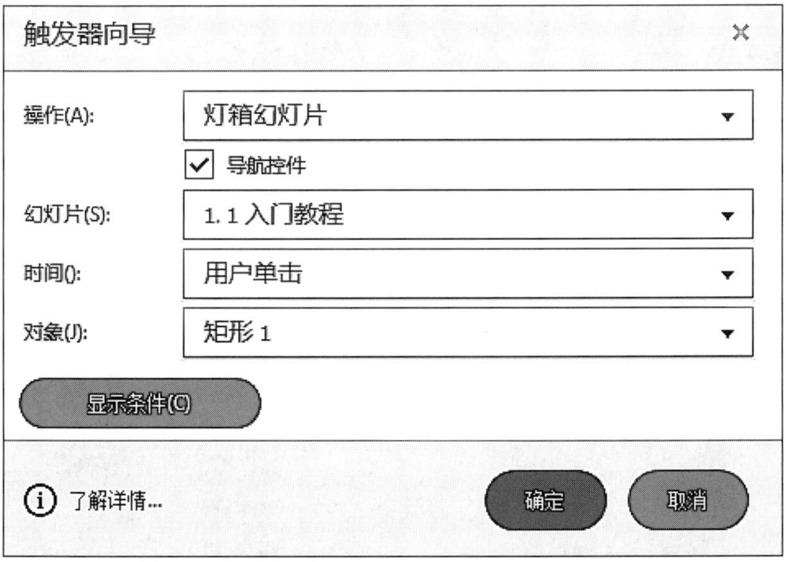

图 7-81　灯箱幻灯片触发器设置

Step 3　预览此项目，单击橙色矩形框，出现跳转画面，如图 7-82 所示。

Step 4　当关闭灯箱幻灯片后，还是出现最初预览画面，如图 7-83 所示。

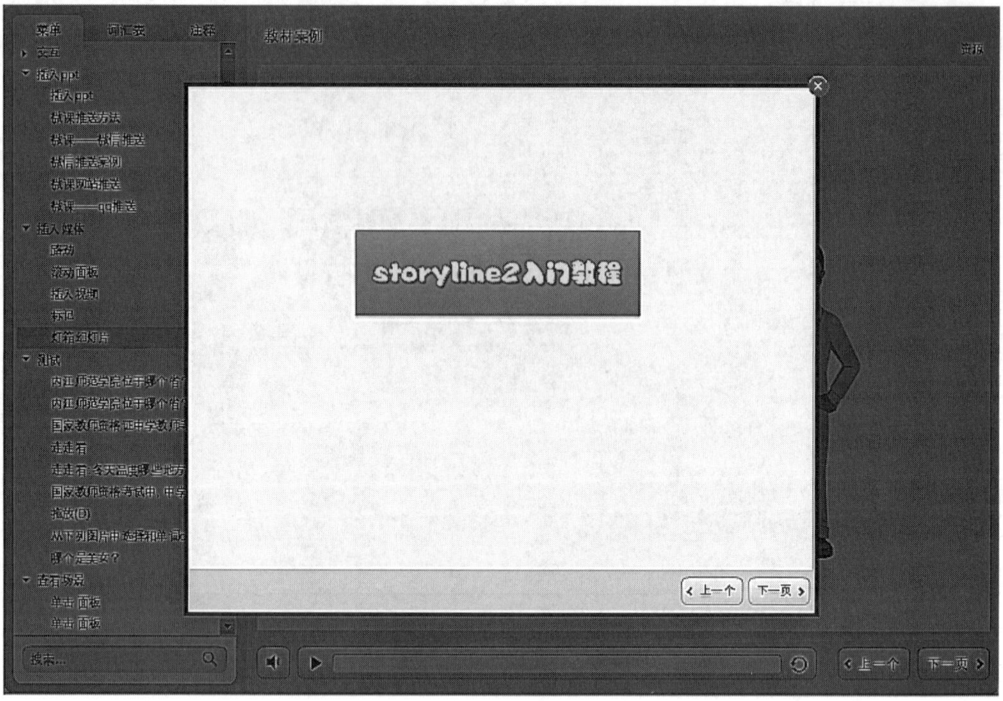

图 7-82 灯箱幻灯片跳转页面

图 7-83 灯箱幻灯片初始页面

学习考核

	考核内容		标准分	计分
考核要点	（1） Storyline 2 安装方法		1	
	（2） Storyline 2 课件内容制作		2	
	（3） Storyline 2 交互设计		2	
	（4） Storyline 2 测试设计		2	
	（5） Storyline 2 播放器设置		2	
	（6） Storyline 2 录屏		1	
	小计		10	
评价方式	自我评价	小组评价	教师评价	
考核得分				
存在问题				

练习与思考

一、填空题

1．Articulate Storyline 是一个强大的独立工具，具有无可比拟的交互功能，可帮助用户建立动态的、引人入胜的内容，如________、________、________、单击显示活动以及测试和评估等。

2．普通视图就是________，是建立和自定义每张幻灯片内容的地方。在普通视图上可编辑特定幻灯片的任何事物，包括________、时间线、动画、状态、触发器等。

3．添加视频的形式包含“________”“________”和“录音摄像头”。

4．当要显示较大的图片、大量的文字或者置入超出显示区域的物件时，使用 Storyline 2 的滚动面板是不错的选择。“滚动面板”允许学习者垂直滚动面板，从而使其看到更多内容，在滚动面板中能包含下列对象：________、________、________、标题、标记、人物、网页、文本框、按钮、热区、数据输入项等。

5．触发器允许用户创建一个基于________、________、________、图像、文本以及人物等对象的动作，通过单击按钮实现与学习者的互动。

6．“播放器属性”对话框中有几个主要选项，包括________、________、________和________等。

7．Storyline 2 录屏功能强大，有三种模式满足不同需求，分别为________、________、________。

二、选择题

1．Storyline 2 的视图种类包含（　　）。

A．故事版视图　　B．未命名场景视图

C．未命名幻灯片视图　　D．普通视图

2．创建新幻灯片可通过（　　）。

A．“主页”选项卡　　B．“文件”选项卡

C．“插入”选项卡　　D．Ctrl+M

3．插入人物时有（　　）选项可以对人物进行修改。

A．语言　　B．人物　　C．表情　　D．姿势

4．触发器可以应用于（　　）对象。

A．字符　　B．图形　　C．图像　　D．文本

5．Storyline 2 动画设置支持（　　）动作设置。

A．方向　　B．形状　　C．次数　　D．动作时间

三、简答题

1．创建幻灯片的方法有哪些？

2．如何给幻灯片添加人物？

3．如何给对象添加触发器实现交互设计？

附录　练习与思考答案

第 1 章　现代教育技术概述

一、填空题

1．创建、运用、管理
2．视听教学、个别化教学、教学系统设计
3．学习活动的设计和支持
4．创造、使用、管理
5．促进学习、改善绩效
6．教育理论、现代教育媒体
7．形成、发展
8．教育的实际需求
9．教学软件的开发能力
10．AECT

二、选择题

1．D　　2．D　　3．C　　4．B　　5．A　　6．B　　7．C　　8．ABD

三、简答题（略）

第 2 章　信息化教学资源的获取与处理

一、填空题

1．点、像素、数学
2．PSD、BMP
3．DAT
4．MID
5．AI
6．反编译、FLA

二、选择题

1．B　　2．D　　3．B　　4．A　　5．B　　6．D　　7．C

三、实践操作题（略）

第 3 章 PPT 美化大师与 Focusky 展示型课件制作

一、填空题

1. 教学大纲、教学设计、课程软件
2. 自主学习型、理论型、实验、网络
3. 助教型课件、助学型课件、教学结合型课件
4. 模拟实验型、操作演练型、资料工具型、协作交流型

二、选择题

1. C　　2. B　　3. B　　4. D　　5. A

三、简答题

1. 答：多媒体课件具有以下三个特点，即良好的交互性、极大的共享性、丰富的表现力。

2. 答：根据使用方式的不同可以将多媒体课件分为课堂演示型、学生自主学习型、教学游戏型、模拟实验型、操作演练型、资料工具型、协作交流型等七种类型。

3. 答：编写教案应遵循的原则为科学性、创新性、差异性、艺术性、可操作性、考虑变化性。

4. 答：单击 Focusky 右侧快捷工具栏中的“音乐”图标，然后导入本地的音频文件，添加之后会在画布中出现一个音乐播放器的图标，接着便可继续调整播放器的位置与大小，自定义音乐的属性，比如编辑、图层、高级设置等。还可单击工具栏中“选项”，选择“展示设置”，单击“添加音乐”可添加一个或多个背景音乐，然后选择是否循环播放背景音乐，及当媒体播放时，是否调小背景音乐，还可自定义背景音乐的音量，最后单击“保存”按钮即可。

第 4 章 微课设计与制作基础

一、填空题

1. 教学设计
2. 微型教学视频
3. 短小精悍
4. 微视频、微教案
5. 5～10
6. 学科知识点
7. 在线课程
8. 新课导入类、知识理解类、练习巩固类、小结拓展

9．课堂内外

10．视频录制

二、选择题

1．A　　2．C　　3．B　　4．B　　5．B　　6．C

三、简答题

1．答：微课核心资源是“微视频”（教学视频片段），同时可包含与该教学视频内容相关的“微教案”（教学设计）、“微课件”（教学课件）、“微习题”（练习测试题）、“微反思”（教学反思）等辅助性教与学内容。

2．答：一般微课的制作步骤为确定选题－撰写教案－制作课件和微课学习任务单－视频录制－后期制作－教学评价反思。

第5章　Camtasia Studio 制作录屏式微课

一、填空题

1．范围大小

2．标注功能

3．全屏幕录制

4．剪辑箱

5．音频

6．独立

7．锁定

8．波浪形

9．启用噪声去除

10．生成并共享

二、选择题

1．C　　2．A　　3．D　　4．B　　5．D

三、简答题

1．答：

步骤1：启动 Camtasia Studio 8 软件。

步骤2：将已录制的视频文件和音频文件拖至剪辑箱。

步骤3：选择视频文件，按住鼠标左键不放，将视频拖至下面的时间轴中，会弹出“方案设置”对话框，单击“预设”右侧的下拉按钮，从列表中选择“录制尺寸”选项，然后单击“确定”按钮即可。

步骤 4：在时间轴上右击选择“独立视频和音频”命令，可以将视频和音频分离在不同的轨道，方便独立编辑。

步骤 5：当某段视频操作有误，或者在某处停顿时间过长时，将播放控制条定位在某处，拖动控制条，选择需剪除的视频段，单击上方的“剪切”按钮即可。

2．答：标注分为文本型标注（shapes with text）、静态单一型标注（shapes）、动态绘制轮廓型标注（sketch motions）、特殊型标注（special）四大类。

文本型标注：如果想要在视频画面上加入带文字的箭头、圆形、矩形、对话气泡或其他图案，就选用文本型标注，其最大的优势就是可以像文本框一样使用。

静态单一型标注：这类标注仅仅提供静态的箭头线条等，比较单一。

动态绘制轮廓型标注：这类标注包括一些圆形、矩形的轮廓线及对钩等。其优势是会有自带的绘制动画功能，能够模拟用笔框选内容的效果。

特殊型标注：包括模糊、聚光灯、高亮、文本、热点、马赛克、快捷键等，能够实现一些特殊的效果。

第 6 章　万彩动画大师制作动画式微课

一、填空题

1．输出成视频
2．画布
3．退场对齐
4．气泡
5．Shift
6．启动运动模糊

二、选择题

1．C　　2．A　　3．D　　4．D　　5．A

三、简答题

1．答：首先要添加“移动”效果。有两种方式：①鼠标移动到显示对象所在的“行”，单击鼠标右键—单击“插入效果”—选择“移动”效果—单击“确定”按钮。②直接单击显示对象所在的“行”上面的“+”号图标，选择“移动”效果，然后单击“确定”按钮。之后会出现动画移动的控制点，拖动控制点便可实现动画的曲折移动。

2．答：首先单击元素工具栏的“音乐”图标按钮，再单击“添加音乐”按钮，然后打开音乐所在的文件夹，选择并添加音乐。添加背景音乐后，可编辑背景音乐，删除当前音乐，设置静音，调节音量大小等。

第 7 章　Storyline 2 制作交互式微课

一、填空题

1．模拟、屏幕录制、拖放式交互
2．幻灯片视图、幻灯片上的对象
3．文件中的视频、网站中的视频
4．图片、屏幕截图、视频
5．按钮、字符、图形
6．功能、菜单、资源、词汇表
7．查看模式、试用模式、测试模式

二、选择题

1．ABCD　2．ACD　3．BCD　4．ABCD　5．ABCD

三、简答题

1．答：创建幻灯片的方法有三种，分别是①通过单击“主页”选项卡>“新建幻灯片”；②通过单击“插入”选项卡，再单击“新建幻灯片”按钮；③利用快捷键 Ctrl+M。

2．答：通过“插入”选项卡>“人物”>插图类人物，进入人物选择列表，这里有很多矢量图人物形象，有三个选项。第一个是“人物”，系统默认 20 个人物，可根据需要选择相应角色；第二个是“表情”，共有 12 种，常用的是高兴和生气；第三个是“姿势”，分别有站立和坐两种，每种姿势都有前面、左侧和右侧三种类型。

3．答：单击右侧“触发器”面板中“添加触发器”按钮，在打开的“触发器向导”对话框中，根据要求分别设置“操作”“幻灯片”“时间”和“对象”。在有特殊条件时，还需要单击“显示条件”按钮，单击“+”，打开“添加触发条件”对话框，然后根据具体情况进行设置。

参考文献

[1] 张凯，刘益和，胡晓容，等．现代教育技术任务驱动教程[M]．北京：中国水利水电出版社，2014．

[2] 张凡，郭开鹤，李羿丹．Flash CS3 基础与实例教程：中文版[M]．3 版．北京：机械工业出版社，2008．

[3] 黄家荣．基于网络电视技术的教学信息处理与组织[M]．北京：北京师范大学出版社，2010．

[4] 黄家荣．多媒体课件制作原理与运用[M]．成都：西南交通大学出版社，2005．

[5] 黄家荣．现代教育技术：多媒体课件制作的理论与应用[M]．成都：西南交通大学出版社，2008．

[6] 何克抗．“以教为主”教学设计[EB/OL]．http://ksei.bnu.edu.cn/ET3/unit6/tuozhan4.htm．

[7] 余日．什么是讲授教学法[EB/OL]．http://xiaoxueshuxue.baike.com/article-102726.html．

[8] 九段教学策略[EB/OL]．http://wenku.baidu.com/view/6d29d3d3ce2f0066f5332233.html．

[9] 冯生尧．发现学习模式的历史透视与评价[J]．现代教育论丛，1998（3）：38-41．

[10] 支架式教学策略[EB/OL]．http://wenku.baidu.com/view/17ee7402de80d4d8d15a4fba.html．

[11] 信息化教学设计基本要素[EB/OL]．http://wenku.baidu.com/view/a96e3212cc7931b765ce151f.html．

[12] 如何编写教案[EB/OL]．http://wenku.baidu.com/view/e9ad3a23482fb4daa58d4bf2.html．

[13] 教案编写[EB/OL]．http://wenku.baidu.com/view/a9121a5277232f60ddcca17a.html．

[14] 初中数学优秀教案大集合[EB/OL]．http://wenku.baidu.com/view/5bac27c3d5bbfd0a7956736e.html．

[15] 何克抗．也论教学设计与教学论——与李秉德先生商榷[J]．电化教育研究，2001（4）：3-10．

[16] 乌美娜．教学设计[M]．北京：高等教育出版社，1994．

[17] 李克东．新编现代教育技术基础[M]．上海：华东师范大学出版社，2002．

[18] 张剑平，李慧桂．信息化环境下教学设计的基本问题研究[J]．电化教育研究，2005（9）：33-37．

[19] 周坤亮．信息化教学设计研究综述[J]．南京晓庄学院学报，2011，27（1）：64-67．

[20] 黄杰．对信息化教学设计的几点思考[J]．教育信息技术，2007（6）：27-29．

[21] 孙方．PowerPoint!让教学更精彩：PPT 课件高效制作[M]．北京：电子工业出版社，2012．